一本专为上班族私人定制的理财宝典

再忙也要会理财

| 乔布云 ◎ 编著 |

揭示平凡上班族也能成为富人的秘密

这是一本你越早看，走的弯路就越少的书！

立信会计 出版社
LIXIN ACCOUNTING PUBLISHING HOUSE

图书在版编目（CIP）数据

再忙也要会理财 / 乔布云编著. —上海：立信会计出版社，2014.6

（去梯言）

ISBN 978-7-5429-4221-0

Ⅰ.①再… Ⅱ.①乔… Ⅲ.①私人投资–通俗读物 Ⅳ.①F830.59-49

中国版本图书馆CIP数据核字（2014）第074354号

策划编辑　蔡伟莉
责任编辑　蔡伟莉
封面设计　久品轩

再忙也要会理财

出版发行	立信会计出版社	
地　　址	上海市中山西路2230号	邮政编码　200235
电　　话	（021）64411389	传　　真　（021）64411325
网　　址	www.lixinaph.com	电子邮箱　lxaph@sh163.net
网上书店	www.shlx.net	电　　话　（021）64411071
经　　销	各地新华书店	
印　　刷	固安县保利达印务有限公司	
开　　本	720毫米×1000毫米　1/16	
印　　张	18.75	插　页：1
字　　数	246千字	
版　　次	2014年6月第1版	
印　　次	2017年8月第5次	
书　　号	ISBN 978-7-5429-4221-0/F	
定　　价	36.00元	

如有印订差错，请与本社联系调换

前言

物价持续飞涨，涨薪的速度总赶不上通货膨胀的速度，生活成本日益高昂，就业、结婚、住房、消费、育子、养老，各种生活问题纷至沓来，让人感到喘不过气来，生活似乎变得越来越不可预测、难以掌控。仅靠有限的工资收入，如何才能突破重重困境，实现理想的生活水平？

对于每天匆匆奔走于职场和家庭的工薪族来说，获取财富的途径不外乎两种：上班赚钱，下班理财。通过上班，我们赚取了生活的基本收入，解决了生活来源，为生活提供了最直接的保障；通过理财，可以打理生活，管好钱袋，开源节流，使上班挣来的钱增值，让钱生钱，开辟财源，提高生活质量。

工作为我们提供了施展才华的平台、事业发展的空间，也为我们带来了经济收入。工作是需要你全身心对待的职业，只有用心对待工作，才能从工作中获得你应有的回报。世界首富、微软的创始人比尔·盖茨对此作过精辟的论断："无论在什么地方工作，员工与员工之间在竞争智慧和能力的同时，也在竞争态度。一个人的态度直接决定了他的行为，决定了他对待工作是尽心尽力还是敷衍了事，是安于现状还是积极进取。态度越积极，决心就越大，对工作投入的心血也越多，相应地从工作中所获得的回报也就越多。"正如蜜蜂的天职是采花酿蜜一样，全力以赴、认真敬业工作是人的天职。如果一个人轻视自己的工作，以敷衍的态度对待工作，那么他不仅失去了人生最大的财富，同时也失去了自己生命的意义。热爱自己的工作，秉持自己的职业操守，用工作创造财富、雕琢生活，你必能够用自己的职业追求

再忙也要会理财

为自己的生活赢得最美好的日子和最宝贵的财富。

上班让我们有了安身立命之本。但在物价飞涨的时代，要摆脱巨大的生活压力，仅仅靠上班所赚的钱是不够的。每月微薄的薪水，用于日常固定的开销外所剩无几，再去逐一解决住房、养儿育女等生活"大块头"，就会显得力不从心，生活出现捉襟见肘的窘境。

解决问题根本在于是否理财。你不理财，财不理你，理财就是理人生。不理财，你的生活压力会越来越大。理财有多大的效力？简单举一例：每月拿出500元做投资，年收益8%，经过复利的循环，则20年后回报你的将是35万元。努力赚钱，更要努力管理赚回来的钱！

理财可以让上班赚的钱"生根"、"发芽"、"开花"，成为摇钱树、聚宝盆。理财最基本的手段就是储蓄。储蓄不仅能控制你的花费，让你的钱财不断地增长，还能在你遇到困难时解决燃眉之急，储蓄就是为明天的生活存储今天的财富。

理财可以打理生活，建立和谐的生活秩序。日常生活，千头万绪，琐碎零乱，犹如一团散乱的麻绳一样，让人感到茫然失措。通过理财，建立家庭消费账簿，把每月的收入和开支分别列出清单，不间断地进行归纳汇总，可以让你掌握日常每笔消费的去向，做到心中有谱，查找消费漏洞，厉行节约，精打细算，将没有头绪的生活变得井然有序，工薪家庭，也能把小日子过得有滋有味。

理财不理财，人生两重天。理财对于人生具有太多的作用。懂得理财，善于理财，将理财的触角渗透到生活的方方面面，必定会给你的生活带来翻天覆地的变化。

本书是一部专为中国工薪阶层精心准备、量身打造的理财教案。全书语言通俗易懂，讲解深入浅出，既有观点剖析，又有案例佐证，点面结合，精确科学，实用可行，内容涵盖生活的各个方面，切合每个上班族的实际情况，如生活的智者，又如精明的理财师，为读者孜孜不倦地指点迷津，释疑解惑，读后让人如醍醐灌顶，茅塞顿开，增强生活信念，廓清迷茫人生，梦想生活如在眼前。

君子生财，取之有道。愿大家用智慧赚钱，聪明理财，有效地把握财富"脉搏"，跑赢通货膨胀，打败吞噬生活的"怪兽"，笑傲生活风浪，实现生活与财富的双赢，拥有幸福人生，乐活一辈子！

目 录

第一篇　上班赚钱，下班理财

第一章　致富要趁早，投资不宜迟 …………………… 3

　　读书趁年幼，致富要趁早 ………………………………3
　　要发财，先做发财梦 ……………………………………5
　　每天对自己说："我要赚大钱！" ………………………6
　　梦想再好，不行动只是水中月、镜中花 ………………8
　　与时俱进地选择合适的理财方式 ………………………10
　　用钱去投资，而不是抱着钱睡大觉 ……………………12
　　财富不是你能赚多少钱，而是你赚的钱能让你过得多好 ……14
　　你的投资习惯价值百万 …………………………………16

第二章　教你管理手中的钱 …………………………… 19

　　重视家庭理财，合理理财 ………………………………19
　　重视理财知识，掌握理财技巧 …………………………20
　　开源节流有效花费 ………………………………………21
　　花钱应有新观念并会运用新工具 ………………………22

设定理财目标 …………………………………… 24
明确理财阶段 …………………………………… 26
20岁的理财决定一生 …………………………… 27
30岁为未来打下基础 …………………………… 28
40～50岁多点投资 ……………………………… 30
60岁以后关注财富增长 ………………………… 31
熟悉理财步骤 …………………………………… 32

第三章　规划金钱与工作关系 …………………… 35

难以开口谈应有的报酬 ………………………… 35
亲密朋友不好收取费用 ………………………… 36
谈到赚钱都抱持宁可信其有的心态 …………… 37
缺乏理财观念的人较易受骗 …………………… 38
与自己无关的金钱，怎样浪费也不觉心疼 …… 39

第四章　规划金钱与生活关系 …………………… 41

私房钱应该留多少 ……………………………… 41
女性坐拥财富四大"秘诀" ……………………… 43
老年人的钱怎么花 ……………………………… 46
花钱别花得忧心忡忡 …………………………… 47
没钱不要打肿脸充胖子 ………………………… 49
购买高价物品，常依赖他人意见 ……………… 50
情绪脆弱时，勿以金钱作为发泄方式 ………… 51

天文数字的钱，使人无法作出正确的计算……………………52
人并非满足收入，而是以收入来获得满足………………53

第二篇　30年后，你拿什么养活自己

第一章　关注百姓理财、投资和生活……………………57

净值……………………………………………………………57
工薪家庭投资理财十种方式………………………………59
理财比投资更加重要………………………………………62
选择适宜的投资方法………………………………………63
把握家庭投资理财规划的黄金分割线……………………65
理财别患上享乐适应症……………………………………67
家庭理财最大的风险是未知数……………………………69

第二章　挖掘银行卡里的财富……………………………75

你的钱多少年可以翻一番…………………………………75
工资卡里的钱别闲着………………………………………76
积蓄不多不等于无财可理…………………………………77
选择什么储蓄种类收益最大………………………………79
巧用信用卡…………………………………………………80
你的信用值多少……………………………………………84
拯救"卡奴"…………………………………………………87

多方钱款汇一方的妙法……………………………………90
如何减少利息损失………………………………………92
网络银行时代已经来临…………………………………93
个人网上银行有哪些业务功能…………………………95
网上支付是怎么实现的…………………………………96
手机与一卡通结合出新的管钱办法……………………97

第三章 保险投资与理财 …………………………… 101

买保险与银行储蓄哪个划算……………………………101
人生三阶段的保障需求…………………………………103
哪些人最需要买保险……………………………………106
随年龄起伏购买保险……………………………………108
出境买份全球援助保险…………………………………111
分红保险的分红奥秘……………………………………113
挑挑拣拣买车险…………………………………………117
买保险时要注意抠细节…………………………………119
买保险六要六不要………………………………………121

第四章 买房置业与投资理财 ……………………… 123

如何投资房地产…………………………………………123
如何让二手房卖个好价钱………………………………125
买二手房要找好中介……………………………………126

巧购二手房 …………………………………………………… 130
房子出租有讲究 ……………………………………………… 132
租房一族 ……………………………………………………… 133
以房养房的三种方式 ………………………………………… 136
买期房怎样付款合算 ………………………………………… 137
婚前买房最好共同签约 ……………………………………… 139
堵住家庭装修的耗钱漏洞 …………………………………… 140
房贷"五招" …………………………………………………… 143
房贷时如何挑选银行 ………………………………………… 144
用活小额质押贷款 …………………………………………… 145
利率变动影响房贷还款总额 ………………………………… 150
全装修房贷款如何办理 ……………………………………… 151
房奴如何理财还贷 …………………………………………… 152

第五章 创业致富 ……………………………………… 157

个人创业致富的十大窍门 …………………………………… 157
前半生栽树，后半生乘凉 …………………………………… 159
把握商机 ……………………………………………………… 163
百万富翁的三条发家路 ……………………………………… 165
创富之星的故事 ……………………………………………… 168
"兼职老板"的项目选择 …………………………………… 172
三步学会网上开店 …………………………………………… 173

第六章　养老计划 …… 177

- 社保体系只能维持最基本的生活 …… 177
- 准备一份百万元养老基金 …… 178
- 建立养老计划越早越好 …… 179
- 终生理财＝坚持投入 …… 180
- 规划养老计划应考虑目前收入水平 …… 181
- 房产投资应在养老计划中占有一席之地 …… 183
- 家长比孩子更需保障 …… 186
- 构筑家庭风险防御工事 …… 186
- 老年人怎样理财 …… 188

第七章　子女教育 …… 191

- 子女教育是一项终生投资 …… 191
- 孩子的成长预算 …… 192
- 供养和教育孩子，多少钱才算够 …… 195
- 为培养孩子兴趣投入大量资金值吗 …… 196
- 教育基金的准备 …… 196
- 子女教育费占居民消费首位说明什么 …… 198
- 子女教育经费＝越早储备越好 …… 200
- 不同阶段的投资方式 …… 201
- 出国理财宽预算，细规划 …… 202
- 留学省钱窍门 …… 203

出国留学要考虑学成回报率 …………………………………… 204

教孩子如何理财消费 …………………………………………… 207

国外儿童理财教育理念 ………………………………………… 209

第三篇 你不理财，财不理你

第一章 不同类型的家庭理财规划 …………………………… 213

理财策划相当于人生设计 ……………………………………… 213

高中低三套经典家庭理财方案 ………………………………… 214

小康之家的理财术 ……………………………………………… 216

低收入家庭的理财计划 ………………………………………… 219

工薪家庭理财关键是长远投资 ………………………………… 220

"月光"家庭的理财计划 ……………………………………… 222

"准丁克族"家庭的理财计划 ………………………………… 224

20、30、40岁，单身一族理财各不同 ………………………… 228

"421"家庭积极理财养老扶幼 ………………………………… 231

"她时代"理财攻略 …………………………………………… 235

男人女人谁更适合投资理财 …………………………………… 239

女性理财存在的五大误区 ……………………………………… 241

女性理财从投资自己做起 ……………………………………… 243

不同年龄女性理财方案 ………………………………………… 244

额外收入该如何打理 …………………………………………… 246

第二章 先积累，再消费 ………………………… 249

"新贫族"的理财攻略 ………………………………… 249
坚定意志力达到储蓄目标 …………………………… 252
每个月省下100元就能成为百万富翁 ……………… 254
简朴的生活 …………………………………………… 255
理财当家不光只是节省 ……………………………… 257
学会理财＝方能省钱 ………………………………… 261
如何不花冤枉钱 ……………………………………… 263

第三章 花钱是一门平衡的艺术 ………………… 267

挣钱是技术，花钱是艺术 …………………………… 267
将你的开销分类并且跟踪有问题的部分 …………… 271
看购物宝典理智购物 ………………………………… 273
日常生活中的理财经 ………………………………… 276
"新抠门男女"的幸福生活 …………………………… 280
商业银行"大收费时代"如何才能省钱 …………… 282
你放假，让钱帮你工作 ……………………………… 283

第一篇

上班赚钱，下班理财

工作是每个人的安身立命之本，人一生的大部分时间都是在工作中度过的。工作是我们赖以养家糊口的基本谋生手段，它为我们提供了最直接的生活来源。

工作也是人生中最大的财富。美国石油大王约翰·洛克菲勒曾说过："除了工作，没有哪项活动能提供如此高度的充实自我、表达自我的机会，也没有哪项活动能提供如此强的个人使命感和一种活着的理由。工作的质量往往决定生活的质量。"人生中那些奋斗拼搏的日子正是追求幸福的过程。一分耕耘，一分收获，努力不懈地工作意味着个人的成长，意味着更高品质的生活。热爱工作，努力工作，用心投入，智慧做事，那样你必将从工作中得到财富和幸福，在工作中成就百万身家。

第一章 致富要趁早，投资不宜迟

读书趁年幼，致富要趁早

有一个国家打胜仗后，大摆筵席庆功行赏。

国王对王子说："孩子，我们胜利了，可惜你没有立功。"

王子遗憾地说："父王，你没有让我到前线去，叫我如何立功呢？"有一位大臣连忙安慰地说："王子，你才18岁，以后立功的机会还多着呢。"王子对国王说："请问父王，我还能再有一次18岁吗？"国王很高兴地说："很好，孩子，就凭这句话，你已经立了大功了。"

张爱玲有句名言说："出名要趁早。"事实上一个人若想达成某个愿望，都要提早准备，因为人生没有假设，没有可逆性，因为时不待人。

投资理财的时期，当然也应是越早越好！早到从小就要有理财的意识。在国外一些国家，许多小孩从他们入学起就开始进行理财方面的学习和培训。国外许多成功人士，他们从小就有很强的理财意识，很早就开始他们的理财活动。如存钱、打工、投资证券等。美国著名的股神巴菲特从小就开始送报赚钱，到十岁多一点就开始投资股票，以致成为最成功的投资者和一个时期的首富，绝对与他从小开始理财有关。在国内，我们从一个计划经济相对贫穷的时代，走向开放的市场经济时代，个人和家庭的财富也将越来越多。投资理财将会成为家庭的主要任务之一。特别是家庭中的孩子，更应向

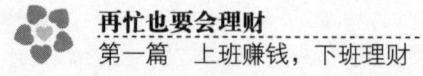

第一篇　上班赚钱，下班理财

国外学习，使其成为一个自强自立的现代人。

从小学会理财，就是为以后走向社会获得了生存能力以及获取财富的技能。只有从小树立起投资理财的意识与追求财富的观念，才能在资源竞争越来越激烈的现代社会中更易更快更早地获得成功。现代是经济时代，或者叫财富时代，衡量一个人的主流价值标准就是财富。

理财需从娃娃开始！倘若你现在还没有理财意识，那赶紧开始恶补吧！

趁早开始理财的优势是什么

在说明趁早开始理财的优势之前，我们需了解一个财务管理中非常重要的原理，即货币时间价值原理。所谓货币时间价值是指货币（资金）经历一定时间的投资和再投资所增加的价值。简单来说，同样的货币在不同时间的价值是不一样的。所谓价值我们可以认为是它们的购买力，即能买入东西的多少。现在的1元钱和1年后的1元钱其经济价值是不相等的，或者说其经济效用不同。现在的1元钱，比1年后的1元钱经济价值要大，也就是说更值钱。

为什么会这样

我们用一个简单的例子来说明。如果你将现在的1元钱存入银行，存款年利率假设为10%，那么1年后将可得到1.1元钱。这0.1元就是货币的时间价值，或者说前面的货币（1元1年）的时间价值是10%。根据投资项目的不同，时间价值也会不同，如5%、20%、30%等。

假设1年后，我们继续把所得的1.1元按同样的利率存入银行，则又过1年后，你将获得1.21元。以此方式年复1年的存款，则当初的1元钱将会不断地增加，年限够长的话，到时可能是当初的几倍。这就是复利的神奇之处！复利也就是俗称的利滚利。

时间就是金钱

我们知道了时间的神奇后，也就了解了同样的资金在5年前的投资和5年后的投资的回报将会不同。所以越早投资也就越快获得财富。就算从今天开始投资,或你感觉晚了,也会比明天才开始投资要好!这就是趁早投资理财的理由。由时间来给你创造财富!

要发财,先做发财梦

美国酒店大王希尔顿认为,完成大事业的先导是梦想,成功或许有运气的成分存在,但若没有一份完美的宏伟蓝图,一切都是白费。

在人生的竞技场上,没有确立目标很难获得成功。许多人并不乏信心、能力、智力,只是因为没有确立目标或没有选准目标,从此与成功失之交臂。

青年人若想经商,首先要注重经商目标。在确立目标时,必须切合个人的实际和环境,绝不要把自己的目标定得遥不可及。其次在确立目标后,绝不要半途而废或随意中止奋斗。

英国的大卫·布朗就是一个明显的例子。他的发迹过程,就是他一生确立目标的实现过程。他出生于1904年,父亲经营一间小型齿轮制造厂,几十年一直惨淡经营,仅可以赚取一点生活费。

尽管如此,但布朗的父亲是一个头脑清醒的人,总结自己没有选好奋斗目标的教训,把希望寄托在儿子身上。为此,一方面,严格要求布朗勤于学习和读书;另一方面,每逢假日就让他到自己的齿轮厂去参加劳动,与工人们一样艰苦工作,绝无特殊照顾。

布朗在家庭的教育下,在工厂里磨炼了较长时间,养成了艰苦奋斗的精神,熟悉了工业技术的知识,形成了自己的奋斗目标。但布朗自己的奋斗目标不在齿轮厂,而是利用自己在齿轮业务积累的经验,向赛车生产这个目标奋斗。

他通过观察,预感汽车大赛将会成为一种流行娱乐。就这样,他克服了重重困难，成立了大卫布朗公司，不惜重金投入，聘请专家和技术人员搞设计，采用先进技术设备进行生产。1948年在比利时举办的国际汽车大赛中，布朗生产的"马丁"牌赛车一举夺魁，大卫布朗公司因此一举成名，订单如雪片般飞来，布朗从此走上发迹之路。

一个人之所以能致富，就在于他赋予财富的方向。奋斗目标是一个人的动力核心，它能改变一个人的价值观、信念、决策模式和行为方式，进而赋予行动的力量。人生必须有梦想，赚钱也必须有目标！

每天对自己说："我要赚大钱！"

一场突如其来的沙漠风暴使一位旅行者迷失了前进方向。更可怕的是，旅行者装水和干粮的背包也被风暴卷走了。他翻遍身上所有的口袋，找到了一个青苹果。"啊，我还有一个苹果！"旅行者惊喜地叫着。

他紧握着那个苹果，独自在沙漠中寻找出路。每当干渴、饥饿、疲乏袭来的时候，他都要看一看手中的苹果，抿一抿干裂的嘴唇，陡然又会增添不少力量。

一天过去了，两天过去了。第三天，旅行者终于走出了沙漠。那个他始终未曾咬过一口的青苹果，已干巴得不成样子，他却宝贝似地一直紧攥在手里。

在深深赞叹旅行者之余，人们不禁感到惊讶：一个表面上看来微不足道的青苹果，竟然会有如此不可思议的神奇力量！其实不是苹果有这么大的力量，而是因为苹果给了这个人以信念的力量，正是这种力量才帮助他走出沙漠，获得新生。

同样，要追求财富，也需要你有一个坚定不移的信念，让这个信念成为你财富路上永不凋谢的玫瑰。

第一章 致富要趁早，投资不宜迟

约瑟夫·墨菲告诉我们："想得到财富，先必将财富的观念送入潜意识，不论何时何地，心中先相信你会有很多财富。"他总结自己致富的经验，其中重要的一点就是身心轻松时，每天对自己说几遍下面的话："我非常喜欢钱，我爱钱，我高兴地用这些钱。同时，希望它能增加几倍再回到我的包里。钱实在是好东西，它会向我钱包里源源不断地流进。我一定将它用在适当的地方，我为了我自己的利益和财富而感谢你——金钱。"他认为，如果你坚信上面这段话，并且不断地强化这一观念，同时诚实努力地投入工作，潜意识中的欲望就能获得成功。

我们不是要人们推崇拜金主义，而是要传达一种积极向上的观念，那就是要培养强烈的致富欲望。虽然渴望财富不一定马上就能得到财富，但是时刻存在着这种念头，你就会发现许多赚钱的门路；时刻想着致富，你就会找到许多致富的机会。在复杂变幻的现代社会里，许多获取财富机会的把握，往往取决于自己的灵感。渴望的理念使你的眼光更具洞察力。思想能够促进行动，动机能够激发灵感。要是时刻思考和强烈渴望致富，你就会调动自己的一切能量去追求致富，使自己的一切理念、行动、个性、才能与致富的欲望相吻合；对于一些与致富的欲望相冲突、相矛盾的东西，你就会努力去克服、去消除；对于有助于致富的东西，你就会竭尽全力去寻找。这样，经过长期的努力，你便会成为一个你所渴望的致富者，使致富的欲望更快地变成现实；相反，你要是致富的欲望不强烈，一遇到少许挫折，便退避三舍，将致富的欲望淡化或压抑下去，那肯定一事无成。

时时暗示自己"我有赚大钱的潜力""我有很好的财运"等，这么一来，你就能发挥最大的潜力。

将自己想要成就的事情，时时地自我暗示，你便会发挥不可想象的超能力。

梦想再好，不行动只是水中月、镜中花

当年轻人制定自己的人生目标，并作出具体的规划后，最重要的一点，就是你需要将你的目标和规划付诸行动，否则一切都是妄谈，你的目标和行动就会像一朵不结果实的花朵一样，华而不实，毫无用处。

所以，如果你想成为富人，就需要从今天开始采取行动，而不是拖到明天或者更晚的时间。作家玛丽亚·埃奇沃斯对这个问题的理解颇有见地。她在自己的作品中写道："如果不趁着一股新鲜劲儿，今天就执行自己的想法，那么，明天也不可能有机会将它们付诸实践；它们或者在你的忙忙碌碌中消散、消失和消亡，或者陷入和迷失在好逸恶劳的泥沼之中。"

电子游戏之父诺兰·布歇尔被问及企业家的成功之道时，这样回答道："关键在于抛开自己的懒惰，去做点什么，就这么简单。很多人都有很好的想法，但是只有很少的人会即刻着手付诸实践。不是明天，不是下星期，就在今天。真正的企业家是一位行动者，而不是什么空想家。"

马克·吐温曾经讲过一个明天才行动的人的故事：

有一次，某地发大水，一个人家里进了水。在水马上就要漫过他家的门槛时，一位好心的邻居表示，他可以开车拉这个人去一个安全的地方。但是，这个友好的提议遭到了此人的断然拒绝，理由是上帝绝不会袖手旁观。随着水面不断升高，他不得不爬到了屋顶上。

这时，一条小船驶过并表示可以把这位受难的老兄带到安全的地方。提议再次遭到了断然拒绝，理由仍然还是对上帝的信念。水面还在不断升高，已经漫过了屋顶，眼看这位老兄就要一命呜呼。就在此时，一架直升机飞过，并抛下了一根绳子来营救几乎已淹在水中的老兄。但是，他又一次断然拒绝了营救，拒绝去抓住救命的绳索，理由同样是对于上帝的忠诚信念。

第一章 致富要趁早，投资不宜迟

就在死亡即将来临之际，这位老兄绝望地抬起头，对着上天呼喊道："上帝呀，我如此忠诚地相信你会来拯救我，可是，你为什么没有呢？"突然，一个来自天堂的声音说道："你究竟想让我怎么做？我派去了一辆卡车、一条船甚至一架直升机！"

有一句名言是：失败是成功之母。我们不妨将范围再扩大一些：行动是成功之母。因为失败也应当包括在行动的范围之内，只不过是失败了的行动。实际行动是实现一切改变的必要前提。我们往往说得太多，思考得太多，梦想得太多，希望得太多，我们甚至计划着某种非凡的事业，最终却以没有任何实际行动而告终。如果我们希望取得某种现实而有目的的改变，那么，我们必须采取某种现实而有目的的行动。这对于我们是否能够主宰自己的生活至关重要。

罗伯特曾经说道："积极的人生构筑于我们所做的一点一滴之上——而不是那些我们不曾接触的事情。永远不要忘记，构筑人生唯一的原材料便是积极的行动。"

1968年，在投资美国运通公司过后没几年，巴菲特成为依阿华州格林内尔市的格林内尔学院理事，那时该学院流动的捐赠基金大约有1 200万美元。不久，巴菲特就向该学院提出了几条很好的投资建议。第一条：尽快行动起来；第二条：如果其他任何人拥有你想要的东西，那么就买他们公司的一部分股票。

如果没有实际行动，就不会成就今天的巴菲特、比尔·盖茨、李嘉诚，行动在人们之间区分了穷人和富人。艾德·佛曼曾经在一次演讲中对那些不愿采取实际行动的空想家进行了细致刻画：

总有一天我会长大，我会从学校毕业并参加工作，那时，我将开始按照自己的方式生活。总有一天，在偿清所有贷款之后，我的财务状况会走上正轨，孩子们也会长大，那时，我将开着新车，开始令人激动的全球旅行。总有一天我将买辆漂亮的汽车开回家，并开始周游我们伟大的祖国，去看一看所有该看的东西。总有一天……

这些可悲的人最终生活在自己的幻想中,并在实际生活中扮演着穷人的角色。如果说有什么办法可以改变这种窘况,那就是毫不迟疑地行动!

一个叫莉莲·卡茨的美国妇女十分清楚这一点。在她还没有成为富人之前,就认识到,财富不会无缘无故地从天而降,只有采取行动才能捕捉到财富。莉莲利用结婚时亲朋好友送给自己的贺礼中攒下的2 000美元,在一本流行杂志上刊登了一则小广告,开始走上了推销自己个性化的汉堡和减肥食品的道路。1年后,订单源源不断,莉莲·卡茨的业务不断壮大,已经从当年的目录直邮公司,发展成为现在的LVC国际集团,年销售额高达数亿美元,每周需要处理的订单超过3万份。有上千名员工与莉莲·卡茨为了公司的美好前景而努力。莉莲·卡茨的成功正是因为她没有守株待兔,而是以有目的的实际行动去实现自己想要的一切。

今天还是明天,对于那些还沉浸在幻想中而不愿面对现实的穷人而言,依旧是一个问题。但是,如果你想成为富人,并已经打算为此而奋力前进的话,则是一个明确的告诫:你必须从今天,从现在开始就采取行动,去制定目标和计划,并努力去实现你的人生目标!

与时俱进地选择合适的理财方式

有一个故事,说固执人、马大哈、懒惰者和机灵鬼四人结伴同游,结果在沙漠中迷了路,这时身上带的水已喝光。正当四人精疲力竭之时,上帝送他们四个杯子和一场雨。但这四个杯子中有一个是没有底的,有两个盛了半杯脏水,只有一个杯子拿来就能用。

固执人得到拿来就能用的杯子,但他已绝望之极,固执地认为即使喝了水也走不出沙漠。所以下雨的时候,他把杯口朝下,拒绝接水。

马大哈得到的是没有底的坏杯子,但他做事太马虎没发现杯子的缺陷。结果,下雨的时候一滴水也没有接到。

懒惰者拿到的是一个盛有脏水的杯子,但他懒得将脏水倒掉,下雨时继续用它接水,虽然很快接满了,可他喝后却不治而亡。

机灵鬼得到的也是一个盛有脏水的杯子,他首先将脏水倒掉,重新接了一杯干净的雨水,最后只有他平安地走出了沙漠。

这一故事的经验和教训,相信会对你的理财很有帮助。

受传统观念的影响,许多"有财可理"的人和故事中的"固执人"一样,只认准银行储蓄一条路,拒绝接受各种新的理财方式,致使自己的理财收益难以抵御物价上涨,造成了家财的贬值。

有的人和"马大哈"一样,只知道不停赚钱,却忽视了对财富的科学打理,最终因不当炒股等投资失误导致了家财缩水甚至血本无归,成了前面赚后面漏的"漏斗式"理财。

有的人则和懒惰者一样,虽然注重新收入的打理,但对原有的不良理财方式却懒得重新调整,或者存有侥幸心理,潜在风险没有排除,结果因原有不当理财影响了整体的理财收益。

也有许多投资者和机灵鬼一样,把家庭中有风险的、收益低的投资项目进行整理,也就是先把脏水倒掉,然后积极迎接新的理财方式,从而取得了较好的理财效果。

"杯子哲理"告诉我们,青年人投资理财要与时俱进,注意摒弃理财中的固执、马虎和懒惰,积极借鉴机灵鬼式的理财方式,灵活调整和优化你的投资结构,让新鲜的"雨水"不断注入你的杯子,这样,才能踏上家财稳步增值的无忧之旅。

用钱去投资，而不是抱着钱睡大觉

在美国有个妇孺皆知的故事叫做《穷爸爸与富爸爸》，故事里讲的富爸爸没有进过名牌大学，他只上到了八年级，可是他这一辈子却很成功，也一直都很努力，最后富爸爸成了夏威夷最富有的人之一。他那数以千万计的遗产不光留给自己的孩子，也留给了教堂、慈善机构等。

富爸爸不光会赚钱，在性格方面也是非常的坚毅，因此对他人有着很大的影响力。从富爸爸身上，人们不光看到了金钱，还看到了有钱人的思想。富爸爸带给人们的还有深思、激励和鼓舞。

穷爸爸虽然获得了耀眼的名牌大学学位，但却不了解金钱的运行规律，不能让钱为自己所用。其实说到底，穷与富就是由一个人的观念所决定的，但却受周围环境的影响。

所有的有钱人都有一个共同的观念：用钱去投资，而不是抱着钱睡大觉。

正确投资是一种好习惯，养成这样习惯的人，命运也许从此改变。而那些拥有了财富就止步的人，将会重新回到生活的原点。

提起20世纪80年代的有钱人，大家肯定不约而同地想到"万元户"。在那个年代，听到"万元户"三个字简直如雷贯耳，能拥有1万元钱简直就是家庭拥有巨额财富的代称。当时，1万元钱是普通人连想都不敢想的，时光飞逝，到了今天，1万元可能只是一些中等白领1个月的收入而已……

如果按照银行存款税后利率2％算，而年通胀率按照5％算，那么如果把钱存到银行，存款的实际利率就已经成为负值。这就是说，假如储户将1万元存进银行，10年后1万元的实际价值就变成了7 374元，储户的本金等于损失了26％！

一个人如果不养成正确投资的好习惯，让钱在银行睡大觉，就是在跟金

第一章 致富要趁早，投资不宜迟

钱过不去，就是在变相削减自己的财富。有很多人辛劳一生，到头来却还是穷人，就因为这些人不会把钱变成资本。

可以这样说，穷人都不是投资家，大多数穷人都只是纯粹的消费者。要想不再做穷人，就不但要努力挣钱，用心花钱，还要养成良好的投资习惯，主动获取回报率能超过通胀率的投资机会，这样才能真正保证自己的钱财不缩水，才能逐渐接近自己的财富目标，才能过上更好的生活。

不过想投资首先还要会投资，投对资。同样是一套房产，购买者可以自己住，也可以出租，还可以转手卖出，购买者的不同处理方法就可以改变这套房产的价值。

同样是花钱，有时可能是投资，有时又可能是消费，关键就要看花钱的最终目的是为了以后不断挣钱，还是单纯就为了花钱而花钱。

假如你花钱购买了一套房子，目的是为了让房租流到自己的口袋，那购买这套房子就是投资；如果购买这套房子，只是为了改善自己的居住条件，那它就变成了你的消费。

有钱人总会想尽一切办法把自己的钱变成资产；而穷人却总会心甘情愿地享受消费的乐趣。追其根本，无非就是思维观念的不同。没钱人低头劳动，有钱人抬头找市场；没钱人用心挣钱，有钱人用心投资；没钱人空手串亲戚，有钱人慷慨交朋友；没钱人伸手领工资，有钱人考虑发工资；没钱人等待被选择，有钱人慢慢选择别人；没钱人学手艺，有钱人学管理；没钱人听奇闻，有钱人创奇迹。

有的人说：我没有钱怎么投资？多年之后，他将依然是穷人；有的人说：我很穷，所以我必须投资。几年后他将成为有钱人。

现实中不少人因为没有钱，所以什么都肯做，从无到有，聚沙成塔；现实中还有很多人由于没有钱，因此什么都不肯做，只能贫困一生！成功的投资者都是具有积极向上的心态和持之以恒精神的人。富有与贫穷，往往只不过是一念所致。

贫穷本身并不可怕，可怕的是习惯贫穷蔑视投资的思想。长期的贫穷会消磨人的斗志，封闭人的思想，使人变得麻木而迟钝。思想上对贫穷的退让，会引起行动上对改造贫穷的失败，最终会一生与贫穷伴随。

只有那些崇尚财富，不向贫穷低头的人才会得到财富的垂青，才能成为真正的有钱人。

财富不是你能赚多少钱，而是你赚的钱能让你过得多好

从前有一个农家小伙子，他每天的愿望就是从鹅笼里拣一个鹅蛋当早饭。有一天，他竟然在鹅笼里发现了一个金蛋。一开始他不信，他想，也许有人在捉弄他。为了谨慎起见，他把金蛋拿去辨别，结果证实这个蛋完全是金子的。于是这个农家小伙子就卖了这个金蛋，举行了一个盛大的庆祝会。

第二天清晨，他起了个大早，发现笼子里又有一个金蛋。这样的情况连续出现了好几天。这个农家小伙子却开始抱怨自己的鹅，因为他认为鹅每天至少应该下两个金蛋！最后，他气恼地把鹅揪出笼子劈成了两半。从此，他再也得不到金蛋了。

听完这个故事我们都会嘲笑那个农家小伙子的愚蠢，他因为太贪心而失去了给自己创造财富的源泉。

可在现实中，我们却常常不自觉地被自己的欲望征服，盲目地追求利润，自堵财路。

在赌场上为了不劳而获，结果衣衫不剩，甚至负债累累；在工作上为了追求效率而盲目冒进结果事与愿违，甚至伤害身体；在生意场上为了追求利润而铤而走险，结果一败涂地的人比比皆是。这些不都是农家小伙子的写照吗？

金钱是永远挣不完的，而人追求财富的欲望也是永远不会满足的。

国外流行这样一句话：少赚一点，少花一点，少病一点。

大多数人喜欢在收入增加时买些奢侈品。而穷人和富人在这点上的区别在于：富人是在最后才买奢侈品，而穷人和中等收入的人会先买奢侈品，他们可能厌烦了，期待有点新玩意，或者想看上去富有。他们看上去的确富有，但他们同时也陷入了贷款和收入拮据的陷阱中。那些一直有钱的人，能长期富有的人是先建立他们的资产，然后才用资产所产生的收入购买奢侈品，穷人和中等收入的人则是用他们的血汗钱和留给孩子们的遗产购买奢侈品。

多数人最初容易犯的错误，是在扣除所得税之前的工资总额上打主意。首先，要将扣税前的工资全部忘掉，而将意识集中于扣税后的净收入。将按月开支的必要经费写下来，再将其从所剩的月收入中减除，剩下的部分就可视为自由使用的收入。这一剩余部分的处理方法有两种：可以花费掉全额，也可储存一部分。一般来说，每月必须得有的花销、房租以及分期付款住宅的还贷、水电费、伙食费等，都可以从收入中加以支付。

如果你发现自己越来越偏好某些"欲望"，就该立即断绝刺激的来源，把围绕在物欲方面的话题转到谈论创意和新的想法。

现代便利的使用制度中，其中一项对多数人而言，事实上是一种"诅咒"，这就是信用卡，它是导致冲动性购买的主要原因。消费过剩这种毛病谁都可能随时犯，它因人而异，且次数会不断增多。小业主毫不客气地利用买方的这一购物冲动进行销售。所谓"主要的信用卡随处都可以使用"，他们劝诱我们用吧、用吧，直到我们消费过剩为止。

仅将一周内可以使用的现金带着上街，不失为一种预防过度消费的便捷方法。尝试一下在一个月时间里将所有的信用卡收起来，仅用现金支付怎么样？拿着现金去玩乐，有现金时才去购物，其实并没有什么不妥。拿现金跟当今社会中，动辄将人不知不觉地引向破产的信用制度比起来，自己破产的程度就会大大地降低,这是不争的事实。

尽量避免为打发时间而到百货公司或购物中心闲逛,并且少看广告,减少不必要的购买欲望。如此一来,你会很惊讶地发觉自己的心思已不在物质上打转,而专注于美好持久的事物上,对人、理想与工作更加投入。

真正的大支出必须作为大问题加以重视。

当然,我们对金钱、财物和成功三者的关系,必须持有一个均衡的看法。大部分的成就非凡之士都认为,金钱并非是判定他们成功标准的重要因素,反而,高收入及荣华富贵被视为成功的副产品,并非成功的原因。

有一点年轻人应该明白,财富并不是指人能赚多少钱,而是你赚的钱能够让你过得多好。有的人恐怕要问:"这有什么差别呢?我赚的钱越多,就能够负担越多的东西,我的生活当然也越好了。"但其实并不然,通常你会发现,赚的越多就花的越多,所付出的牺牲也越多,这一点很多人都有体会。

如果你要拥有财富,第一件事得先学会如何依自己的意愿去生活,也就是如何控制你的开销。赚500元,花400元,会带给你满足;如果赚500元,却花了600元,那生活就悲惨了。当你的开销大于收入的时候,就表示你将有麻烦了。

你的投资习惯价值百万

会不会赚钱,其实是由你自己的投资习惯所掌控。许多投资人一辈子在金融市场中翻翻滚滚却无所成就,第一大原因就是小钱可能赚得到,但往往被一次大额的"悔不停损"吃光所有利润,可能还要倒贴。

拉里·伯德这个名字你一定不会陌生。他是历史上最杰出的篮球明星之一，也是NBA的一代传奇人物。其实拉里算不上是最有天分的篮球运动员，可是，他却能率领波士顿凯尔特人队三次登上总冠军的领奖台。

拉里是如何做到这一切的呢？早在少年时代，拉里还没有加入NBA之前，他就在每天清晨先练习500次三分投篮，然后才去上学。功夫不负有心人，经过多年练习，他终于成功了，成为了NBA历史上最出色的三分球投手之一。

在现实生活中，只有很少的人能够意识到习惯的巨大作用。其实一个好的习惯有时候可能会带给我们意想不到的惊喜，甚至可能改变我们的人生轨迹。

马克·泰尔的研究结果也证实：习惯的力量是惊人的,在习惯面前,理性往往不堪一击。有人总是喜欢抱怨自己的命不好，其实与其浪费时间抱怨自己命不好，还不如用心培养好的习惯，因为习惯可以在不经意间让一个人的命运发生改变，习惯也会让一个企业、一个民族、一个国家的命运悄然发生变化。

投资就是一种习惯，一个人如果能养成投资的好习惯，一样会改变自己的命运。一个人在学会努力挣钱，用心花钱以后，还要养成良好的投资习惯。这样的习惯可以让我们所拥有的财富在保值的同时很好地增值，可以令我们获得固定收入以外的收获，不但可以给我们的生活平添乐趣，还可以让我们的生活更加优越。

世界投资大师们正用自己的经历为我们证明，投资的成功并不取决于投资者的受教育程度、灵异的神秘力量或是好运气。成功属于那些虔诚的、永不言弃的有着良好投资习惯的投资者。奇迹般的成绩背后必然有着数不清的汗水，只有那些掌握了精湛的投资哲学，并将投资哲学内化为个人投资习惯的人，才能真正做到天人合一，达到投资的最高境界，才能获得意想不到的收获。

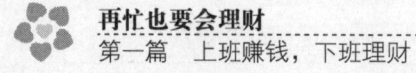

投资者渴求致富的心情是可以理解的，但是如果为此失去理智，就不应该了。投资的最初目的就是为了生活得更好，如果背离了该目的，让投资扰乱正常的生活就不应该了。所以对于投资者来说，养成理性投资的好习惯就变得尤为重要。

第二章　教你管理手中的钱

重视家庭理财，合理理财

家庭是社会的细胞。就所看到的情况而言，我们一向对企业的财务与金融给予相当的重视，家庭则被忽略。但是，随着家庭收入和财富的增长以及市场的各种不确定性越来越大并且越来越影响到家庭的各种行为，家庭理财变得受重视了。而且，人人都知道，在现代社会里要维持一个家庭并不容易，尤其是能使一个家庭过上好日子更不容易。因为过日子不可避免地要涉及必要的经济负担，一个家庭若没有起码的经济能力以负担家庭的各种需求，家庭势必解体，家庭成员也无法在家庭内生存下去。谈到家庭理财，有人会认为，我们国家还不富裕，多数人的家庭收入还不算高，没有什么闲钱能省下来，哪里还谈得上什么家庭理财。其实，这是一种不正确的看法。可能你的一些和自己收入相差不大的亲友日子却过得更富裕并小有积蓄。相比之下，你自己有时还捉襟见肘，这就说明你应该好好重视一下家庭理财这个问题了。

家庭理财，就是合理、有效地处理和运用钱财，让自己的花费发挥最大的效用，以达到最大限度地满足日常生活需要的目的。从技术的角度看，家庭理财就是利用开源节流的原则，增加收入，节省支出，用最合理的方式来达到一个家庭所希望达到的经济目标。这样的目标小到增添家电用品、外出旅游，大到购房买车、储备教育投资，直至安排退休后的晚年生活，等等。

头脑正常的人永远不会对自己或所爱的人进行复杂的医疗手术。这太复杂了，最好留给久经训练的医生来做，他们才知道自己在做些什么。但是，我们认为同样的逻辑并不适用于理财事务。如果你懂得诀窍，做你自己的理财专家，你可能会做得更好。因为家庭理财行业的世界里充满了昂贵的利益冲突，因为在这个世界上没有人比你更关心自己的经济状况了，而且和医疗事件不同，个人理财并不难学。所以你是不是应该自己动手呢？

重视理财知识，掌握理财技巧

虽然对于理财，人们普遍寄予成功的厚望。可是在现实生活中，由于各人有各自不同的理财理念与方法，致使最终获得的"收成"良莠不齐。因为在理财的道路上，有着太多的"十字路口"，倘若缺乏指导，随心所欲，势必事倍功半，得不偿失。

譬如，面对眼花缭乱的投资渠道，一些人往往无所适从，只知随波逐流，跟在"大部队"后面"依样画葫芦"。画得好倒也罢了，倘若画得不好将招致"赔率"颇高，到时任凭怨天尤人也是自找。殊不知，从一开始在投资渠道的选择上盲目跟风，只顾盯住高回报却忽视高风险，就已犯下了理财大忌。

与上述"失败者"不同，生活中还有些人懂得理财乃是要对自己的家庭财产、拥有特长、所处环境等进行综合分析，随后再为自己设计一条适合投资的渠道，最终凭此取得了良好的财富回报。正所谓，做任何事都要讲究技巧。既然理财无小事，那么理财更应重视技巧，其运用得好与坏，就直接关系到了理财的成败。那些成功者之所以事半功倍，前提是他们重视对理财知识的积累及倾听专家指导。因为，如果投资者没有一点理财知识，那么哪怕理财良机就在眼前，也依然不会发现它。

举个例子：若不知什么是封闭式基金，什么是折价率，怎能抓住2006年封闭式基金的难得机遇？而且，这种机会即使再来10次，倘对基金知识一无所知，也会一再错过。所以，巴菲特说得好："最好的投资，是学习、读书、总结经验、教训，充实自己的头脑，增长自己的学问，培养自己的眼光。"可见，如巴菲特这样成功的投资者都注重阅读投资理财之书，普通人若不注重理财知识积累，又岂能抓住机遇？

所以，理财无小事。学习技巧也好，掌握知识也好；失败的理财历程也好，成功的理财过程也好，都是一种"人找钱"的人生体验。又是巴菲特所说的："钱找钱胜于人找钱。"只要树立积极的投资理念，懂得合理有效的管理资产，相信我们终能找到打开理财大门的金钥匙，体验真正属于自己的财富人生。

开源节流有效花费

在财富增多的另一面，是生活费用的提升。除了维持一个家庭的日常开支外，教育子女、购车、置屋，另外像添购家居物品、每年一次全家旅游，以及希望退休后仍要拥有彩色的银发人生等，不管是哪个阶段，哪一种生活要求，都必须要靠金钱来满足。

理财就是一方面有效花费钱财，让钱财发挥最大效用，能够满足日常生活所需；另一方面是通过开源节流的安排以增加收入，节省支出，不断累积财富，来达成某些中长期目标。然而，在实际操作上，很多人对开源节流很关注，对理财却较淡漠，通常都是以定存的方式积累财富，以活期储蓄作为日常的流动性储备，而不会利用财富的时间效用，及利用市场上的各类理财工具。

理财要做得好，第一步是要有全盘规划。家庭里理财的决策者需要根据家庭各阶段需求设立明确目标。如5年内置房，10年内购车，60岁退休，退休后希望保持每月2 000元左右的消费水准等。第二步再根据自己的财务状况和风险承受能力，利用理财工具逐一完成。但是，理财目标绝非固定不变。

所有目标都可能会随着当时的大环境及自身情况而发生动态的改变。比如说，孩子的出生，工作的转换等。因此，必须时时问自己：我现在家庭的财务状况怎样？我的理财目标是什么？如何才能达成？目标能越明确地表示出优先等级、日期及金额就越好，因为目标越明确，越能按部就班地去完成。此外，不要忽视通货膨胀因素的影响。因此，需要常常重新检视自己的理财目标表，及时进行调整。

另外，投资人需要知道，任何理财工具的风险与收益都是相对应的。越小的风险，如定期存款，收益也越小。而期待更高的收益，则一定要承担更高的风险。

具体来说，家庭投资的主要成分包括金融市场上买卖的各种资产，如存款、债券、股票、基金、外汇、期货等，以及在实物市场上买卖的资产，如房地产、金银珠宝、邮票、古玩收藏等，或者实业投资，如个人店铺、小型企业等。

理财和投资的关系是：理财活动包括投资行为，投资是理财的一个组成部分。理财就是投资理财。

花钱应有新观念并会运用新工具

30多年以前，国人最好的金融生活就是精打细算、勤俭节约，尽量不背上债务，剩余的钱财不是存入银行就是压在床垫下或塞入墙洞中，金融消费少得可怜。改革开放以来，这一时代已经结束，百姓的金融消费不仅丰富多彩，而且分化日益显著。

当居民的金融消费行为日趋多样化、个性化时，提供单一服务的企业将越来越难以满足消费者多样的需求，但同时也预示着一个生机勃勃的卖方市场。这将会促成金融企业打破传统，根据消费者对各种金融商品的偏好及不同脾气来细分市场。

例如针对高收入阶层和都市白领阶层的需求，网上银行使他们足不出户，轻按鼠标便可获得开户、销户、支付、转账等一系列服务；新品迭出的保险商品成为大众在理财时必不可少的一个方面；集储蓄、购物消费、自动转账、代理缴费功能于一身的信用卡——"一卡通"已经成为普通工薪家庭的理财好助手；越来越多的普通百姓开始涉足股票、外汇、房产等投资。

由于金融行业分业经营的体制，以及资源上的限制，金融企业各自经营一块，业务单一。需要进行多种金融消费的客户不得不与多家企业打交道。信息技术的发展彻底改变了这一现状。因特网的出现提供了一个平台，使得金融企业得以提供一系列服务，消费者在一个地方就可以享受到诸如银行、保险、证券、理财等服务。就像进了超市就可以买到所有日常所需的用品一样，消费者再也不必一家家地跑银行、保险公司、证券公司了。

在国外，这样的"理财超市"已经发展得相当成熟，如Etrade.com，quicken.com，smarlmoney.com等。在国内，类似PA18.com等站点的出现，揭开了中国"个人理财超市"时代的来临。登录PA18新概念理财网站，就可以享受从证券到保险、银行等一站式服务，真正使消费者做到一站全搞定！

但是另一方面，金融商品不同于百货，由于其特殊性，无法针对各类消费群体最大限度地开发不同新产品。因此，与百货公司不同的是，个人理财超市不仅提供琳琅满目的金融商品，还通过理财服务将各种商品进行优化组合，为客户提供最佳的理财方案。

目前在国内，像这样的"个人理财超市"，只有大型综合金融企业才有能力去经营。个人理财超市不仅通过互联网提供远距离的服务，还通过其将陆续开设的"个人理财门店"提供面对面的服务，95511全国电话中心提供24小时的服务。网络和实体企业的结合，实现了网上网下的无缝隙服务。作为"超市"的客户，无论何时、何地、以何种方式都可以享受到个人理财的服务。

这种密集而毫无缝隙的服务，将是未来金融企业制胜的关键。除了平安，还有一些大型金融企业也在酝酿着这种"金融超市"，如光大集团。很显然，随着金融体制改革的深入和入世后金融服务竞争的加剧，更多的"个人理财超市"还会涌现，并推动我国的个人理财服务走向不断完善。作为消费者，将是最大的受益者。

设定理财目标

年轻的你，想要在人生中拥有多少财富呢？理财一定要先有目标，有了目标后，才有理财动力。你的理财目标是什么？一栋房子、一辆车子，还是100万元呢？100万元不算多，万丈高楼平地起，过来人常说人生中第一个100万元比200万元还要难存。第一个100万元，将是通往未来的财富基石。

理财开始的第一步就是设定理财目标。知道目标行动就成功一半。所以家庭理财成功的关键之一就是建立一个周密细致的目标。那么怎样设置自己的理财目标呢？

开始前，我们需区别目标与愿望的差别。日常生活中，我们有许多这样的愿望：我想退休后过舒适的生活、我想孩子到国外去读书、我想换一所大房子，等等。这些只是生活的愿望，不是理财目标。理财目标必须有两个具体特征：一是目标结果可以用货币精确计算；二是有实现目标的最后期限。简单来说，就是理财目标需具有可度量性和时间性。例如下例，就是具体的理财目标：我想20年后成为百万富翁、我想5年后购置一套几百万元的大房子、我想每月给孩子存500元的学费。这些具体例子都是清晰的理财目标，具有现金度量和实现时间两个特征。

在了解了愿望与目标的差别后，我们可以开始目标的设置了：

第一，列举所有愿望与目标。列举目标的最好方法是使用"大脑风暴"。所谓"大脑风暴"就是把你能想到的所有愿望和目标全部写出来，包括短期目标和长期目标。列举目标需包括家庭所有成员，大家坐下来，把心中所愿写下来，这也是一个非常好的家庭交流融洽的机会。

第二，筛选并确立基本理财目标。审查每一项愿望，并将其转化为理财目标。其中有些愿望是不太可能实现的，就需筛选排除。例如，我想5年后达到像比尔·盖茨这样的财富级别，这对许多人来说都是遥不可及的，所以也就不成为其实际可行的理财目标。把筛选下来的理财目标转化为一定时间实现的、具体数量的资金量。并按时间长短、优先级别进行排序，确立基本理财目标。所谓基本理财目标，就是生活中比较重大的、时间较长的目标。例如，养老、购房、买车、子女教育等。

第三，目标分解和细化，使其具有实现的方向性。制定理财行动计划，即达到目标需要的详细计划，如每月需存入多少钱、每年需达到多少投资收益等。有些目标不可能一步实现，需要分解成若干个次级目标。设定次级目标后，你就知道每天努力的方向了。所以目标必须具有方向性。

当然理财目标的设定还需与家庭的经济状况与风险承受能力等要素相适应，才能确保目标的可行性。

明确理财阶段

理财是人一生都在进行的活动,将伴随人生的每个阶段。而在每个阶段,家庭的财务状况、获取收入的能力、财务需求与生活重心等都会不同。这样,理财的目标也会有所差异,所以针对不同的阶段需采用不同的理财策略。

我们把几个不同阶段组成的人的一生称为财务生命周期,相应地针对家庭即有家庭生命周期的概念。所谓家庭生命周期,其意思就是家庭是由不同的阶段组成。我们来简单区分一下家庭的几个阶段。

青年单身期

参加工作至结婚的时期,一般为1—5年。这时的收入比较低,消费支出大。这段时期是提高自身,投资自己的大好阶段。这段时期的重点是培养未来的获得能力。财务状况是资产较少,可能还有负债(如贷款、父母借款),甚至净资产为负。

家庭形成期

它是指从结婚到新生儿诞生时期,一般为1—5年。这一时期是家庭的主要消费期。经济收入增加而且生活稳定,家庭已经有一定的财力和基本生活用品。为提高生活质量往往需要较大的家庭建设支出,如购买一些较高档的用品;贷款买房的家庭还须一笔大开支——月供款。

家庭成长期

它是指从小孩出生直到上大学,一般为9—15年。在这一阶段里,家庭成员不再增加,家庭成员的年龄都在增长,家庭的最大开支是保健医疗费、学前教育、智力开发费用。同时,随着子女的自理能力增强,父母精力充沛,又积累了一定的工作经验和投资经验,投资能力大大增强。

子女教育期

它是指小孩上大学的这段时期,一般为4—8年。这一阶段里子女的教育费用和生活费用猛增,财务上的负担通常比较繁重。

家庭成熟期

它是指子女参加工作到家长退休为止这段时期,一般为15年左右。这一阶段里自身的工作能力、工作经验、经济状况都达到高峰状态,子女已完全自立,债务已逐渐减轻,理财的重点是扩大投资。

退休养老期

它是指退休以后直至死亡的这段时期。这一时期的主要内容是安度晚年,投资和花费通常都比较保守。

以上是一个普通家庭生命周期的划分。这种方法是不完美的,因为我们没有考虑如单亲家庭、无子女家庭等形式。参考以上方法,你也可划分自己独特的生命周期。

在不同的人生阶段,你在花销上的差别也极大。如果你准备为未来需求投资的话,便值得认真研究一下这几个阶段。

20岁的理财决定一生

当你结束了学生生涯,开始步入职业旅程,你可能会考虑许多工作机会。你的第一步是要"独立"——靠自己站起来。你热切地渴望获得经验、开阔眼界。你有那么多想做的事,而你的钱似乎永远不够花。

花销

20多岁的年轻人对生活充满兴致,挣的钱却多半不会有以后那样多。存钱显得没有花钱重要;你可能还住在父母家,但盼望着自己有辆车、出去旅行、买时髦的衣服……

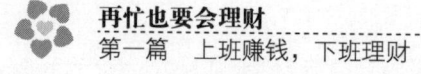

很多人花钱太大手大脚，过度地刷卡、从银行贷款、使用商场提供的信贷(这可是非常昂贵的借款方式)可能会令你陷入财务危机，借的债也许要多年才能还清，所以学会理财，一开始就不让这类情况发生。

保障

事故和疾病在任何年龄段都可能会降临，所以聪明的做法还是买一些健康和残障保险。如果你身体很健康，需要缴纳的保费多半很低。

储蓄/投资

每个人都需要一些现金以备急用。而钱无须随时放在手边，你不妨把它存进一些回报较高的存款账户，急需时再去支取就行了。

任何合理的投资都应该有巨大的增长空间，这主要是由于复利的因素。有的投资顾问指出，从非常长的时期来看，多样化股票投资组合的收益比其他任何资产类别都好，所以年轻人如果实施一个储蓄计划用于购买共同基金，他们应该会收到可观的长期收益。如果你在储蓄应急的钱和支付保险费之后还有余款，投资共同基金便是一个合理的选择。你该制定出一个计划，使自己能灵活改变自己的储蓄额，这样当你需要花钱在别的事情上时，就不会捉襟见肘了。

30岁为未来打下基础

每个人年过30岁，总该开始为未来的财富打下基础了。随着事业的进展，你现在可能会挣得更多一点了。

花销

如果你已经结婚或是刚刚建立家庭，你的花消多半会大幅增加：你可能需要付房子的贷款；如果已经有了孩子，或许你该开始筹备他们今后的教育费用。

保障

在人生的这个阶段,很多人不仅需要抚育孩子,还要照顾老人。如果有家人依赖你的收入而生活,你就必须购买人寿保险以防不测。你还需要购买健康和残障保险,以便在病残时得到保险金和支付医疗费。此外,订立一份遗嘱、写明财产分配意愿也是明智的做法。

储蓄／投资

你需要准备出更多的应急现金,具体金额可视你的环境和个人喜好而定。有人会把这个金额和自己的工资水平挂钩,留出相当于自己半年或1年收入的现金。其他人——特别是那些更富裕的、拥有房产之类资产的人——通常会把留存的现金定在自己资产的某个百分比上。既然你留出这笔钱是为了应急,它就应该是容易取出的。定期存款或是银行发行的货币市场基金可能是最好的选择。

如果你有孩子,就该为他们今后的教育作准备了。鉴于你可以准确地估计出用钱的时间(假设你有一个7岁的儿子,你将在大约11年后开始用到这笔钱),你完全可以参加一个收益高于定期存款的长期储蓄计划。可供选择的有定期人寿保险,或与共同基金连接的储蓄计划。如果你有一大笔余钱,则不妨买成债券。

买房是长期储蓄的一种形式。人们在房产上得到的回报差别很大,这要取决于当地房地产的远景和你对房产的所有权。假设你拥有的只是房屋几十年的租赁所有权,那么随着时间的流逝,它的市场价值将会降低。很多人希望终生保有自己的房屋,直到传给后辈,这种情况下,他们就没把房产看作投资组合中的一部分。

储蓄开始得越早,你就为金钱留出了越长的增值时间。所以就算一开始你能存下的钱很少,尽早开始储蓄也还是明智之举。在有些国家——例如新加坡和澳大利亚——政府规定了强制的存款计划,让人们为退休作准备。不过,你退休所需要的钱可能更多,你也可以通过参加养老金计划、有解约退还金的保险或多样化的共同基金等方式来为退休作储备。

40～50岁多点投资

对很多人来说，中年将达到事业和收入的顶峰。此外，你已经积累了一定的经验和金钱，可以以更灵活多样的方式进行投资。

由于退休年龄的临近，现在是尽可能多地把收入转化为投资资本的时候了。很多人发现他们现在有了足够的知识和金钱来进行更积极的投资，以便使资本更快地增长。

40～50岁：投资高峰更快一些

这些手段包括通过优化存款账户进行的外汇买卖，在债券和货币市场工具上的积极投资，或是直接的股票投资。如果你享受着一个优惠的养老金计划，你就更有理由把更多的收入放在这类积极的投资上了。

花销

现在，你的孩子们可能在上大学，或是已经开始工作。一般来说你还需要给他们钱用，但如果你在过去已经为此进行了储蓄，那就不用再从每月的收入里单独拿出钱来。

虽然你的花销可能仍然很高，但你的收入也在增长，省下的钱多半也比以前多。

保障

你仍然需要保险。在年龄增长的同时，人寿和健康保险的费用也变得更贵了。随着你的境遇变化，你需要定期更新你的遗嘱。

储蓄／投资

你的投资组合或许比以前更大。若是具备相当的知识和经验，你可能希望把更多的资产放在股票或是波动较大的投资品种上。如果你很惧怕风险，便不妨只是瞄准保证退休后收入这一目标，而把投资组合的比重向债券倾斜。

60岁以后关注财富增长

有的人可能在高龄时仍有可观的收入，但多数人会在适当的时候停止工作。退休之后你的花销多半会减少，但收入同样也变少了。如果你自己的收入和来自家人的赡养费已足够你生活，那么你还可以把投资的目标主要放在财产的增长上。不过，多数人总会需要从原有的资产中取出钱来，以贴补生活。从收入中取钱可能会使你的资产增长得更慢，或是逐步缩水。

60之后：收获果实

假如你能活到100岁，那你就会需要足够花到那时的钱。

现在，有许多能给你带来定期收入的投资方法可供你选择，其中包括债券、债券基金、结构性金融产品等，它们的收益应该都比现金存款高。尽管这其中的一些投资可能带来资产损失的风险，但风险总的来说比较小，而收益又比常规的现金存款要高。

在退休之后一段时间可能会发生许多事：高通胀、经济动荡、投资趋势改变、税收政策变化，而这些改变都可能对你的财产产生不利影响。通过减少风险和加强对投资的掌控以应对变化，你将可以更好地享受退休生活，而无须为财务问题忧心忡忡。

如果保全财富和获得收入是你的主要目标的话，你就该把投资组合的重心向债券转移，因为短期债券一般比股票风险要小。如果你相当富裕，而投资的回报又远远高于你的生活需求，你就可以把多数投资收益用于再投资，继续使你的投资组合增值。在这种情况下，你可能还会愿意持有大量的股票。

然而，到了非常高龄之时，你可能没有更多的精力再去管理这些投资了，这时你也许会决定减少手里的股票数量、降低风险。在人生的这一阶段，如果市场再发生大的变动，你可能就没有足够的时间再去应对它了，所以加强对财产的保护，把风险降到最低是明智之举。

对投资进行"人生阶段"分析法是非常有用的，年轻时，你的花销高、存钱难；然而也正是在这个阶段，如果你能想办法开始储蓄以备长期需要，你的财产将得到大幅增长。

你的财务生涯最大的转变就在你退休之时。你的主要目标应该是在此之前积累下足够的财富以维持以后的生活。如果你积蓄的钱超出所需，你就能够在退休后的有生之年继续积累你的财富。

在你人生的各个阶段都有一些重要的花销，比如说车子、远途旅行、孩子的教育费等，你必须为这些需要而积蓄。为了使你的积蓄收益最大化，你应该制定单独的计划来满足这些中期目标。在下一章中，我们将更细致地讲解应该如何通过财务管理做到这一点。

熟悉理财步骤

理财，在企业层面，就是财务；在家庭层面，就是持家过日子或管家，似乎自古以来家庭理财都是女人的专职，但在现代社会，理财是每个人都必须学会的生存技能之一。理财决定着家庭的兴衰，维系着一家老小的生活和幸福，尤其对于已成家的工薪阶层来说，更是最重要的一门必修课。

一屋不扫何以扫天下？一家之财理不好，何以建掀天揭地的功业？

理财说难亦难，说易亦易。以理贯之，则极易；以枝叶观之，则繁难无穷。比如，子女的教育婚嫁、父母的疾病及赡养、自己的生老病死，样样都离不开一个"财"字，如果缺乏统筹规划，家庭虽不至于一时拮据，但若像下岗工人那样突来人祸，则小康也必成赤贫。所以未雨绸缪是理财的核心思想。

信息时代，假设大家都懂得电脑和网络的基础应用，最好都能懂得EXCEL软件的简单使用。理财步骤是以家庭为例的，个人也可以参照其原理来实施,如家庭中每个人都做一本个人账,再汇成一本总账。

家庭理财步骤

第一步:家庭财产统计

家庭财产统计,主要是统计一些实物财产,如房产、家居、电器等,可以只统计数量,如果当初购买时的原始凭证仍在,可以将它们收集在一起,妥善保存,尤其是一些重要的凭证,建议永久保存。这一步主要是为了更好地管理家庭财产,一定要做到对自己的财产心中有数,以后方能开源节流。

第二步:家庭收入统计

收入包括每月的各种纯现金收入,如薪资净额、租金、其他收入等,只要是现金或银行存款,都计算在内,并详细分类。一切不能带来现金或银行存款的潜在收益都不能计算在内,而应该归入"家庭财产统计"。如未来的养老保险金,只有在实际领取时再列入收入。这虽然不太符合会计方法,但对于家庭来说,现金和银行存款才是每月实际可用的钱。

第三步:家庭支出统计

这一步是理财的重中之重,也是最复杂的一步,为了让理财变得轻松、简单,建议使用EXCEL软件来代劳。以下每大类都应细分,使得每分钱都知道流向了何处,每天记录,每月汇总并与预算数比较,多则为超支,少则为节约。节约的可依次递延至下月,尽可能地避免超支,特殊情况下可以增加预算。

(1)固定性支出:只要是每月固定不变的支出就详细分类记录,如房租或按揭还贷款、各种固定金额的月租费、各种保险费支出等。种类可能很多,手工记录非常繁琐,而用EXCEL记录就非常简单。

(2)必需性支出:水、电、煤、电话、手机、交通、汽油等每月不可省的支出。

(3)生活费支出:主要记录油、米、菜、盐等伙食费,以及牛奶、水果、零食等营养费。

(4)教育支出:自己和家人的学习类支出。

(5)疾病医疗支出:无论有无保险,都按当时支付的现金记录,等保险费报销后再计入当月的收入栏。

（6）其他各种支出：每个家庭情况不同，难以尽述，但原理大家一看便知，其实就是流水账，但一定要记住将这个流水账记得详细、清楚，让每一分钱都花得明明白白，只要坚持做半年，必能养成"量入为出"的好习惯。使用EXCEL软件来做这个工作，每天顶多只需要用几分钟，非常简单方便。

第四步：制定生活支出预算

参考第一个月的支出明细表，来制定生活支出预算，建议尽可能地放宽一些支出，比如伙食费、营养费支出一定要多放宽些。理财的目的不是控制消费，不是为了吝啬，而是要让钱花得实在、花得明白，所以在预算中可以单列一个"不确定性支出"，每月固定几百元，用不完就递延，用完了就向下个月透支。目的是为了让生活宽松，又不至于养成大手大脚的坏习惯。现在这个时代，就算你月薪100万元，如果你大手大脚，一天也能花光。

第五步：理财和投资账户分设

每月收入到账时，立即将每月预算支出的现金单独存入一个活期储蓄账户中，这个理财账户的资金绝不可以用来进行任何投资。

每月收入减去预算支出，即等于可以进行投资的资金。建议在做预算时，要尽可能地放宽，一些集中于某月支付的大额支出应提前数月列入预算中，如：6月份必须支付一笔数额较大的钱，则应在1月份就列入预算中，并从收入中提前扣除，存入理财账户，通常情况下不得用来进行任何投资，除非是短期定存或货币型基金。

经过慎重的考虑之后，剩下的资金才可以存入投资账户，投资账户可分为以下几种：银行定期存款账户、银行国债账户、保险投资账户、证券投资账户等。银行定存和银行国债是目前工薪阶层的主要投资渠道，这主要是因为大多数人对金融产品所知甚少，信息闭塞造成了无处可投资、无处敢投资。保险投资虽然非常重要，但一般的工薪阶层也缺乏分辨能力。

证券，是个广泛的概念，不能一提到证券，就只想到股票这个高风险的投资品种，从而将自己拒之于证券市场大门之外，要知道证券还包括债券和基金。

第三章 规划金钱与工作关系

难以开口谈应有的报酬

在这个世界上总是有人默默地耕耘、奉献牺牲也在所不惜,这就是因为价值观不同之故。有些人奉献了一生的精力,只为求得一枚勋章;也有人花费了大把的金钱助人,只换得牌匾上的一句"乐善好施"。

所以由此可知,荣誉是无价的,而荣誉心却驱使人去做许多原本做不到或不想去做的事。

对于自己难以开口的金钱问题,可通过第三者代劳,以避免尴尬。

根据某公司掌管研习部门的主任表示,每当需要请名人学者来演讲时,便要为演讲费而大伤脑筋,他会询问演讲费应该付多少,对方常回答:"由你决定好了。"于是,他只好自行决定演讲费的支付额。然而事后却迭遭抱怨,实在十分困扰。为避免此种情形反复发生,事先说出演讲费多少即可,但事实上大多数人都无法亲口说出。

为什么有关金钱的事,如此难以启齿呢?原因之一是担心会在无意中伤害到自己(如果说得太低,则无异于自贬身价),而且对金钱过分斤斤计较,似乎有损学者形象。诚如一般人在欲讨回债款时,便经常假借第三者之手,向对方表示:"我爸爸乡下房子准备大修,你是否能方便一下……""我也欠别人的钱……"运用这种说法或许比说"我自己要用钱"

较为安心些。

在金钱关系如此复杂、敏感的情况下,要想避免尴尬场面,最好的解决之道便是通过第三者或不相干的人来处理,可预防发生各种纠纷。

国内最近有些企业机构在薪水给付上实行"美国式自我叙薪"制度,但我却怀疑此种制度在国内是否可行,因为国人的保守观念毕竟和美国是不同的。

亲密朋友不好收取费用

给亲朋好友的奖金或酬劳,若以礼品来代替,较易被接受。

我有一位朋友,任某大学教授,曾听他提起一段往事,他说:"我经常收到找我去演讲的邀请卡,所以经常为了是否收费而感到困扰。某高中校庆时,我曾经受邀演讲,事后由一位学生交给我一个信封,他说'非常谢谢你,这是这次的演讲费',顿时让我不知所措。如果此时是由一位教员或职员交给我,情形便不会如此,因此我婉拒了那位同学。作为一个社会人士,对学生做了些事情却索取报酬,心里实在有些过意不去,更何况我本也是以教书为乐的大学教授。"

有从事搬家行业者曾告诉我:他把帮人家搬家当成是一份工作,依照一般收费标准收取费用,不会有不好意思的心理,但若帮自己的亲友搬家,便很难坦然收费。这种现象并非装模作样、故意矫情,而是在面对关系密切的朋友谈论有关金钱问题时,很容易产生"不好意思"的心理,可谓人之常情。

第三章 规划金钱与工作关系

谈到赚钱都抱持宁可信其有的心态

由于人类心理有脆弱的一面，与金钱有关时表现得更为露骨。如"老鼠会"这种组织，即变质的"多层次传销"，社会不断地严厉指责，人人谈"鼠"色变，但参与者仍源源不绝。"老鼠会"所以猖獗，会员不断加入便是主要因素，只要人们联合抵制，它便无法生存。有人曾经计算过，每星期只要增加五人，5年下来，地球上所有人将全部成为"老鼠会"会员。虽然这种赚钱方法完全不合理，闭着眼睛一想，就知道实际赚钱的人只有极少数的幕后操纵人。但是仍有不少人不断地往陷阱里跳。

起初，他们会问："这世界上哪有不劳而获的便宜事呢？"逃票、偷窃的行为为什么这么多呢？这就是因为对象过于庞大且模糊不清之故，逃票者认为占点小便宜，应该不至于使得对方损失惨重。换言之，在没人的情况下，抱着"不拿白不拿"的心理，这种行为也变得很自然了。

假如你的同事经过你身旁的时候，不小心遗落了皮夹，你会如何处理？是想据为己有，还是赶快归还？通常，如果对方是熟识的人，即使没有人看到，也不会想据为己有，否则心中会产生强烈的罪恶感。但若是不相识的人，结果恐怕就很难预料了，当然这也与钱袋内的数目有关。一般来说，能够真正拾金不昧的人，实在是少之又少，而且是非常难得的。

对于上班族而言，每年获得退税真是件令人高兴的事。计算每年扣缴与退税额之间的差距，往往是种乐趣，因为每一次都可退回不少的钱，这些钱好像天上掉下来的一般。

然而，钱一旦离开自己的身旁，便有"不再是自己"的感觉，往往在存款与借款给他人时，造成很大的阻力。上班族的税金，如果不是由每个月的薪水中预先扣缴，而是采用年终扣缴方式，即使金额一样，也会产生不甘愿

的心理，造成情绪变化。

缺乏理财观念的人较易受骗

推销高级商品时，不如专以"小财主"为对象。

在这个社会上，以"高收入兼职"或其他手段骗取金钱的事情层出不穷，且无往不利。被害人中，以小有积蓄者和刚领退休金的老人占压倒性的多数。

仔细想起来，没钱的人绝不会碰到这种事，相对的，家财万贯的大富翁们根本不需要从事这种冒险投资，所以也不会上当。而唯有那些手头有点小钱并且还想赚更多钱的人，最不容易逃过上当的心理盲点，也因此成为了骗子们最佳的目标。

基本上，这种人缺乏金钱感，他们平常经手的钱财顶多百千元，当遇到大钱时可能就会不知如何处置，再加上他们还免不了有投机的心理，所以一看到有赚钱的机会，便心痒难耐，一心想带着钱去试试看、闯闯看，反而使骗子们有机可乘。

记得在日本曾发生过一起高尔夫球场投资案件。有人以建高尔夫球场为名，要求投资者每人提供二三百万日元作为兴建资金，结果球场尚未建成，他就携带巨款跑了！其实，就算球场真能建成，会员成千上万，也不可能每个人都获得相同的利益，故此项投资根本难以获利。

后来再经过仔细研究，才发现几乎所有大企业经理级以上的人物皆涉入其中。这些平常处理大批事务有条不紊、做事有判断有担当的人，竟然都仅仅看了一张宣传单随手便掏了二三百万元来投资，实在是使人惊讶。

其实整个事情大家都归咎于一个原因，那就是他们对金钱的判断力都不够充分。

不过，一来这种事情不常发生，二来这些金额对他们来说并非极大的负担，所以事情既然发生，也就自认倒霉，受到教训就算了。然而对前面提过的小有积蓄者和退休老人来说，一生积蓄就这么完了，实在没办法不痛心，但惨剧已造成，钱是再也找不回来了！

所以，国人千万别因一时的投机心理，赔上一生的积蓄而得不偿失。

与自己无关的金钱，怎样浪费也不觉心疼

欲使公司业务蒸蒸日上，就必须将利益与大众分享。

重新兴建台湾公营铁路的各方面意见已经争论很久了，然而铁路主管部门却迟迟未展开行动，原因在于公营铁路的亏损日趋严重，实在没有经费可用于整修。

但在日本，私人铁路的经营情况却大不相同，不仅没有亏损反而颇有赚头，因此没有这些扰人的难题。

但为何两者间有如此的差异呢？

光就经营方法、路线而言，几乎是完全一样的，真令人百思不解。根据我个人的观察，员工心态是重要原因之一。

就私铁的员工而言，公司的利益关系自身的福利，因为公司的业绩若是蒸蒸日上，员工便可得到为数可观的奖金作为鼓励；公司若是亏损严重，则会裁员或倒闭，于己当然没有好处，所以大家便能以公司为家，共创佳绩。

而台湾公营铁路的情形正好相反，努力获得的利益也不会反映在自己薪水上，既然是与自己无关的金钱，再多也是别人的，便不会有"努力工作"的想法。

所以由此可知，与自己无关的事或金钱，通常都不会关心，这种例子随处可见。

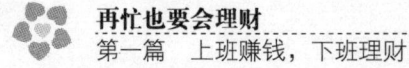

譬如，公园内随意攀折花木、随地丢纸屑、使用水龙头没有关紧等，由这些小事即可看出人类不文明的一面。

某所公立大学在乡镇所拥有的一大片土地，由于都市计划而暴涨，原本期望高价卖出，但负责人却低价卖出，众人都大惑不解。其实这种心理是可以理解的，因为卖价的金额与承办人无关，如此而已。

其实人对自己的钱和公司的钱有着绝对不同的使用方法。若是自己的资金，则会谨慎运用，倘为公司的资金，却会变得满不在乎。因此，财政改革的话题仍然是热门。

第四章　规划金钱与生活关系

私房钱应该留多少

一提到私房钱，许多人立刻便联想到家庭主妇。其实，它并不是家庭主妇的专利品。

曾经有一个朋友与他人打赌购买名马，他手边并没有钱，却已夸下海口，幸而由太太拿出私房钱来，才替丈夫解了围。家庭主妇往往会存私房钱以备不时之需，或供家人急用。丈夫的私房钱则可能只为了自己兴之所至，或有额外的用途，例如想要参加高尔夫俱乐部，或购买钓竿、相机等休闲用品。若连这些费用都要向太太伸手，则很可能会换来太太的如此回答："与其买这些……不如……"结果自讨没趣。私房钱的好处就在于个人可自由运用，完全不受他人支配——这也是它最大的优点。

那么，私房钱该留多少合理呢？

人们都盼望建立一个夫妻间和睦，经济上宽裕的家庭，想实现这个目标，就要从生活的实际情况出发，切实制定计划，巧妙地安排家庭开支。

那么，如何安排家庭开支呢？

看了这个题目之后，感觉这似乎是一个简单的问题。其实，里面却包含了不少学问。正确处理好这个问题，就能促进家庭的和睦团结；处理不当，它将会成为家庭不和的隐患。

一个现代家庭，既不要大手大脚，月初松月底紧，吃光用净；也不要为了存钱，舍不得吃、舍不得花。应当根据家庭财产多少，收入水平高低来安排家庭开支。

总的来说，就是提倡：适当消费；合理开支；应有的储蓄。

家庭的开支主要由四个方面组成：

（1）固定支出：例如水电费、房租等。

（2）必要支出：例如伙食费、教育费、书报费、卫生费等。

（3）机动支出：例如购衣物、社交费、零用钱等。

（4）大项支出：例如购大件商品、彩电、电冰箱等。

在家庭收入已经确定的前提下，应该有计划地做到科学开支。除去正常的、必要的开支外，节省下来的钱用于储蓄，一可以解决燃眉之急，二可以支援国家现代化建设。

面对私房钱，在人们的日常生活中，夫妻计划家庭开支的办法很多。比较普遍的方法是：夫妻各自拿出一部分收入，作为家用资金，剩下的就是自己的私房钱了。从表面上看，这种方式好像很合理，但是，却有不尽完善的地方。因为家用资金毕竟有限，仅够日常的支出，如果遇到需要购置家电、添衣、旅行等，就必须动用各自的私房钱。面对这种现实情况，拿多少，如何用，这时问题就来了。不少夫妻在储蓄上各自为政，透明度小，很容易造成互相猜忌，甚至导致争吵……

有不少学者撰文指出，针对上述这种情况，采取"全部公开，统一计划"，是一个较为妥善的办法。具体的方法是：夫妻各人将每月所得，包括工资、奖金、额外收入等，毫无保留地拿出来，作为共用资金，而在支出方面，将家用、储蓄、购置、各人零用等作出统一的计划和安排。这样，双方就可以对家庭的经济情况一清二楚，夫妻才能不分彼此，同心同德，齐心协力地为家庭出力。

女性坐拥财富四大"秘诀"

走出误区

传统的中国女人一直持"干得好不如嫁得好"的观念,一切以丈夫为中心,只会看牢丈夫口袋中的钱,而忽略了自己的荷包。随着社会趋势的转变,女性在工作上越来越多地与男性处于平等地位,在收入方面也开始与同等职位的男性不相上下,但在财务独立的同时,却仍然不懂得也没有意识到自己真正的财务需求及理财的重要性。

无论是事事以家庭为先的传统女性,还是"只要我喜欢有什么不可以"的新时代女性,在理财上给人的印象,不是斤斤计较攒小钱,就是盲目冲动的"月光族"。

造成这种情况,大概是因为女性在投资理财方面有这么几个误区。

缺乏理财观念

根据统计,美国有55%的已婚女性供应一半或以上的家庭收入,显示女性也越来越有经济能力来为自己规划财务。只是,女性还缺乏财务规划的主动性与习惯,53%的女性没有定出财务目标并且预先储蓄。有超过60%的女性没有准备退休金,其中有不少女性朋友认为"钱不够"。在中国这种情况也相当普遍,很多女性觉得"我的目标就是养活自己,很多其他问题留给另一半去做"。

态度保守,心存恐惧

有不少女性不相信自己的能力,态度保守,甚至对理财心存恐惧。有调查显示,一般女性最常使用的投资工具是储蓄存款与定存,其他还有保险。这样的投资习惯可看出女性寻求资金的"安全感",但是却可能忽略了通货膨胀这个无形杀手,可能将定存的利息吃掉,长期下来可能连定存

本金都保不住。

容易陷入盲从

大多数女性不了解自己的财务需求，常常跟随亲朋好友进行相同的投资或理财活动，往往只要答案，不问理由，明显不同于男性追根究底的特性，采取了不适当的理财模式，反而造成财务危机。

为感情交出经济自主权

很多女性常在交出自己情感的同时，也在不自觉地将自己的经济自主权，交在男性的手中。一旦感情生变，很可能伤了心不说，还落得一无所有。

女性花钱四原则

以下四个原则或许能给你一些帮助。

1. 相信自己赚钱的能力

关心自己的钱就像关心自己的容颜。

2. 明白自己的需要，拟定理财计划

先静下心来评估一下自己承受风险的能力，了解自己的投资个性，明确写下自己在短、中、长期的阶段性理财目标。

3. 学习理财知识，避免盲从盲信

周围的许多女性朋友总是觉得投资理财是一件很困难的事，需要的专业知识，自己根本无法建立，因此懒得投入心力。其实要取得投资理财方面的成功并不需要太专业的深奥的经济学知识。现在你投入心力累积的理财知识与经验都将伴随你一辈子，都能帮助你建立稳健的财务计划，累积你需要的财富，这是一个多么重要又必要的投资。

4. 专注工作，投资自我

虽然善于投资理财，不失为女性致富的途径，但终归让你获得最多财富，并获得成就感的还应该是你的工作。毕竟，以工作表现得到高报酬，自我能不断学习成长是一条最忠实稳健的投资理财之路。

第四章 规划金钱与生活关系

25~30岁

这个时候积蓄渐渐增加，对投资理财已有初步了解，并开始摸索投资的步骤和规律。这个时期，可承担较高的风险，在理财上可以比较积极，例如放较高的比例在与股票相关的投资上，毕竟此时可学到的经验最宝贵，年轻就是金钱，一切仍有机会重新来过。

30~40岁

理财需求转向购置房屋或准备子女的教养经费，根据统计，离婚比例最高的年龄正落在35~39岁，可以说是对现代女性生活上可能发生变动几率最大的阶段，在理财心态上应较为保守、冷静，尤其应设定预算系统，以安全及防护为主，通过资金不同比例的配置，逐步强化与加温，即先存够保障安全的资金后才逐步增加风险性投资，如股票、基金等，而在财务稳固后，再采取较积极的投资模式。保险往往是这一个阶段不可轻视的理财重点之一。

40~50岁

生活模式大致稳定，收入也较高，孩子也长大，在前10年的准备里，教育费用应有着落，现在可以开始为自己的未来退休生活做打算，想清楚自己在退休后期望什么样的生活水准与生活计划。在安排完适当和医疗相关保险所需的费用后，投资心态应较前10年更为谨慎。建议逐步加重固定收益型投资的比重，但仍可用定期定额方式参与股市的投资，定期检视投资成果是一定要做的功课，因为能让你重新来过的机会已经没有了。

50岁之后安养期

到了50岁之后进入安养期，建议你少作积极性投资，一切以保本为宜。

另外，正如商家把生意瞄准舍得花钱打扮自己的女性消费群体一样，时下越来越多的金融机构也颇为关注都市女性的理财需求，相继涉足潜力无限的女性金融商品领域，如个性鲜明的牡丹女士卡、平安如意女性两全保险、某些商业银行开办的女子银行等。女性若能在工作上热情投入，又懂得利用这些专业的投资理财机构，那么，女性追求经济独立，坐拥财富的梦想就不远了。

老年人的钱怎么花

老年人退休之后，一般会有一些存款或退休金养老，但面对市场经济的变化和各项支出的不断增加，老年人家庭同样也有以钱生钱的理财需要。

1. 以稳妥收益为主

目前投资品种虽多，但并不是所有投资都有钱赚。一般投资收益大的，其风险也大。老年家庭一生积攒的钱实在很不容易，倘若某一笔大额投资遭受损失，对老人的精神、家庭的影响都比较大，所以要特别注意投资的安全性，切不可思富心切乱投资。大多数的老年家庭目前应坚持以存款、国债的利息收入为主要导向，切忌好高骛远。

2. 要灵活运用投资策略

任何家庭投资都离不开国家的经济大背景，近几年来，国家为扩大内需、刺激消费，连续七次下调了存款利率，并对存款利息开征了个人所得税。这时，免税的国债、利率较高的金融债券应是老年家庭投资生财的主要品种。对于储蓄存款，当预测利率要走低时，则在存期上应存"长"些，以锁定你的存款在未来一定时间里的高利率空间；反之，当预测利率要走高时，则在存期上存"短"些，以尽可能减少届时在提前支取转存时导致的利息损失。

3. 投资股票要适可而止

买卖股票是一种风险投资，当代社会任何一个成功的投资理财人士，都进行了"安全投资+风险投资"的组合式投资，这是锻炼自我、巧抓机遇、获取高收益的一个重要途径。

因此，在身体条件较好、经济较宽裕、又有一定的时间和足够的精力，并具有一定金融投资理财知识和心理承受能力的前提下，少数老年人不妨拿出一小部分钱来适度进行风险投资。

特别需注意的是，切不可把急用钱用于风险投资，这主要包括：家庭日常生活开支、借来的钱、医疗费、购房款、子女婚嫁必须用款。因为每项风险投资品种的收益都有阶段性或价位波动性特点，如果用急用的钱去投资，一旦急用时就只有忍痛割爱低价出让，损失巨大。按"安全性""流动性""收益性"原则，在老年家庭的投资组合比例上，储蓄和国债的比例应占85％以上，其他投资必须控制在15％以下。这有益于老年人身心健康。

花钱别花得忧心忡忡

大多数人在听到爱花多少就花多少的言词时，反而无法真正随心所欲地花。

日本有一家自由上下班、自由取用公款的永谷元公司，此种上班制度，引得众人议论纷纷。这个公司的职员可在两年的期间内不做任何事，而只找出开发新产品的创意，不管是国外旅行或做什么，都可任意使用公款，许多人听到后都大为羡慕。

但实际上这种公司的职员所受到的压力，却是超乎其他人的。因为人在天性上即具有责任感，而且坚信天下没有不劳而获的理念，于是，不须准时上下班的职员，反而比一般打卡的更准时，同时更不会滥用金钱。相反地，如果被他人规定必须准时上下班不能这样、不能那样……反而容易引起反感，同时故意去破坏规定。

一般母亲对于孩子不喜欢念书都会感到苦恼，经常询问教育咨询中心该如何是好，此时，最好不要再说去读书、不读书成不了大器之类的话，若采取自由的态度，孩子反而会因害怕不受重视而自动自发地读书。刘先生即是利用类似的心理战术，解决了太太浪费的坏习惯。他们刚结婚时，家计支出全由刘先生管理，由于太太是大小姐脾气，动辄花费巨款购买物品。刘先生即将家计转由太太全权处理，她感觉到持家艰难，问题便轻而易举地解决了。

闹市区里有两家酒吧门对门营业，因此一场激烈的竞争就展开了。降低价钱自然是最迅速、最有效的攻势，其中一家以八折为号召，另一家即标榜七五折；这家买大送小，那家也不甘示弱地买一送一；如此恶性循环下去，原本一瓶30元的啤酒及一盘18元的小菜，此时却只要5元便可享用；两家甚至不惜送上招待券，真是名副其实的牺牲了。

也许有人会认为这两家酒吧必定是高朋满座，事实上，情况却恰恰相反。在刚开始时的确吸引了顾客上门；慢慢地便产生了反效果。原因何在？顾客原本都有贪小便宜的习惯，对于低于意料中很多的价格却无法接受，因为太便宜反让人有奇怪的感觉，似乎啤酒掺水或是服务不周等不安油然而生，反而希望能付合理的费用以享受应得的服务品质。现在，你到北京西单的市场（其实，各地都如此）上去看，许多玉器、珍珠和玛瑙堆在一起，任你去挑去捡，每件8元，许多人见此之后从此再也不买玉石不买珍珠了。他们心中想，这石、这珠不假即劣，还是远离的好。在价格方面，也应给顾客一个充分的理由接受廉价产品，否则反而会无人问津。

拿名牌出厂的东西来说，原本定价1 000元的进口皮包，突然降价成为100元，即使商店口口声声赔本出售，顾客也必定怀疑产品是否有瑕疵或是冒牌货。

没钱不要打肿脸充胖子

若想存钱，必须有用便宜货也不在乎的心态。

有一位朋友身为数家公司的负责人，他常不讳言地表示："越有钱的人往往越吝啬。"

例如，他们在餐厅点菜时，从昂贵、中等、便宜三种价格中，通常毫不犹疑地点了最便宜的普通餐；如果换成是我，恐怕会因不好意思而点那些中等甚至昂贵的菜，虽然它的价格常令我咂舌。

像美国的石油大王洛克菲勒家人在一次旅日之行时，全家都穿着轻便的牛仔装、球鞋，一点都不觉得寒酸或丢脸。

然而，相对的，每回从国内出发旅游的中国观光客们，经常是穿金戴银的，似乎唯恐天下不知道他们很有钱，殊不知这样一来反倒使得这些观光客成为扒手最好的行窃对象。

由此不难看出，越是有钱的人，往往越是不在乎使用廉价品；而没有钱的人却生怕使用廉价品会降低自己的身份，此种自卑心理可称得上是人类的悲哀。

前几年有关"外观请座"的书籍颇为畅销，并引起有关的话题。现代社会中，重视外观甚于内在的人的确越来越多。许多年轻人身居斗室，出门却华服名车，载着女友吃豪华餐厅，逛精品名店，俨然一副阔少爷气派。然而斗室中四壁萧然，存款簿上更是空空如也，这真是"金玉其外，败絮其中"的最好写照。

购买高价物品，常依赖他人意见

有时品牌推销，只要能举出某名人也使用该品牌的物品时，便可顺利达到推销效果。

我经常在购买昂贵物品或支付巨款时犹豫不决，不敢贸然行事，也不知是小气，抑或慎重使然，常因不能当机立断而错失许多机会。

但也并非从未有大方支付巨款投资的情形，只不过得到了惨痛的教训。

当时有一家颇负盛名、规模很大的公司，劝我购买当时最热门、远景最看好的高尔夫球会员证，据说高尔夫球场是由几个大企业家投资兴建的。

当时，只略看过宣传及简介即买了下来，后来球场因产权问题无法兴建，会员证便成为废纸，至今仍无下文。

我不能将此责任推给别人，因为完全怪我当时未能充分了解情况，因吸取这个教训，再也不敢贸然付巨款了。

但在亲身体验的例子中我发现了一件事：如果必须支付巨额金钱时，人们大都喜欢采纳别人的意见，这种倾向非常高，因为购买高价位物品时常会产生"到底要不要买""会不会被骗"等不安心理。若参考他人意见，则可减少担心，且可将责任分摊给他人，以求在失败时以"并不完全是自己决定的"来自我安慰一番。而且，寻求值得依赖的人或可靠的人推荐物品，心理上也觉得较能接纳。

曾经有位太太买了在国内属于二流的照相机，心里一直觉得别扭；后来在欧洲旅游时，看到和自己相同的照相机被称为"名牌"，于是以后在使用时便再也不觉得难堪了。

广告界就经常利用此种心理，特别去寻找一些有名的电影明星拍广告，效果确实不错。

情绪脆弱时,勿以金钱作为发泄方式

平时就有浪费习惯的人,遇到情绪低沉时要特别注意。

一般人在使用金钱上,都尽量开源节流,但是在情绪恶劣或精神颓丧时,即使平日没有浪费的习惯,也会突然变得不能克制自己而大肆挥霍起来,甚至暴饮暴食,伤害自己的身体也不自觉,相信每个人都有一两次这种经验。

某位太太在知道丈夫有外遇后,可能会将平日存下来的钱,全部拿出来购买平时舍不得买的高级服饰或是昂贵的珠宝首饰。

另外一个实例是:有位平时非常节俭且生活有规律的青年,在失恋之后,精神极度颓丧低迷,便开始盲目地花钱,甚至曾经购买两双相同的鞋子,再各自丢掉一只,作出诸如此类的怪异举动。据他说:"我也不知道当时为何会有这种行为。总之,只想寻找刺激、发泄情绪。"

为何他们会有这些冲动的行为呢?

这是因为人一旦失意,会同时失去信心,觉得自己十分渺小而情绪脆弱,因此用挥霍金钱来作为发泄情绪的方式,试图产生反作用,将被缩小、被忽视的自我膨胀起来。

想随心所欲地支配金钱,远比被金钱左右着欲望更具有快感和优越感,虽然明知只是一时的假象,却仍企图以此种方式来恢复自己被缩小、被毁灭的感觉。

当遇到挫折后,平时的压抑与理智,就会像泄洪般宣泄一空,因而产生一些情绪化行为,是可以谅解的,这种发泄如果真能治疗心灵上的创痛、挫折,其实也相当值得。

反之,如果是碰上平日便挥霍无度的人,受刺激下不惜借机暴饮暴食或是大肆挥霍金钱来个大采购,可就"灾情"惨重了。

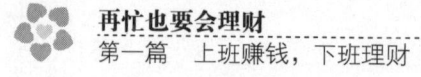

第一篇　上班赚钱，下班理财

天文数字的钱，使人无法作出正确的计算

购买高价物品时，讨价还价将可为你省下不少钱。

有一个人购买彩票中了3 000万元，据说，当他到银行领款时，特地拜托银行的职员，将3 000万元堆积起来，让他看看3 000万元究竟有多少。

对于一般中奖人，可能会将奖金照旧存放在银行里，而此人似乎是想用堆积金钱的方式，来感觉3 000万元是否具体存在。不过事实上，大多数的人都无法想象3 000万元究竟是个什么样子。

相信平常人在想到1 000万元时，往往没有钱的感觉。假定为了买房子而贷款1 000万元，借钱时，仿佛得到了很多，而归还时，却经常有"钱好像已经还过了，只是在付利息"的奇怪感觉。因为1 000万元在我们的脑中是一片模糊、没有清晰印象的。

例如，一个地区的经费预算是几亿元，没有多少人能正确地计算1亿元是多少张百元、十元钞票。如果用1秒钟数1元的方式计算，1兆元必须数上31.709万年多的时间，简直是不可思议。

其实一些大公司在各种交易上，经常用百万作为单位，如在不动产交易公司上班的职员，每日经手一两百万元的钞票也很平常，但是真正落入自己口袋的却是分文没有。这些人往往为了要吃40元还是60元的午餐考虑半天，与工作上成百上千万元在手中流过的感觉截然不同。

换句话说，自己的就算是几十元的现金也会计较；然而，对账面上的千万元天文数字却不注意。这是因为实际与梦想之间的鸿沟太大之故。

第四章　规划金钱与生活关系

人并非满足收入，而是以收入来获得满足

请客时荷包的钱不要装得太满太多，但要将荷包内的钱尽量花光，这样才会给对方带来满足感。

有关调查报告中指出，日本人有90％承认自己属于中等阶层，而令人非常惊讶的是，据年收入分配统计，发现此阶层人士的年收入在三四十万元。而一般的标准是，三四百万元才是中等阶层的收入水平。

几乎每个人都有中等阶层的概念，然而生活水平是否有差异，差异的大小又如何呢？

事实上，这两种所得相差了整整一位数的人士，生活水平实在差别很大：有些人出入都是进口车代步，有些人则每天挤沙丁鱼似的公车，按理说绝非同一阶层。尽管如此，年收入300万元和年收入30万元的人，都认为自己是虽非最富有却也非最困苦的中等阶层。

在古时候，社会阶级分为士、农、工、商，商人居于四民之末，但物换星移，时代变迁，今日所有公民的人权一律平等，只要努力工作，在逆境中也能不虞温饱，生活有了相当的保障。

现在即使在旁人眼中清苦的低收入家庭，也有一套他们的适应哲学，同样能在生活中享受他们的一切，并不会因收入菲薄就无法获得满足。

往往高收入的家庭反而有更多的不满足，例如买了10万元的花瓶，又为了是否买一只配成对而烦恼，宝马轿车是否不够时髦……诸如此类，不一而足。由此可见，对于懂得运用金钱的人而言，收入多寡，并不是满足与否的主要原因。

第二篇

30年后，你拿什么养活自己

　　人们常说：晚年的幸福才是真正的幸福。面对疯狂飙升的物价，你打算一辈子都靠工资来养家糊口、安身立命吗？你打算人过中年还要为日后的养老而疲于奔命吗？30年后，你将如何应对未来的生活？你拿什么养活自己和家人？凡事预则立，不预则废。若想在未来的30年衣食无忧、老有所依，就要从现在开始选准方向，规划人生，认清现实，各个击破，将人生道路上的障碍物一一扫除，一步一个脚印地朝着目标迈进，轻松摆脱"月光族""啃老族"和"穷忙族"的窘境，让现在和未来都掌控在自己的手中，游刃有余地安度幸福的"金色岁月"。

第一章　关注百姓理财、投资和生活

净　值

净值便是你的总资产减去总负债。随着财富增长，计算净值会变得更困难，因为各种投资的价值都在变动。然而，对于资产分配和长期规划来说，了解自己的资产净值是十分必要的，所以你需要每年都算一两次这个数字，在作重要的财务决定时更要算一下。

如果你的净值很低，甚至为负，也无须绝望。你只需有规划地管理你的金钱、积累财富，就能改变这种现状。净值并不等于你在人生这场游戏中的"得分"，而只是到这个阶段为止你积累财富的进展。在多数的发达国家，比如美国，资产净值很低或为负的人群的比例高得惊人，而他们仍然享受着高水准的生活。在亚太地区，人们更倾向于存较多的钱，但他们也需要更多的现金来支付医疗费之类的支出。在发达国家，这些支出可能会由社会福利的"安全网"或易于得到的信贷来支付。

如今你已经对自己的财务状况有了一个真实的了解，该开始为未来进行一些积极的计划了。

你该采用的方法是：列一个清单，写出一切与钱有关的目标，包括短期（一次度假）、中期（一辆新车）和长期(55岁退休)的。想起一个就列上一个，即使是那些看起来很难实现的目标，你也不妨把它们先写在纸上。

在列清单的时候，问一问自己这些问题：

我的孩子们在学校毕业后，我想给他们多少钱？

我想要一所自己的房子吗？

我想要装修房子吗？

我想退休后到另一个国家生活吗？我会不会想在那儿买座房子？

如果我明天就不工作了，我需要多少钱来维持生活？

我何时需要一辆新车？我是用现金买车吗？

我会想拥有一艘游艇或是值钱的古董吗？

我想做整形手术吗？

我有没有什么特殊的爱好？是不是需要为此购买装备？

我是不是想更频繁地去远方度假？

我想加入乡间俱乐部吗？

我想还清所有的债务吗？最想还清的是哪些？

我去世后想留给家人多少钱？

我想结婚吗？想生孩子吗？

我父母上年纪后是否需要我赡养？

我想在什么年龄退休？按今天的货币，我需要多少钱才能舒适地生活？

我想送孩子们去哪儿接受高等教育？那会需要多少钱？

我想不想中断工作一段时间，去学习更多的东西？

如果我突遇不测过世，我的家人需要多少钱才能生活？

如果我病了或残疾了，需要多少钱才能生活？

如果我失业了，1年内都找不到新工作，情况会怎么样？

一旦你写下了自己能想得出来的每一个可能的目标，你就要开始估算一下：按现在拥有的钱来算，每个目标需要多少钱才能实现。这项工作可能需要经过一些调查才能完成。比如说，假设你打算退休后在澳大利亚生活，你就需要调查一下移民的费用和当地的房价是多少。尽管你的某些目标还显得很遥远，但现在就着手进行一些基础性的调查会是十分有用的。

工薪家庭投资理财十种方式

随着我国金融、保险、证券等一系列改革措施的推进，个人投资理财也得以不断拓宽。2005年，黄金行情高涨，黄金投资者获益丰厚；股票、基金市场波澜不惊，机会渐显；人民币理财业务风起云涌，场面热闹……然而，传统的理财方式，例如银行储蓄和购买国债仍然是我国绝大多数居民的主要选择方式。

但仅仅依靠储蓄是不能保证资产增值的，在实际的理财生活中投资者也越来越明白"你不理财，财不理你"的道理，而家庭理财领域中人民币理财、外汇理财、黄金投资、基金投资，将继续成为投资者关心的话题。

时下，家庭投资理财越来越受到人们的重视，但并不是所有的投资方式都适合于工薪家庭，笔者在此文中以满分10分的标准给它们打分。

（1）储蓄——基础(9分)

银行储蓄，方便、灵活、安全，被认为是最保险、最稳健的投资工具。银行储蓄是大部分人传统的理财方式，从理财的角度讲，储蓄宜以短期为主，重在存取方便，而又享受利息；长期储蓄，依现有银行利息，考虑通货膨胀和利息税等因素，钱存得越久，贬值的风险就越大。

储蓄投资的最大弱势是，收益较之其他投资偏低，但对于侧重于安稳的家庭来说，保值目的可以基本实现。因此，给储蓄投资方式9分不过分。

（2）债券——重点(8分)

债券投资，其风险比股票小、信誉高、利息较高、收益稳定。

尤其是国债，有国家信用作担保，市场风险较小，但数量少。企业债券和可转换债券的安全性值得认真推敲，同时，投资债券需要的资金较多，由于投资期限较长，因而抗通货膨胀的能力差。所以，债券投资方式只能给8分。

（3）邮票——轻松(8分)

邮票投资的回报率较高。

在收藏品种中，集邮普及率最高。从邮票交易发展看，每个市县都很可能成立了至少一个交换、买卖场所。邮票的变现性好，使其比古董字画更易于兑现获利，因此，更具有保值增值的特点。但近年来邮票发行量过大，降低了邮票的升值潜力。但对于工薪阶层的业余爱好来说，年册几百元的价格不高，加上邮票给工薪家庭成员视觉上的高度愉悦感，邮票投资方式也有8分。

（4）物业——必要(7.5分)

购买房屋及土地，这就是物业投资。

国家已将物业作为一个新的经济增长点，又将物业交易税费有意调低并出台按揭贷款支持，这些都十分利于工薪家庭的物业投资。物业投资已逐渐成为一种低风险，有一定升值潜力的理财方式。购置物业，首先可用于消费，其次可在市场行情看涨时出售而获得高回报，且投资物业不受通货膨胀的影响。

但是投资物业变现时间较长，交易手续多，过程耗时损力。不过，这些相对于其升值潜力来说，微不足道。物业投资方式应该有7.5分。

（5）股票——谨慎(6分)

购买股票是高收益高风险的投资方式。

股市风险的不可预测性毕竟存在。高收益对应着高风险，投资股票对心理素质和逻辑思维判断能力的要求较高。国内上市公司参差不齐和政府政策的多变性，是中国股市高风险的主要原因。因此，股票投资方式最多给6分。

第一章　关注百姓理财、投资和生活

（6）外汇——辅助(5分)

外汇投资，可以作为一种储蓄的辅助投资，选择国际上较为坚挺的币种兑换后存入银行，也许可以获得较多的机会。

外汇投资对硬件的要求很高，且要求投资者能够洞悉国际金融形势，其所耗的时间和精力都超过了工薪阶层可以承受的范围，因而这种投资活动对于大多数工薪阶层来说不现实。外汇投资方式顶多值5分。

（7）珠宝——享受(4分)

珠宝，广义上可分为宝石、玉石、珍珠、黄金等制品，一般来说，具有易于保存、体积小、价值高的特点，可被人们制成项链、手链、戒指、耳环，佩带于身上作为装饰品。

投资珠宝，有一举两得的功效。珠宝的保值作用增强，国际上亦将黄金作为对付通货膨胀的"有力武器"之一。对于工薪家庭，珠宝可以作为保值的奢侈消费品，但作为投资渠道不可取。珠宝投资方式只能得4分。

（8）字画古董——爱好(4分)

名人真迹字画是家庭财富中最具潜力的增值品。

但将字画作为投资，对于工薪阶层来说较难。而且现在字画的赝品越来越多，国外的几家大拍卖行都不敢保证中国字画的真实性，这又给字画投资者带来一个不确定因素。

古代陶瓷、器皿、青铜铸具、景泰蓝，以及古代家具、精致摆设乃至古代钱币、皇室用品、衣物，都可称古董。

因其年代久远，日渐罕见而成为国宝，增值潜力极大。在各地古董市场上，古董赝品的比例高达70%以上，古董毕竟是所有投资方式中专业要求最高的，不适合一般的工薪家庭投资，只适于欣赏。字画古董投资方式可以得到4分。

（9）钱币——细心(3分)

钱币，包括纸币、金银币，对于历史上的通货是否是一种珍贵的钱币，需要鉴定它们的真伪、年代、铸造区域和珍稀程度,很大程度上有价值的钱币可遇不可求。因此,工薪家庭没有必要花费大量的精力做此类投资。钱币投资方式有3分已很不错了。

（10）彩票——有度(1分)

购买彩票,严格上说不能算是致富的途径,但参与者众多,也有人因此暴富,所以也渐渐地被工薪族认同为投资。

彩票无规律可寻,成功的几率极低。若把购买彩票作为投资方式,它只值1分。

理财比投资更加重要

除非你能未卜先知国家的政策,理论上没有人能够准确预测股市的行情。其他风险投资大抵也如此。因此,从事风险投资必须做好亏损的心理准备。

目前,不少百姓把风险投资当成致富的门路,当作家庭理财的主要手段。如果你的收入状况较好,承受能力较强,并且年轻健康,其实这也未尝不可。但它与通常意义的理财并不是一回事。

什么是理财?它是一份规划,是对未来买房、买车、子女教育、退休养老等方面的财富增值计划。它不仅要考虑财富的积累,更要考虑财富的保障,不能把它当作暴富的途径,而投资关注的是如何让钱生钱的问题。

因此,理财比投资宽泛得多。我们不能简单地将炒股等投资行为等同于理财,而应将理财看作是一个系统,炒股、储蓄、保险等都只是它其中的一个组成部分,通过互相配合,使系统保值增值,让自己生活无忧。因此说,理财比投资更重要。

理财的内容非常丰富,包括储蓄、国债、股票、保险、邮币卡、古董古玩等,但对每个家庭而言,并不是都需要去尝试。像炒汇、炒金、期货等投资风险极高的品种,不具备专业知识,最好不要去碰它。否则,容易遭受损失。

理财专家推荐"三三"法则:三分之一储蓄,比如存定期、买国债等;三分之一买保险,包括医疗、健康、养老保险等;三分之一风险投资,炒股、炒邮币卡就属于这一类。

由于每个家庭的年龄结构不同,收入情况和兴趣爱好也不同,即使"三三"法则是最好的投资组合,也有很多家庭不喜欢。所以,家庭理财是因人而异的。爱好集邮的家庭不妨侧重投资邮币卡;懂证券分析的人,可以选择多投资点股票;鉴赏知识丰富的家庭从事文物收藏;稳健的家庭多储蓄、买国债也很好……但是一般来说,年青人可以尝试风险项目,进入中年后,应及时购买保险,而上了年纪的人则可多选择储蓄和国债。

选择适宜的投资方法

让钱生钱是一个现代人的智慧表现,前几年全球股票市场大牛市,参与者都发了财,我国也不例外。不过,并不是买了股票就保证你赚钱,投资也要讲究方法和时机。已经开辟的高科技股票市场(创业板)也许是一个不错的机会。创业板股票的机遇和风险共存,机遇使这类股票具备较高的成长性,企业由小到大发展迅猛,这就为投资者带来分享企业高速成长的收益;另外,创业板股票不受现时盈利状况的限制,投资者对它具有想象空间,所以股票可以反复炒高,甚至远远脱离其价值。同样,其风险就表现在,因为其盈利具有不确定性,所以投资者多为短线投资,这就会加剧股票价格的波动,可能你"上午开奔驰车进去,下午就骑三轮车回家了"。

因此，对一般小资金投资者来说，只适合小部分参与，你可以用三分之一或更少的比例去"搏一把"。但要注意参与的时机，即不要在股票炒得很高的时候去买，而应该在价格低迷时介入。

量身理财

面对一个家庭的财产，建立一个良好的投资结构就像造一座金字塔，首先有宽厚的底部，安全性高的投资，比如零风险的储蓄，才能递次建构高耸的塔尖，比如低风险的国债、中度风险股票、高风险的不动产投资。成功的投资组合必须依靠不同风险层次的金融商品，你可能是储蓄型，可能是投资型，也可能是投机型，或者三型合一。接下来，可以进行具体设计了，那么先来看看这些设计吧。

1. 储蓄型理财

存住每分钱，避开所有风险是你的首要目标。如果你及你的家人将在近期内动用手中现金，就必须做个储蓄型的安排。比如，你计划近期买房，就不该将房款投资在任何有风险的商品上，抱着再赚一点的幻想。你家的理财区域只限于公债国库券和储蓄等品种。

2. 投资型理财

家庭财富的增长在于，维持一段长时间的固定持有，投资目标的价值随时间成长。一般而言，投资时间越长，就越有机会获得较高利润。你应该以中度风险的金融商品为主，如股票和债券。

3. 投机型理财

你很可能让你的家庭冒较大的风险，以求短期内获得巨额利润。如果是这样，你应当尽快熟悉期货、黄金等高风险的商品，积极参与进去。投资时需要注意的是，表现不如你所预期时，迅速将它脱手。

把握家庭投资理财规划的黄金分割线

黄金分割线是一种古老的数学方法。黄金分割的创始人是古希腊的毕达哥拉斯，他在当时十分有限的科学条件下大胆断言：一条线段的某一部分与另一部分之比，如果正好等于另一部分同整个线段的比即0.618，那么，这比例会给人一种美感。后来，这一神奇的比例关系被古希腊著名哲学家、美学家柏拉图誉为"黄金分割线"。

黄金分割线的神奇和魔力，在数学界还没有明确定论，但它屡屡在实际中发挥我们意想不到的作用，如摄影中的黄金分割线，股票中的黄金分割线……同样，黄金分割线在家庭的投资理财规划中也有着神奇的效果，妙用黄金分割线也可使资产安全地保值增值。

投资负债要成比例

田振民是广州一家饮食集团下属分公司的财务部长，妻子也在一家财务公司任职，孩子正在读小学，还要供养两位老人。田振民每月的家庭总收入在1.1万元左右，这个收入在广州市来说只能算是个小康之家，日常节余也不多。但是，多年来田振民一家的资产一直稳步增长，小日子过得有滋有味。

原来，专业出身的田振民非常关注自己家庭的财务规划，对家庭的每一笔投资都非常慎重。他在日常的工作中还创造性地总结出"黄金分割线"的家庭理财办法。即资产和负债无论怎样变动，投资与净资产的比率（投资资产/净资产）和偿付比率（净资产/总资产）总是约等于0.618。这正是他所谓的理财黄金分割线。多年来，田振民一直在这个理财黄金分割线的指引下不断调整投资与负债的比例，因而，家庭财务状况相当稳健。

2002年时，田振民的父母相继去世，田振民每月的负担减轻了2 500多元，还分得了7万多元遗产。1年后，随着田振民在银行的存款快速增加，黄金分割线有失衡的可能，于是田振民决定做点投资。

投资额度要设上限

当时田振民的家庭总资产：包括银行存款、一套109平方米的三居室、货币市场基金和少量股票，总价值为105.5万元，其中房产尚有28万元没有还清，净资产（总资产减去负债）为77.5万元，投资资产（储蓄之外的其他金融资产）有39万元，田振民的投资与净资产的比率为39÷77.5＝0.503，0.503远低于黄金分割线，投资与净资产的比率低于0.618时，意味着家庭有效资产就得不到合理的投资，没有达到钱生钱的目的。这说明加大投资力度是很有必要的。

要让资金最快增长，毫无疑问，最主要的是多投入资金。但是因为存在着亏损的可能性，所以田振民给投入的资金量设定了上限。加大投资额的同时也要考虑家庭的偿付能力，在偿付比率合理的基础上，进行合理的理财投资，这就是田振民家庭财务一直很稳健的原因。而大部分人进行理财投资时，往往忽略了自己的偿付能力。

借款可优化财务结构

在经济风险膨胀的今天，如果偿付能力过低，则容易陷入破产的危机。偿付比率衡量的是财务偿债能力的高低，是判断家庭破产可能性的参考指标。田振民的家庭总资产为105.5万元，其中净资产为77.5万元，而他的房贷款还有近28万元未还。按照偿付比率的计算公式，田振民的偿付比率为77.5÷105.5＝0.735。

从田振民多年的财务经验看，变化范围在0～1之间的偿付比率，一般也是以黄金分割线0.618为适宜状态。如果偿付比率太低，则表示生活主要依靠借债维持，这样的家庭财务状况，无论债务到期还是经济不景气，都可能陷入资不抵债的局面。而如果偿付比例很高，接近1，则表示自己的信用额度没有充分利用，需要通过借款来进一步优化其财务结构。

0.735是个比较理想的数字，即便在经济不景气的年代，这样的资产状况也有足够的债务偿付能力，但0.735远高于黄金分割线，可见田振民的资产还没有得到最大、合理的运用，信用额度也没有充分利用。当然，0.735的偿付比率增加了田振民投资住宅房的信心。

田振民开始寻找符合自己财务的投资住宅房，一方面他要使有效资产得到合理的运用，另一方面又要保证家庭财务的偿付比率接近黄金分割线。

理财别患上享乐适应症

想更好地管理你的资金吗？在这里向你提供六条最重要的理财法则。

1. 勇于说"不"

为了成功地进行储蓄和投资，没什么比自律更重要了。

这意味着看准一些股票、债券和货币市场基金后进行投资，然后坚持持有这一投资组合，无论动荡的市场是多么令人烦恼不安，也无论你是多么想购买最新的热门股。

2. 别患上享乐适应症

花钱并不能给你带来快乐。然而许多人都这么做，于是他们一生都要面对高额的信用卡账单，以及失望的情绪。

知道这个心理循环吗？你看中了某件商品，然后认定非要得到它不可，于是付账。然而几周或几个月之后，你就把这件事忘得一干二净，又开始新的物质追求了。

学者们把这种现象称为"快乐水车"或"享乐适应症"（Hedonic

Treadmill）。从中可以吸取的教训是什么呢？如果你想得到快乐，别到购物中心去寻找，那里是找不到的。

3. 我们就是市场

尽管大家都在谈论跑赢大市，但事实上我们的前进道路上存在着一个不可逾越的障碍。

不可能所有的人都跑赢大市，因为我们本身就是市场的组成部分。如果有人跑赢大市，那么必然有人被市场打败。

实际上，如果再算上投资成本，能跑赢大市的投资者就寥寥无几了，而大多数投资者都落后于市场平均水平。

4. 谁分了你的钱

还有一点你得记住，不管你是否乐意，你还有两位投资伙伴：证券公司和印花税。它们需要共同分配你的投资收益。

想自己多留一点，给证券公司和税务局少点？最好的办法是降低投资成本，同时最大限度地利用避税的退休金账户。

5. 请专家帮忙

看上去大多数投资者是没有时间、兴趣和精力亲自进行成功投资的。不过遗憾的是，即使你聘请了经纪人或是理财规划师，你的感觉也好不了多少。许多顾问收费昂贵，但他们自己也只有少得可怜的正规理财教育，因此你在挑选顾问的时候得特别小心。

6. 别落在后面

当专家们讨论投资多样化的时候，他们会指出，购买各种投资产品能降低投资风险，因为其中一些投资会带来收益，而另一些会出现亏损。

但问题在于：每当我们面临重大金融危机的时候，投资多样化——特别在全球股票市场上进行多样化的投资——常常被证明是起不了什么作用的，因为所有的股票都在暴跌。

即使美国股票和海外股票一同下跌，它们的年投资回报还是存在着惊人的差距。那些仅仅投资于一个市场的投资者们可能会面临较长的低迷时期。

此外,投资多样化也不仅仅是为了减少投资组合的短期波动。它还能限制金融灾难给你带来的损失,无论是因为政局动荡而导致金融市场出现混乱,还是金融市场本身出现崩溃,例如20世纪90年代的日本市场。

家庭理财最大的风险是未知数

什么是风险?风险就是不确定性,人类最大的风险,就是不能知道自己的将来。

我们对未来的无知,不是地球还能存活多久,人类是否要移居星球的问题,而是:不知毕业后会否失业,不知谁会和我结婚,不知结婚的时候会不会有房子,不知会有几个孩子、不知是否会离婚、不知家人会否身患疾病、不知会否有交通事故、不知会否意外死亡或残疾,不知自己的专业会否过时,不知明天学费会不会上涨,不知会加薪抑或失去饭碗。

1. 单纯地将理财理解为投资

理财的核心是开源节流,开源是指增加收入,节流是指理性消费和支出。而投资通常俗称为钱生钱,试想,一个月收入不足3 000元的中低收入工薪阶层硬要去炒楼、炒股、炒期货、炒外汇,这是投资吗?不是,这只是投机或赌博。

许多工薪阶层因为看到房价暴涨、股价暴涨、商品期货价格暴涨、人民币疯狂升值等财经新闻,看到网站、报纸、电视等媒体上整天都鼓吹着无数诱人的赚钱神话故事,便以为用个几千元、几万元便能轻松地成为百万、千万、亿万富翁,可怜他们沉迷于神话故事中,也不用脑子去想一想，其实所有的神话故事背后，都有意或无意地掩盖了一个真相：人家的100万元可能是用100万元、1000万元赚来的，利润不过是100%、10%，而且他们的100万元、1000万元未必都是自己的，比如，你能用1亿元资金，在这些所谓的大牛市中赚到100%的利润，你的确能很轻松地获得100万元的报酬，但是，一个普通的工薪阶层有这个能力吗？这个过程是可以轻易复制的吗？

一个企业老板，只要能让他的企业上市，就能一夜之间身价过亿，可是，全中国那么多企业，到今天上市的也不过是1500多家，相对于10几亿人口的泱泱大国，你认为这几个亿万富豪的神话故事有现实意义吗？《富爸爸与穷爸爸》中作者所说的办企业上市是快速致富的秘诀之一，那家伙是个美国人，美国的股市允许小公司上市，曾经连许多空壳皮包公司也成功上了市。可他没说，这些年有无数小的上市公司从交易所退市或破产或每股只卖几美分。所以读书、学习，也要动点脑子，不能囫囵吞枣。

工薪阶层完全可以通过智力投资来实现百万、千万的财富梦想，如，考研考博考证书，从高位直接切入大企业的中高管理层拿高薪，或直接利用自己的专业知识去创业，你若能研究出Windows之类的玩意儿，就算成不了比尔·盖茨，你也能成个百万富翁。那些风险投资家们整天都在寻找着冒险机会，你有本事，可以亮给他们看。当然，你可能要说，读书太吃力，连大学都考不上，咋办？花点小钱用心学些手艺，如理发、修理汽车什么的，开个小店，招学徒，慢慢扩张开连锁店，最后你也可以将它上市，一夜之间成为亿万富翁。在美国，就有理发店成为上市公司的，咱中国也有卖发卡的上市公司，前不久不是还有个搞英语培训的在美国上了市吗？当教师能致富，农民也可以致富，养鱼的、养猪的，都有上市公司。

2. 不贪之贪，不怕之怕

开源的途径有无数种，投资只是其中的一种，而且是风险最大的一种。的确,赶上大牛市,赚钱是容易的,这样的机遇你可以抓住,也可以放弃,在作出最终的决定之前,你一定得三思再三思,因为投资对于许多人来说,是条不归之路,从此你将整天受着自己的欲望驱使,再也难回头了。投资国债的,最终会变成基民,基民最终又会变成股民,许多人信誓旦旦地说自己永远只做债民、基民,绝不碰股票,这都是自欺欺人,一个也跑不掉,最终都得乖乖地成为小股民或小赌鬼。所以只要你动了钱生钱的贪念,一脚踏进金融业的大门,此生你就得乖乖地成为金融业的奴隶。

一个资产1 000万元的富翁,拿出100万元来炒股,就算他想1年赚1 000倍,这也不叫贪心,就算他拿着这100万元全部买彩票或直接去澳门狂赌,也不叫贪心,只能说,他是来玩游戏的。而一个总资产只有10万元的工薪阶层,拿出9万元来投资股票型开放式基金,只想1年赚10%,这都是贪心,这就叫不贪之贪。倘若你把房产拿去抵押或刷信用卡透支或找亲戚朋友们集资来投资基金或股票,哪怕你只想赚1%,就更是贪心之极。

贪心的人,心理都是极不稳定的,有些人嘴上说:我不怕亏损,我有很强的风险承受能力,实际上你可以准确地预言出他们的心理波动,亏损10%,就会骂人;亏损20%,就会恨人;亏损50%,可能就会自杀或杀人;倘若亏损80%,他还活着,心理虽然会稳定,但是人也颓废了。这就是他们的不怕之怕。

投资的正确观念应该是:该贪时必须贪,不该贪时坚决不贪。你有10万元资产,拿出1万元来炒股,你想赚10倍,这不叫贪心,相反,如果你只赚了10%就收手,不仅是傻,而且非常危险,因为市场不会总是提供那些低风险的投资机会给你,下一次你可能要追高买进,而紧接着又可能会赶上大跌,你反而变成了亏损,这就是该贪而不贪的报应。倘若你把10万元全拿来炒股,哪怕你只想赚10%,也是不该贪。

工薪阶层可以大胆地投资,但是,一定要量力而行,不要借钱,不要抵押,不要典当,不要刷信用卡,不要将身家性命全部拿来赌,只用些不怕全亏光的闲钱来投资,就算你来赌博,也不叫贪心,而叫勇气。你能承受100%的风险,你就有勇气和耐心搏取任何暴利,无论牛市或熊市,你都可以去投资或投机,市场永远有机会,时时有机会,只要它不关门。

投资不在乎钱多钱少,几百元也可以开始,几千万元也不算多,积少可以成多,细水长流终成江河。理财的核心是开源节流,投资的核心不外乎两个词:勇气、耐心。理财不等于投资,投资更不等于理财,因为不投资也是理财的一种开源途径,比如,你现在月收入1万元,你不做任何投资,你只是将钱存在银行里,也不去存定期,全是活期,你说,你的生活是不是非常的宽裕和轻松?当然,你肯定会说,那退休后怎么办?家人生了大病怎么办?有了孩子怎么办?万一以后不能再每月赚1万元怎么办?好的,让我告诉你一个永远也不可能有第二个人会告诉你的真相:金融业之所以存在,就是因为它用尽了无数的手段,唬得你整日里杞人忧天!麻雀如果也像人类这样杞人忧天,那么它们也一定会来炒房、炒股,懂了吗?这就是为什么不投资也是理财的一种开源途径。投资,你必定有赚有亏;不投资,你等于投资收益率永远为0,而0永远比任何亏损强万倍。以不变应万变,以静制动,无为而无不为,这才是投资的最高境界!

我们要作的准备包括:

(1)建立应急基金。手上要有现金或者现金等价物,如随时可以提取现金的银行卡,有人认为货币基金或者股票有很好的流动性,但如果有变现时差存在,还不能完全等同现金。

(2)正确运用信用卡。当意外事情发生时,如失业或者疾病,信用卡透支额可以帮人渡过难关。但事实上,很多背负信用卡债务的人并没有失业或者得了病,他们只是用信用卡去购买暂时无力用现金购买的东西,并背负16%左右的债务,这是愚蠢的行为。

(3)为未来的生活投资,而不是为金钱本身。在利率低的时候,存款账户的钱很难支付未来孩子的学费，虽然看上去你做了计划，原因是通胀以及学费增长。另一方面，看到利率太低的人却可能盲目投资，我最常被问的一个问题是我有30万元，我该如何投资？而我要反问的问题是，你为什么要投资？为教育还是为养老？或者只是追求购买豪华别墅？不同的生活打算，投资计划及风险承担是有很大区别的。

（4）转移风险与购买保险。买保险的本质就是花钱转移风险。如果某个意外事件发生，给你的财务带来的影响对你的生活品质带来太大改变，是你不能接受的程度的时候，购买保险就能为你买单并带来财务稳定。记住，有些风险是你能承担的，有些带来的财务波动太大，比如重大疾病、意外死亡等，就最好转移给保险公司。买保险要注意给付条件是不是你担心的条件，否则就不能雪中送炭了。

（5）减少债务和为债务投保。如果有足够的支付能力就尽量减少债务，因为意外发生的时候，债主并不会心慈手软，信用卡的债务、购楼购车的债务都是受法律保护要定期偿还的。同时，每增加一项负债，就等于增加了风险暴露程度，相应的保额就要提高，也就是说，你要多付一点保费，让保险公司在意外发生的时候为你的债务买单，这样，你所关爱的人，就会减少这部分生活的压力了。

第二章 挖掘银行卡里的财富

你的钱多少年可以翻一番

如果你现在有20万元的现金类资产,假设你的年投资收益为15%,实现翻番达到40万元需要多少年?这时很多人会说,大概需要七八年吧。但实际呢,计算复利因素,只需要4.8年便能从20万元变成40万元!这其中有一个理财的72法则。也就是说本金翻一番所需时间(年)=72÷年收益(不计百分号)。

现在我们计算一下目前通过正常投资途径实现翻番目标所需要的时间:

(1)储蓄。当前1年期的定期存款利率为2.25%,税后为1.8%,假设利率保持不变,则本金翻一番所需时间:72÷1.8=40(年)。

(2)国债。因为国债很少有1年期的,所以我们以加息后的3年期凭证式国债计算,利率为3.37%,本金翻一番所需的时间:72÷3.37=21(年)。

(3)开放式基金。当前开放式基金的业绩虽然良莠不齐,但也有诸多业绩优秀的基金,如果选择一只好的基金,其回报率为8%,则本金翻一番所需的时间:72÷8=9(年)。

(4)货币基金。货币基金的年平均收益率一般为2.8%左右,本金翻一番需要的时间则为:72÷2.8=25.7(年)。

(5)信托。时下信托产品非常热销,年利率大约为4.8%,购买信托产品,本金翻一番所需的时间:72÷4.8=15(年)。

（6）人民币理财。除了股份制银行外，目前各国有专业银行也推出了人民币理财产品，以2005年2月1日建行推出的"利得盈"为例，其1年期产品的年收益为3.03%，本金翻一番所需的时间：72÷3.03＝23.7（年）。

从以上数据可以看出，银行储蓄翻番的时间最长，需要40年！因此，要想实现家财的增值，就要转变传统的"有钱存银行"的老观念，根据自己的风险承受能力，尽量选择收益高的理财产品。以人民币理财为例，很多人认为它和定期储蓄的收益差不了一两个百分点，但你别忘了，收益高一个百分点，本金翻番的时间就能缩短15年。所以，在打理家财上应当锱铢必较，分厘不让。

工资卡里的钱别闲着

小张在一家外企工作，收入较高。仍和父母住在一起的他，平时也没有太多的地方需要花钱，一个月的个人开销1 000元绰绰有余，工资卡内的财富积累得很快。小张工作很忙，也没做什么投资，所以对工资卡里的金额也从不在意，反正存在银行里，该多少利息银行每年会给一次的。只是等到卡里积累了几万元时，他才会下决心抽时间去银行排队，将钱取出来存个定期。

其实，小张的这种做法已在不知不觉中损失了一笔应有的收入，对自己的财产资源是一种浪费。因为他银行卡中的大额存款全部是活期存款的利息。

那么如何使个人工资卡内的资金收益更大?有没有一种更为简便的操作方法呢?

可以用银行自动约定转存服务，也就是定活期存款账户自动互转。有些银行把自动约定转存加载在电话银行和网上银行上，成为注册客户之后，活期转定期只需打个电话，或上网点击就可以了。而浦发银行、招商银行、农业银行等还开通了真正意义上的自动约定转账服务，既不用跑银行，也不用打电话、上网，卡内金额超过约定基数，银行会自动完成转账。

在某电信公司工作的小丁的工资卡是东方卡。他拿着工资卡和身份证就近在一家网点柜面上申请开通了自动约定转存服务。浦发银行的该项东方卡业务实际是将一张东方卡划分为活期账户和定期账户两个部分。按照规定活期账户中的备用金基数不超过2 000元，由于小丁平时的个人投资活动并不频繁，于是他将定期账户的期限设置为1年。按照当日银行的个人储蓄利率，1年的年利率为1.98，明显大大高出活期存款0.72的年利率。以后每月25日，银行都会将卡内超过基数2 000元的部分以整数500元为一个单位转入定期账户。柜台工作人员还告诉小丁，如果他在刷卡消费或者ATM机取现消费，而备用金账户(即活期账户)余额不足支付时，系统将按所需金额自动从约定定期存款账户中按"后进先出"的原则将约定定期存款逐笔销户，本息一并转入备用金账户，使小丁可以刷卡无忧，而定期账户中剩余的存款，依旧按照定期的利率进行结算。当约定定期存款账户到期时，系统自动办理到期转存，利息扣税后转入新本金起存。

目前，除浦发银行以外，建设银行、农业银行、招商银行也能办理类似的自动约定转存业务，但都是以个人储户形式存在的，尚无法直接作为工资卡形式进行服务。而且前提是必须办理该行的借记卡，也就是说，约定转存是附加在借记卡上的一项功能。

积蓄不多不等于无财可理

贾先生年过30岁，妻子28岁，两人的月收入约为8 000元。目前租用一套约80平方米的三居室房子，暂时还没有小孩。现在除了生活费用外，每月大约余下2 000元，资金都存在银行，作为活期储蓄。

对于低收入的普通家庭来说，把部分余钱作为储蓄外，是否还有提高收益的其他办法呢？薪水不高、积蓄不多不等于无财可理。改变理财观念，便将获得好收成。

第一步：开源节流，日积月累

根据贾先生的情况，他首先必须在日常生活中开源节流，这是理财的第一步。每月夫妻俩收入有8 000元，每月除了付1 500元房租外，剩下的只有2 000元。这说明贾先生每月消费了6 000元。

俗话说"勤由俭来败由奢"，年轻人应该考虑有计划地储蓄，提议采用"强制性"储蓄，目前银行都有自动储蓄业务，例如民生银行钱生钱计划，很适合日常生活中"闲钱"的积累。

该产品特点在于：客户设定每月活期账户基数，与银行签订协议以后，由银行帮你理财，每月银行自动将客户活期账户中超出基数部分的钱按设定比例转入定期账户中（例如：50％1年定期，30％半年定期，20％3个月定期），这样几年不知不觉中你就会拥有一笔不小数目的储蓄。

第二步：合理投资，注意收益和时间的匹配

工作几年有一定积蓄，可以适当进行投资。由于刚开始投资，收入不高，积累的金额有限，建议以收益稳定的理财产品为主，不适宜介入高风险的投资产品。如民生银行前几期推出的短期信托型理财产品，购买起点低，收益稳定，期限短，或者是半年期保本浮动收益型理财产品，这些产品一般都能获得比1年定期高的收益。

第三步：适时购买自有住房

个人积蓄低于10万元选择租房是比较合适的，虽然租房子有诸多不便，但是有一个自己感觉舒适的居住条件，又不影响日常生活质量，待收入和积蓄到一定水平再考虑购买属于自己的房子。

据测算，如果购买一套80平方米的二手房，用几万元作首付，每月支付的利息不比目前支出的房子租金1 500元高多少。因此，根据贾先生目前的情况，在银行储蓄收益较低的情况下，应该尽早选择购房，既改善居住条件，又可以省下大笔房租。

第四步：注重细节，减少财务损失

目前一些银行的个人业务收费五花八门，有跨行取款免费、收费2元至4元不等，收费范围包括取款、查询、小额账户、信用卡透支费用等。建议合理开设银行卡，如民生银行的民生卡，不仅不需收年费、跨行取款费用，而且还有账户信息即时通功能，可以即时收到账户变动的信息。而民生信用卡可以将储蓄账户和信用卡账户关联起来，还可以将基金账户一起关联，在每月还款日自动从储蓄账户扣款，或从基金账户中转入等于透支金额的货币基金到信用卡中用于还款。这样消费、理财两不误！

选择什么储蓄种类收益最大

既然选择储蓄作为一种投资工具，就要考虑以最小投入，换取最大收益。那么选择什么储蓄种类，才能获取最大利息收入呢？如果你有一笔钱，又在一个时期内肯定不用，这时，第一，你应选择同期大额可转让定期存单，因为此储蓄种类要在同期定期储蓄利率基础上上浮5%。但此储蓄种类一般未到期不能提前支取，到期后又不加计利息，流动性较差。第二，选择整存整取定期储蓄，并且期限越长越好，因为期限越长，年利率越高。第三，选择自己想存的年限而定期储蓄上又有的年限直接存入，利息最高。比如，你想存8年，就直接选择存定期储蓄8年期，这样收益最高。第四，如想存的年限银行分期档次上又没有，就要选择两种存期差距较大的定期储蓄。比如，你想存1个7年期的定期储蓄，选择1个5年期和两个1年期定期，比选择两个3年期和1个1年期定期利息要高。第五，选择"复合存款法"，即两种以上储蓄种类套存，要比单一存款利息高。比如，1万元存入5年期存本取息储蓄，再将每月利息60元即时转存零存整取储蓄，5年后利息收入是5 011.26元，而5年期同金额整存整取利息是4 500元，前者比后者利息多511.26元。不过，"复合存款法"比较麻烦，每月都要即取即存，不可断月，对于怕麻烦或休闲时间不多的人，最好还是选择定期储蓄。

巧用信用卡

很多人感觉信用卡在自己的日常生活中很有用。一卡在手，你就不用为买东西而身揣大量现金出门了。如果你要在餐馆请一群客人吃饭，也用不着事先计算要取出多少钱用。买机票时，你只需打一个电话，报上信用卡号，就行了，省得自己跑趟售票处。当你去国外旅行时，不再需要操心该换多少外汇，因为多数付款都可以通过信用卡完成。此外，很多网站都允许你使用信用卡在线订购各种产品和服务。

简单一句话：信用卡为你省了许多时间，减少了许多麻烦。它们还可能为你带来其他一些好处，比如旅行时的优待服务和买东西时的折扣。

人们经常说：爱信用卡，是因为它使用方便，并提供增值服务；恨信用卡，是因为它的不可控性常常带来恶性负债，使自己每月都要支付高额的利息。如果你在日常使用信用卡时，只是把它单纯地当成刷卡和投资消费工具的话，那么，真的就是太"委屈"它们了。信用卡的使用，重在一个巧字。巧用信用卡，将其变成个人理财的工具之一，不仅可以享受诸多的便捷，还可以帮忙省钱，以及享受银行为持卡人提供的增值服务。巧用信用卡，学会用明天的钱改善今天的生活。

巧用信用卡，不妨尝试从以下几个方面开始：

第一，多刷卡可以免年费。信用卡每年所收取的150元或300元的年费常常令办卡人觉得是一笔过高的额外开销。这样看来办信用卡似乎并不划算。

第二章 挖掘银行卡里的财富

然而，在目前国内的信用卡市场，各大银行都有推出1年中刷卡若干次，即可免年费的优惠政策。这样说来，其实，在国内，信用卡的拥有和使用基本上是免费的。

第二，学会计算和使用免息期。使用信用卡一般都可以享受50～60天的免息期（各银行有所不同），这也正是信用卡最吸引人的地方。免息期是指贷款日（也就是银行记账日）至到期还款日之间的时间。因为持卡人刷卡消费的时间有先后顺序，因此享受的免息期也是有长有短的，而我们上面说到的50～60天的免息期，则是指最长免息时间。举个简单的例子，比如，我的一张信用卡的银行记账日是每月的20日，到期还款日是每月的15日。那么，如果我在本月20日的刷卡消费，到下月15日还款，就是享有了25天的免息期；但如果我是本月21日刷卡消费，那么就是在再下1个月的15日还款，也就是享受了55天的免息期。而在这55天的时间里，我在享受着无息贷款。

信用卡有20～50天的免息期，节假日刷卡会获赠双倍积分，而且异地消费不收手续费。其一，实惠。一般信用卡都有积分换赠品的活动，去年我们家就获赠了全家1年的保险一份。这部分用于还款的钱还可以购买短期理财产品。这只是个想法，有人这样做了。方法是购买短期债券，赎回后还款。其二，安全。异地不收手续费，免带大量现金，安全。其三，方便。去外地购物钱不够了怎么办，充分利用信用卡的透支额度。

第三，尽情享受信用卡的增值服务。目前国内的信用卡还处于推广期，各大银行纷纷出奇招来招揽信用卡用户。对于银行的各类促销手段，持卡人可以善加利用，尽情享受。银行的信用卡促销活动是没有单独的通知的，都是随每月的对账单一起寄到持卡人手中。收到对账单的信件后，不要急于丢掉，花几分钟的时间仔细阅读相关内容。也可以登录自己所持有信用卡的银行网站，更全面地了解自己所持的信用卡可以在哪些商户享受特殊优惠。

总体来说，目前的信用卡促销手段包括积分换礼、协约商家享受特殊折扣、刷卡抽奖、连续刷卡送大礼、商家联名卡特殊优惠，等等。应该说，使用信用卡比用现金更经济、更优惠，持卡消费1元绝对比用现金消费1元有价值得多。

第四，信用卡是商旅好帮手。经常出差或是喜欢出去旅游的人，会对信用卡更为钟爱。习惯用信用卡通过各大旅行网来订机票，手续简便而且可以享受免息的优惠。更多的，也避免了携带大量现金出行的麻烦。此外，信用卡在异地刷卡使用是免手续费的。曾经有一段时间在北京工作，日常消费能刷卡的就刷卡，节省了异地提取现金的手续费开支。

第五，用信用卡理财。我们熟悉用信用卡来消费，但并不知道信用卡其实也可以用来投资理财。近年基金大热，却也有很多人苦于缺少资金不知从何入手。信用卡持卡人其实也可以通过信用卡定期定额购买基金，可享受到先投资后付款及红利积点的优惠。在基金扣款日刷卡买基金，在结账日缴款，不仅可以赚取利息，还可以以零付出赚得报酬。但是，必须说明的是，这种借钱投资的风险性也是非常大的，而且不适合用来做长线投资。

第六，用卡行为有所自律。拖欠信用卡费用的利息是很高的，所以对自己的用卡行为有所自律非常重要。各种信用卡的条款不同，但有的卡只要求你在每月结账日后的25天之内还清款项。所以，如果你在会计月度开始的头一天消费的话，就等于可以获得40～56天的无息贷款，具体的天数根据信用卡条款而定。

有的人试图从这种无息贷款期中多捞些好处，他们的主意是办几张不同银行的卡，然后在一张卡的会计月度开始时付清上一张卡的欠费，这样一直滚动下去，就等于能无限期地占用一笔无息贷款了。这主意听起来挺聪明，但实际操作起来可能很难，并且它也偏离了使用信用卡的本来宗旨——获得付款便利。对多数人来说这无异于浪费时间——而且如果你为了申请多张信用卡而做虚假声明，也是有违法律的。

第二章 挖掘银行卡里的财富

如果你收入可观，可能就不会太在意如何在使用信用卡时节省费用，但了解一下这些问题还是有用的。要想避免因过度刷卡而债务缠身，注意以下几点重要的事项：

尽管你可以用信用卡取现，但手续费一般相当高(可高达取款金额的3％)。如果你需要用现金，还是以普通的方式从银行取款吧。

理想的状况是，你每次都能在收到月度账单后尽快地付清贷款。

如果你偶尔不能付清贷款，要记住你会被课以高额利息。

每月账单上标的最低付款额一定要付掉，不然的话，你会被课以很高的拖欠付款费，这笔费用会直接从你的信贷额度中扣除。

如果你在信贷额度已经用光的情况下继续刷卡购物，就不再拥有宽限期，而是必须把利息结清。

第七，保证信用卡的安全。信用卡犯罪正不断增多，所以你必须像保管现金一样小心地保管你的信用卡。你一定要检查每月的账单，把上面的消费项目和你手中的小票加以核对，以确保被划走的金额确实是你自己消费的。

多数发卡银行都提供信用卡失窃或损失保险，但有时需要你额外付些费用。发现可疑的付款或卡片丢失时要立刻挂失，这样发卡银行会冻结你的卡，然后再发给你替换的新卡。

以下是保证你的信用卡安全的基本做法：

记住密码，不要把它写下来。

收到信用卡后尽快签上字。

把信用卡号和紧急求助电话的号码记在一个安全的地方，这样卡一旦被盗就可以立刻挂失。

永远不要告诉任何人你的密码，就连发卡银行和警察局的人也不要告诉。

不要让别人拿到你的卡。

保留所有的销售小票和ATM机提款收据。

出现损失时立刻报告——多数诈骗都是在卡主报告之前的那段时间完成的。

如果需要扔掉对账单或收据，记得把它们撕碎或烧掉，以免别人看到上面的具体信息。

如果你知道发卡银行会通过邮局给你寄卡来，却一直没有收到，就要和发卡银行联系——卡片可能在寄到你手上之前被别人偷走了。

你的信用值多少

近些年来，随着人们生活水平的提高，"信用消费"也开始进入百姓的生活。然而，大多数人对出现在眼皮子底下的这个新概念，或一知半解，或敬而远之。

"信用"是什么？现代汉语词典里的解释就是言而有信，指能够履行跟人约定的事情而取得的信任；或不需要提供物质保证，可以按时偿付的，比如信用贷款。在国外，人们大多习惯于向银行借钱消费，有借有还，就有了信用的基础。如果借得次数多，注意积累自己的信用记录，银行对你的个人信用评价就会逐步升级。说不定哪一天你急需一大笔钱而筹措无门时，你就可以凭着自己良好的信用记录去银行贷款渡过难关。那些从来不借钱的人，被认为是信用空白的人，银行甚至会怀疑他们的偿还能力。

中美两个老太太的故事

长期以来，中国人习惯把自己的钱存在银行里，借给银行用，而不是向银行借钱用。或许不少人也听说过中国老太太存钱买房，美国老太太贷款购房的故事：中国老太太到60岁时说，"我终于把买房子的钱存够了"，而60岁的美国老太太则说，"我终于还清了房子的贷款"。

两者的人生历程和生活质量迥然不同：一个是省吃俭用，一个是洒脱自在。可仔细想想,中国老太太的做法可能也是一种无奈。因为长期受计划经济的影响,个人消费活动缺乏信贷机制的支撑,我国公民还无法建立信用记录,靠个人信用消费基本上属于空白。几年前"信用消费"对大多数人来说还是一个陌生的字眼,也就是在这两三年,中国人才听说和知道类似"要买房找建行""中行圆你住房梦""贷款买车'零首付'"这样的宣传广告。"花明天钱,圆今日梦"听来颇有诱惑,但说归说,中国几千年形成的传统消费观念,也不是一下子就能改变的。

培养个人信贷消费市场

纵然有一天,你鼓起勇气,兴致勃勃地到银行想要办理信贷时,才会发现事情并不像你想象的那么简单。以住房贷款为例,从填写申请表开始,然后提供收入证明、所购房屋评估报告、法律意见书、综合贷款保险(包括所购房屋保险和贷款保险)、合同公证、申请审查等,总之,又是签字,又是单位证明盖章,要办完这些繁杂手续,不知要跑多少次。这样的反复折腾,你或许会乘兴而来,败兴而归,甚至因此放弃贷款的念头。

由此可见,没有一套简便易操作的程序,要提高消费者的信贷消费积极性也是很难的。然而,对银行来说也有苦衷,由于我国没有一整套个人信用档案制度,对个人资信情况缺乏必要的了解,个人信用评估困难,银行必然要承担很大的信贷风险。

因此,银行虽有大量闲置资金,却不敢轻易贷给个人,只能通过担保手段,强化申请审批程序,严格控制审批条件等措施,抬高个人信贷的"门槛",从而达到防范和降低风险的目的。这些现象表明,建立个人信用制度已迫在眉睫。

业内专家也强调,要让人们从传统的消费方式过渡到凭着个人信用去贷款消费,除了观念的转变之外,要培育和发展我国的个人信贷消费市场,首先是要在全社会范围内形成个人信用体系,让信用体现其应有的价值。在借鉴的基础上,形成一整套适合中国国情的个人信贷制度,才有可能使全社会认可信用消费。

有借准时还 = 再借就不难

对个人来讲，信用是有价的。中国有句俗话："有借有还，再借不难"，个人在日常生活中有信用，人格会得到别人的尊重；在经济活动中守信用，对事业的发展也会如虎添翼。而对金融机构来说，信用更准确的表述应该是"有借准时还，再借就不难"。银行有个人的信用，基本上是有借准时还的记录，借得越多，还得越多，累积起来，个人信用就越好，再借就更容易。而一个人拥有财富的多少则与其在银行的信用无关。实际上，我国从去年4月1日起实行个人储蓄实名制，也是适应市场经济发展的需要，它是建立个人信用制度和实施相关法律制度的重要基础。

现在我国市场经济迅速发展，个人要投资，要置业，要贷款消费，人与银行之间需要发生信用关系；而没有个人信用记录就无法取得银行信任。没有信用制度，在人与人之间的交易、合作中问题就会层出不穷。

据报道，发达国家对个人的消费信贷，已占银行贷款总额的30%以上，而我国目前对个人的信贷规模尚不及银行信贷总规模的1%。由于全社会个人信用体制尚未形成，各商业银行进一步发展个人信贷业务缺乏健全的风险防范机制，因而个人申办信用消费手续复杂，制约了全社会个人信贷消费规模的扩大。所以，尽快建立个人良好的信用记录就显得尤为迫切。

建立个人信用三原则

Visa国际组织中国区总经理熊安平强调，个人金融信用已如同每个人的第二张身份证一般重要，每个人都要及早学习与金融机构打交道，只有建立信用，才能充分享受金融服务。熊安平提出，人们在建立个人"信用"时，需记住三个原则。

（1）早借钱，早立信。建立"信用"的开端始于向银行借钱。越早借钱，才能越早在银行建立借款记录，为逐渐建立个人"信用"打基础。

（2）小额信贷是立信之初的最佳帮手。银行向来对个人借贷持审慎态度,特别是当人们在银行没有任何信用记录的时候,借钱是很困难的。在众多借款方式中,贷记卡作为一种小额信贷的工具,是申请信贷及建立个人信用最便利的工具。贷记卡的借贷额度相对小,银行的信贷风险也相对减少,而且目前政策正在鼓励贷记卡的发行和使用,因此利用贷记卡借钱是明智之举。但是,信用卡在申请之后必须使用,否则,它只是张睡眠卡,信用并未被启动,更谈不上建立信用记录了。

(3)准时还贷,再借不难。尽早借钱,小额信贷都是在为建立个人"信用"做准备,但如果光借不还,你在银行面前就成了无信用可言的人,银行也不会再继续接受你的贷款请求。即使是有借有还,但却未按期偿还,同样也不会帮助你建立起良好的个人"信用"。只有准时还贷,良好个人"信用"才能建立,才能再借不难。

遵循这三项原则,就在建立个人"信用"之路上有了正确的开端。不过,银行还有它一套完备的信用评估标准。概言之,其标准包括评估人们的还款能力和借款、还款的记录。评估还款能力是通过看申请人的收入高低、收入是否稳定、资产多少(以净资产值为准)和是否有无形资产,包括社会地位、声誉等来评估的。评估借款、还款记录主要是看是否经常借贷及是否准时还款。

拯救"卡奴"

台湾的"卡奴"现象一度成为热门话题,因为卡债高筑,有些人甚至流落街头。而在上海,不少年轻人也十分热衷于刷卡消费,殊不知,他们中的一些人正在不知不觉之中成为"卡奴"。

在我们身边,如今有人因为过度刷卡而入不敷出,有人因为无力还债而被银行告上法庭,还有人尚未走出大学校门就负债累累……时尚带来的虚荣心，提前消费产生的快感，以及金融机构滥发信用卡的"圈地"运动，也在一定程度上催生了日益壮大的"卡奴"族群。

一卡在手，什么都有

曾几何时，我们还在为看上一件心爱的商品但囊中羞涩无力购买而郁闷，如今，这样的日子一去不复返了——因为手里有卡，心中不慌。"穷人"和"富人"之间的界限被模糊了——至少在表面上是这样。

人们青睐信用卡，不但因为其在消费时比现金更加方便，更因为其带来了可以提前透支、消费这一最大诱惑。在这种诱惑下，我们正进入一场狂热的透支、消费大潮中，而由此引发的还贷危机，被暂时的快感和表面的美丽浮华掩盖了。

然而，当这种"提前型"消费，遇上日益庞大的"月光族"队伍，以及满眼皆是的"负翁"们，必将带来一个新的族群——"卡奴"。

支付罚息为银行"打工"

有人形象地将"卡奴"解释为信用卡的奴隶。顾名思义，它指的是那些拥有信用卡的客户在不合理的透支下打乱了自己的信用状况，为偿还信用卡本金和不断产生的高额利息而出现生活危机的人。

张然，26岁，从事媒体工作，目前单身，是个很会享受生活而且喜欢玩的女孩。她的钱包里塞满了各式各样的银行卡，其中光是信用卡就有6张。张然的这些信用卡都有不同的用途，有专门用来日常消费的，有用来旅游消费的，有用来购买类似笔记本电脑等"大件"的，还有用来分期付款买家具的，等等。

起初使用信用卡时，张然体会到的是一种刷卡的快感与消费的满足。但最近，信用卡带来的还款压力已经让她透不过气来。"我现在简直就是在为信用卡打工。"张然郁闷地说。

工作4年，张然至今只有4 000元的存款，这让她常常没有财务安全感。她每个月要收到6家银行寄来的信用卡对账单，总还款额每月不低于3 000元。

而1个月4 000多元收入除了还信用卡账单之外，还要应付房租、水电费、交通费用等，这让她时常感到捉襟见肘。每个月的26日一临近，她的心就要砰砰跳，又害怕又无奈，因为这一天是她的信用卡还款的最后截止日。"这个月又有3 000多元信用卡欠款要还，唉……"每月拿到刚发到手的4 000多元工资，张然一点也兴奋不起来，她都会皱着眉头盘算这有限的4 000元该如何分配，这个月才能躲过财务危机。

因为每月工资剩余部分逐渐不能全额偿还信用卡账单了，于是，张然自然而然地用上了信用卡的"循环信用"。其结果就是，她每月需要支付的利息就要50多元，有时候超过100元。

对她来讲，信用卡导致的这些债务就像是一座无形的大山，压得她快要撑不住了。每次与朋友聊天，她都大诉使用信用卡之苦和自己目前的窘迫处境。她说，做"卡奴"是要付出沉重代价的。

"卡奴"族群日益壮大

时尚带来的虚荣心，提前消费产生的快感，刷卡的快感与消费的满足使信用卡在现代化大都市里，变成了时尚一族，甚至是普通工薪阶层、学生一族都不可或缺的"必需品"，很多人拥有了一张、两张甚至更多的信用卡。"卡民"数量日益庞大，而"卡奴"族群也在日益壮大中。

"提前享受生活""花明天的钱圆今天的梦"，在一个个诱人的口号下，贷款买车、买房、买家电、买衣服，信用卡透支消费正成为很多年轻人生活中习以为常的行为。一项针对中国年轻人消费观念的调查表明，有57%的人表示"愿意用明天的钱做今天的事"。

据央行最新统计，截至2005年9月，我国银行卡发卡机构有190多家，国内银行卡发卡总量从2001年年底的3.8亿张，增加到目前的9亿张。国内持卡消费金额从2001年的1 280亿元，上升到2004年的近6 000亿元，增长了将近4倍。2005年，迅速扩展的信用卡市场已经成为中国各大银行零售信贷中增长最快的业务。到2008年，全国大中城市持卡消费额占社会消费零售总额比例在30%左右。

据上海某调查机构对上海市内信用卡使用者开展的调查显示，有26.4%的人承认自己每月薪水用到1元不剩，是典型的"月光族"。并且由于对消费、收入以及负债不能很好地调节，有32.5％的人担心自己会因为过度消费而步入"卡奴"行列。

在今后相当长一段时间内，新生代一族中的"卡奴"会越来越多，甚至会呈现出几何级数增长的态势。年轻人本来就容易形成冲动型消费，喜欢时髦的东西。我国台湾的银行业通过广告宣传形成了一种刷卡、向银行借钱是很时髦的风气，很多年轻人懵懵懂懂就刷卡上瘾了，很自然就成了"卡奴"。我们大陆的年轻人不也是这样吗？他们大多是独生子女，家里惯着，虽然收入不高，花钱可比父母大手大脚多了，这样的人可能是今天的"卡奴"，也可能成为明日的"负翁"。

"卡奴"，正在成为一个备受大家关注的社会问题。让我们一起来正视他们，拯救他们。

多方钱款汇一方的妙法

王先生有五个弟妹，平时大家都孝敬父母，近来决定大家出钱为年迈的父母购买一套40万元的新房。如何将钱凑到一起呢？四妹提议大哥用建行的龙卡信用卡和活期储蓄卡，大家可以约好时间一起将钱存到大哥的账户上。五妹认为这样不妥，一则大家约在一起时间凑不齐，二则提着几万元钱赶到大哥家附近的建行存钱也不安全。怎么办呢？

建行上海分行的工作人员介绍了多种可解决王先生难题的方法，让王先生兄妹们开了眼界，还非常实用。

第二章 挖掘银行卡里的财富

1. 电话转账

如果是建行95533的签约客户，只要拥有龙卡储蓄卡或信用卡，就可以足不出户进行电话转账。拨打银行电话95533，按照语音提示，选择个人服务的转账功能即可完成电话转账。（前提必须是建行电子银行的签约客户，而且还要将大哥的即转入资金的储蓄卡或信用卡账户号也作为签约账户），当然这个账户只能转进资金，不能转出资金，大哥完全可以放心地将账户号告知弟妹们。建行网点都受理签约，柜台签约后，即可办理电子转账。

2. 网上转账

如果已申请为建行网上银行的客户，通过自己的电脑进行网上转账，操作也非常简单。只要根据屏幕上的菜单提示，就可将已签约账户中的钱款转入到大哥的账户中(与电话转账相比，网上转账的特点是转出钱款的账户必须是签约账户，而转入钱款的账户可以不签约)。转账完毕屏幕上会显示转账成功和转账交易的流水号。

3. 自助终端转账

在建行上海分行的许多网点和24小时全天候的自助银行里有多媒体自助终端。只要银行卡或存折的两个账户都是建行的，便可在多媒体自助终端上，根据屏幕上的提示自己进行转账操作，不需1分钟就转账完毕(要注意的是在自助终端上转账只能是将插入终端的那张银行卡或存折的钱款转出，而不能转入)。相比电话和网上转账，多媒体自助终端自助转账的最大优点是转账交易的两个账户都无需事先签约，而且还能根据需要得到交易凭条。

4. 无卡存款

这是一个非常实用的办法。王先生只要将自己的龙卡信用卡账号告诉弟妹，弟妹们就可以到建行任一网点办理无卡存款业务。在柜台办理时，只要递上需要存入钱款的账号和要存入的钱款，工作人员便可通过操作即刻将钱存入该账户。通过这种方法还能及时得到存款单回执(要注意的是，存入钱款的账户必须是信用卡账户)。

5. 本票转账

因为大哥的信用卡和储蓄卡是建行的，如果弟妹的钱款原来存在其他银行，是其他银行的账户，那么就无法采用上述的转账办法，而无卡存款也必须是将钱取出再到建行网点存入，提着几万元钱款仍存在不安全的问题。因此可以采用在银行开具银行现金本票的办法来解决。银行本票分现金本票和转账本票两种。像王先生弟妹的情况在银行办理的应该是现金本票，办好后只要将本票交给大哥即可。银行本票最大的优点是可以实现跨行转账，而且无论金额大小都只收1元手续费，可谓既方便安全又实惠。

如何减少利息损失

将日常生活中积攒下的钱存入银行，一直是工薪阶层首选的投资方式。但现金存入银行后，如果处理不当，会造成利息损失，因此必须慎重对待。

存款到期及时转存。按银行现行规定，定期存款到期后按活期计息，而活期存款利息只有定期存款利息的三分之一，因此储户要注意存款到期时间，一旦到期要及时转存定期。

12张存单循环法。按目前的存款利息及人们日常生活需要，存1年定期是较好的储蓄方式，但如果同时全部存1年定期，又不便于急用。储户可根据实际情况，每月将家中余钱存1年定期，1年下来，手中正好有12张存单，这样不管哪个月急需用钱都可取出当月到期的存款，若不需用钱，可将到期的存款利息连同手头的余钱继续转存1年定期，如此反复，银行存款就会如滚雪球般上升。

办定期一本通。目前许多城市银行开办了定期一本通业务,可将多次定期存款合并在一本存折上,使用起来和活期存折一样方便,而且可挂失,便于保存,不会遗漏,到期可自动转存,避免了利息损失。

申请存单到期抵押贷款。银行规定定期存款提前支取时利息按活期存款计算,如果存单尚未到期而又急需用钱,可以用存单作抵押贷款,存单到期后再归还贷款,减少利息损失。

定活两便通知存款。目前许多银行都开办有定活两便通知存款,所分存款档次较多,储户需提前支取时只需提前通知银行,即可按已存时间所在档次计算定期利息,可有效避免利息损失。

网络银行时代已经来临

认真想一想吧:你上一次走进银行是什么时候?

由于ATM(自动柜员机)电脑终端使得客户全天24小时都可以了解其银行账户情况,许多银行客户很少再去传统的有形银行网点了。随着网络银行的出现,你现在待在家里就可以通过虚拟空间进行银行操作,而且在24小时中的任何时间都可以进行。

以下是可以证明你应该使用网络银行的理由:

(1)网络银行使理财方式发生革命性变化。除了不能从个人电脑上取钱外,网络银行可以提供所有。

(2)可以使你像银行一样掌握自己的账户信息。你通过电脑登录账户,不仅可以看到你在ATM机上能看到的账户余额,甚至会显示你尚未与银行结清的未偿付账单。

(3)可以复查那些通过ATM进行现金提取、信用卡信用消费和其他未登入账簿记录的交易。最近的一项年度调查显示，美国人使用自动柜员机卡超过70亿次，平均每月6亿次。如此多的交易中出现遗漏重要信息的可能性非常大。

（4）进行网上资金转账。

（5）以任何贷款或银行信用卡账户形式进行网上支付。下载交易信息，并自动将其插入个人理财软件。

（6）紧密监视你的账户，使你回避或降低服务费和透支费用，同时尽可能地增加你的利息收入。

你在网络银行上的选择范围，取决于银行的网上部门现时能提供什么服务。你可以选择的服务可能从最基本的功能(如查询账户余额、网上转账)，到更加复杂的跟踪投资和在线申请贷款等。

银行提供网上服务已经成为一种趋势。到2003年美国有将近60%的成年人使用网上银行服务。这对银行开发和提高其网上技术无疑是一个有力的刺激因素，因为对银行来说，通过网络为客户提供服务比ATM机要便宜得多。

可以采用哪些方法登录网上银行服务？

（1）互联网。使用标准网络浏览器（Internet Explorer），通过银行在互联网上的网址进入账户。

（2）个人理财软件。这些软件能够跟踪和管理你的个人金融信息，还能够与你使用的网上银行交流信息，如果该银行支持这样的连接的话。

（3）银行提供的软件。按照银行提供的操作流程，进入电脑操作系统和版本流浏器，登录页面，下载安装该银行的驱动软件。各银行安装流程有区别，根据它们的具体流程设置电脑即可。

个人网上银行有哪些业务功能

个人网上银行业务有以下几种功能。

1. 账务信息查询

客户可对自己的账务信息，如卡账户余额、账务历史明细进行查询，并下载账务历史明细。

2. 卡账户转账

客户可以实现自己的人民币卡账户之间的资金互转以及向同城(本地)的他人的灵通卡或信用卡账户划转资金。

3. 银证转账

客户可以实现自己的银行储蓄存款账户或信用卡账户与其在证券公司的资金账户相互划转资金，并可查询自己在证券公司的资金账户实时余额。

4. 外汇买卖

客户可在互联网上根据相关商业银行提供的汇率信息进行买卖外汇、撤单及查询有关外汇交易信息等活动。

5. 在线支付

客户在相关商业银行的特约网站上购物时，可在线实时支付货款并获得银行反馈的有关支付信息。

6. 客户服务

客户可以在线修改登录密码、修改各商业银行卡或存折信息以及修改网上银行客户信息。

7. 账户管理

客户可以对本人在相关商业银行个人网上银行注册的账户权限、状态进行修改，比如更换自己的登录卡号、冻结及删除某些卡等。

8.账户挂失

客户的各商业银行卡或存折等遗失或被偷窃时可在线对其进行本地挂失（非全国挂失）的操作。

网上支付是怎么实现的

登录卡是指客户，在办理个人网上银行开户手续时指定的网上登录卡，如招行的"一卡通"、建行的龙卡、工行的牡丹信用卡或灵通卡等，该卡的卡号用于登录个人网上银行和进行在线支付时输入，是辨别客户的标识符。客户在登录系统后可自行更换登录卡。

支付卡是指客户，申请开通在线支付功能时指定的如"一卡通"、龙卡、牡丹卡等，用于网上购物时支付货款。如，工商银行目前支付卡必须为牡丹信用卡，且只能指定一张卡，客户在办理在线支付时，不需输入支付卡的卡号，系统将自动从该支付卡中扣除货款。

工商银行（ICBC）的网上支付

例如，某人在ICBC个人网上银行中注册了两张卡，一张为牡丹信用卡并开通了在线支付的功能（即支付卡），另一张为灵通卡。此人设定灵通卡为登录卡。则当他在网上购物被要求输入卡号时，应填入灵通卡卡号。如果此人不久后又将登录卡改换为牡丹信用卡，则当他在网上购物被要求输入卡号时，应填入牡丹信用卡卡号。但是在上述两种情况下，在线支付时被扣款的账户都是牡丹信用卡（即支付卡）。

客户查询B2C在线支付的交易状态时，系统提示"付款成功，未通知商户"是什么意思？

出现上述情况是在于网络或系统故障等不可预计的情况，银行和商户之

第二章 挖掘银行卡里的财富

间没有及时交换客户的付款记录。但客户不用担心资金受到损失,因为银行已保留了客户的付款记录,会在问题排除后或定时向商户发出付款信息,商户也可在和银行对账时获知客户已付款的记录,从而完成交易。

客户对注册账户进行结冻或删除操作时应注意什么?客户如果处于某种考虑(如遗失、被窃等),可对开户注册的信用卡或灵通卡进行冻结或删除的操作。操作时应注意登录卡一旦冻结,就不能登录个人网上银行系统,需到本地提供网上银行开户服务的任何一家网点去解冻,卡被冻结则其所对应的全部功能将被冻结,重新开通需到提供网上银行开户服务的任何一家网点办理解冻,但是被冻结的支付卡支付权限可由客户在网上自行解冻。

客户对登录卡进行删除操作一定要慎重,一旦删除登录卡,将使客户资料从网上银行资料库中删除,客户将不能再使用个人网上银行系统。如果需要使用个人网上银行系统就必须重新申请。

客户办理网上挂失后应注意什么问题

网上挂失,由于技术原因,各商业银行的做法和有效性不一致。如招商银行可以全国有效,而工商银行网上挂失只保证在开户行所在地的有效期内有效,要全国挂失还须去营业网点做正式挂失。如果是挂失灵通卡或存折,则到该行当地任何一家储蓄所都可办理,如果是挂失信用卡则必须到原发卡机构办理。

手机与一卡通结合出新的管钱办法

在日益繁忙的现代社会,为了更好地把握生活的脉搏和时代的节奏,人们在寻找更方便的方式获得各类信息和进行金融理财。招商银行与中国移动集团公司联合推出"手机银行"服务(Mobile Banking Service),助你灵活方便地进行个人财务管理,享受现代通信科技带来的快捷和便利。

银行卡与"手机银行"服务相结合的四大优势。

1. 服务全面,覆盖广泛

在"全球通"网络覆盖和"全球通"漫游的区域内均可使用此项服务。

2. 功能强大,操作便利

招商银行"一卡通"、存折或信用卡客户均可使用,并提供"账户查询""转账""缴费""证券服务""个人外汇实盘买卖""理财秘书"和"账户管理"等多种理财功能。所有功能均为中文菜单提示。滚动选择,无需记忆命令编码。

3. 申请简单,手续方便

客户只需到中国移动集团公司、中国联通等公司的当地分公司指定营业厅申请开通"手机银行"服务后,即可使用。

4. 系统加密,安全可靠

系统采用严格的数据加密技术,既防攻破,又防截获,交易安全可靠。

"手机银行"功能简介,以招商银行为例:

(1)"账务查询":可查询"一卡通"、存折及信用卡账户余额及最近的历史账务情况。

(2)"多功能转账":可随时在"一卡通"、存折及信用卡之间进行资金转账;可将"一卡通"中的活期存款转为定期;还可在"一卡通"与券商保证金账户之间进行资金转账,方便你进行股票投资。

(3)"缴费":可查询和缴纳手机话费、寻呼机费等各类费用。

(4)"证券服务":可查询深沪两地证券行情并进行交易委托。

(5)"外汇实盘买卖":可进行国际外汇行情的查询和外汇交易。

(6)"理财秘书":可以实时地将客户所需的各种账户发生信息、定期

第二章 挖掘银行卡里的财富

储蓄到期和证券成交回报等账户信息以手机短息方式提示客户。

（7）"招行信息"：查询经保存的各种手机银行操作返回信息。

（8）"账号设置"：可将常用的三个个人账户预先设置在手机菜单中，以方便平时使用。

第三章　保险投资与理财

在几种家庭理财方式中,银行储蓄是家庭理财的后卫,可用于应急支出;债券可以称得上是中场,可进可守;股票和房产就是前锋,会带来财富的迅速增加,而保险则是强有力的守门员。这个守门员在风险管理和家庭理财规划方面发挥重要的作用。一般而言,债券和股票可以不买,但保险一定要有。保险在家庭理财中的地位就是为无法预料的事做准备。举例来说,贷款消费已经走入人们的生活,万一家庭的主要收入者发生不测,家庭的收入就失去了保证。由于无法还上贷款,银行会拍卖抵押房产等以偿还债务,那么家庭所面临的窘境是不言而喻的。

所以,作为一种健康的家庭理财观念,必须合理地安排自己的财富投资,不可以把鸡蛋同时放在一个篮子里。

可以看到,保险是投资最少的资金,而它的意义在于没有人可以保证我们所担心的事一定不会发生,所以它是不打折扣的资金,是投资的一切保证。

买保险与银行储蓄哪个划算

有些人靠储蓄增加安全感,但不知何时才是尽头。于是,全国的储蓄存款每年以1万亿元增加,成为世界上储蓄率最高的几个国家之一。但是政府已经发愁：消费率太低。经济增长主要依赖投资拉动，出现了种种弊端，何时才能出现主要依赖消费拉动的经济增长健康模式？

钱包鼓起来之后，除了储蓄之外，我们还要留出部分资金购买保险。通过保险，我们可以把未来生活中许多不可预知的风险转嫁给保险公司，给家庭带来更持久的安全感。在发达国家，个人工资的三分之一是用来买保险的，把生病、养老等统统交给保险公司去打理，剩余的工资想储蓄、投资还是消费都可以，完全没有后顾之忧，让自己自由享受生活的乐趣。这不是家庭理财的目的吗？

近10年来，保险已被越来越多的人所认识和接受。然而，由于许多人缺乏相关的保险与银行储蓄方面的知识，而误将人寿保险作为"第二储蓄"进行投资，这其实是十分不理智、不可取的，甚至会适得其反。那么，买保险与银行储蓄，究竟谁划算呢，这需要从多个方面来进行比较选择：

从预防风险上看，保险和银行储蓄都可以为将来的风险作准备，但它们之间有很大的区别：用银行储蓄来应付未来的风险，是一种自助的行为，没有把风险转移出去；而用保险则能把风险转移给保险公司，实际上是一种互助合作的行为。

从存取方式上看，在银行储蓄是存取自由的；而保险则带有强制储蓄的意味，其能够帮助你较迅速地积攒一笔资金，但是只有在保险期满或保险事故发生时才能拿到。

从约期收益上看，在银行储蓄中，金额包括本金和利息，它是确定的；而在保险中，你能得到的钱大多却是不确定的，它取决于保险事故是否发生，而且金额可能远远高于你所缴纳的保险费；少数的一些险种除外，如定期养老险等，你能得到的钱也是确定的。

从所有权上看，你在银行存的钱还是你的，只是暂时让银行使用；而你买保险花的钱就不再是你的了，这归保险公司所有，保险公司按保险合同的规定履行其义务。

总之，最重要的是必须要搞清楚，保险的主要作用是保障，而银行储蓄的主要作用是资金的安全及一定的收益。买保险与银行储蓄，究竟哪个更划算，只能根据自家的经济状况、身体条件、风险防范等方面的实际出发，由你自己考虑和进行抉择。

人生三阶段的保障需求

对于一个人来说，投保人寿保险实际上是对未知风险的一种保障，可以使人们在遭受意想不到的损害时，本人或家庭得到经济上的补偿，确保家庭经济的安定；当然也可以作为一种储蓄和投资工具，在保险有效期内，被保险人可以得到现金给付、红利或其他报酬。保险可以说是人人都需要的东西，就像丘吉尔曾经说过的那样：如果我办得到，我一定把保险写在家家户户的门上。但是在人生的不同阶段，由于经济状况、家庭结构和年龄特征的不同，每个人的保障需求也会不同。在人生的三个重要阶段：少儿期、单身期、成家期，海康保险的理财专家给出如下一些建议。

1. 少儿期

俗话说："子女在父母面前永远是需要保护的孩子"。爱子之心也使父母常有这样的想法：绝不能让孩子输在起跑线上。因此为子女提供良好、系统的教育成为父母的心头大事。但这往往需要连续地投入大量资金，再加上教育费用的不断上涨，这些资金就需要父母在孩子出生前后就有计划地筹措和储备。少儿保险正是适应父母的这种需要，由保险公司帮助父母预先计划和储备子女在未来各个受教育阶段所需经费，做到未雨绸缪，计划安排在先。例如，张先生为刚出生的宝宝投保海康"明日之星教育金两全保险"，基本保额为5万元，每月支付658元，一直到宝宝16岁。这样张先生就可在宝宝不同的成长阶段获得以下的教育金：

6岁小学入学教育金	5 000元
12岁初中入学教育金	1万元
15岁高中入学教育金	2万元
18岁大学入学教育金	4万元

宝宝年满22岁大学毕业后,就可领取5万元用于创业或继续深造的基金。万一宝宝不幸在22岁前身故或全残,可获得5万元的保险金。只要孩子是在30天至16岁之间,都可以选择这个保险,它将解决孩子从小学到大学教育的教育金问题,为孩子的人生第二起点提供创业金。

2. 单身期

随着孩子一步步地成长,终有踏入社会之时。高速运转的现代社会对资金的需要瞬息万变。在考虑将暂时闲置的资金做长期投资时,如果你担心无法应对突如其来的资金缺口,此时购买保险就成了解决此问题的一个很好的方法,比如说,"海康步步高增额两全保险",只需一次性支付一笔保险费,就可以在满期之后获得满期金,且无需缴纳利息税,在获得增益的同时还具有身故或全残的保障,可谓一举多得。"海康步步高增额两全保险"的优点是:保费一次付清,无需核保即可享受保险利益;6年满期,返还满期金;轻松获得逐年递增的身故或全残保障;无需缴纳利息税及未来政府有可能征收的遗产税、赠与税;可申请保单贷款,以解燃眉之急。凡是年满18~60岁的市民均可投保"海康步步高增额两全保险",在第6个保单周年日,海康按基本保险金额的1.25倍给付满期金;被保险人于保单第1年度身故或全残,按保险金额给付身故或全残保险金。以后每年的身故或全残保险金递增基本保险金额的5%。例如,现年30岁的张先生,投保"海康步步高增额两全保险",基本保额为1万元,一次性缴费1.1974万元。由此他在保单6年满期时(张先生36岁)可领取1.25万元;假设张先生不幸于保单第1年度身故或全残,其家人可申领1万元保险金;假设张先生不幸于保单第2年度身故或全残,其家人可申领1.05万元保险金;以此类推,以后每个保单年度的身故或全残保险金均递增500元。

3. 成家期

随着岁月的流逝，终有成家立业的一天，谁都想和家人快快乐乐地生活在一起，可遗憾的是谁也不能够预知未来。在生活节奏日趋加快的现代社会，人们可以抵抗小病小灾，可一旦大病临头，许多人纵使债台高筑也无力负担高昂的医疗费用；我们身边无数个事实证明，当疾病真的来临，我们毕生的积蓄是那么容易被一扫而空。而购买健康保险，及时地从保险公司获得赔偿，就成为我们用来支付医疗费用，进行及时治疗的有效工具。据了解，在已有的健康保险中，健康保险涉及的疾病范围还较窄，而健康保险的保费普遍较高，且设有较高的免赔额和自付比例，降低了健康保险的保障功能，并限制了无社会基本医疗保险人群的购买欲望。

为此，海康人寿适时推出了"海康幸福一生重大疾病保险""海康附加手术补贴医疗保险""海康附加住院费用补偿医疗保险（A、B型）"四款新产品，保障范围涵盖重大疾病、手术补贴、住院医疗等方面。这四款产品在保障程度、灵活性等方面进一步满足了客户需求。其中"海康幸福一生重大疾病险"更加突出了健康险的保障作用，它具有多项特色：高额保障中风、癌症、再生障碍性贫血等十大重疾，让你病来无忧；被保险人年满100岁，可获得高额祝寿金。为使广大客户在保费同等的情况下，获得更大限度的健康保障，"海康幸福一生重大疾病险"特别推出了保费豁免的条款：凡被保险人发生合同约定的残疾，或经医院诊断首次患合同约定的"重大疾病"，海康保险公司将豁免此后的应缴保险费，合同仍然有效。可以说这个产品的所有特点和优势大都体现在更高的健康保障上。在重疾类险种不能分红的政策下，这种时刻为客户着想的更为纯粹的健康保险设计理念，对客户而言也更加公平和实用。例如，30岁的张先生为自己投保了"海康幸福一生重大疾病保险"，基本保额1万元，月缴保费24.9元，缴20年。那么张先生可以获得的保险利益有：

重大疾病保险金给付：张先生经医院诊断首次患"重大疾病"，即可获5万元保险金，用于疾病治疗。

保费豁免：张先生发生合同约定的残疾或被诊断首次患"重大疾病"后，将无需支付此后各期保险费，保险合同持续有效。

百岁满期金：张先生年满100岁，可获得1万元的满期金。

如此前曾领取5万元重大疾病保险金，张先生可获得5万元的满期金。

身故、全残给付：张先生不幸身故或全残，其家人可申领1万元保险金。

如此前曾领取5万元重大疾病保险金，张先生的家人可获得5万元的保险金，维持稳定的家庭生活。

另外，"海康附加手术补贴医疗保险"为客户提供多层次、多种类的手术医疗补贴，每份每年累计给付最高3 000元的保障，并且涵盖门诊及住院手术费用。另外为切实保障广大保户的利益、最大可能地弥补损失，海康人寿分别为拥有和暂时未拥有上海市城镇职工社会医疗保险的客户特别设计了"海康附加住院费用补偿医疗保险（A、B两型）"，以低廉的保费真正做到了针对性更强，保障更全面，医疗补偿比例更高。

哪些人最需要买保险

中年人：主要是指40岁以上的工薪人员，他们往往是上有老、下有小，还要考虑自身退休后的生活保障，因此必须考虑给自己设定足够的"保险系数"，使自己有足够的能力承担家庭责任，也为晚年的生活提前做好准备。

身体欠佳者：目前，我国正在进行医疗制度的改革，在原有的职工负担一部分医疗费、住院费的基础上，要适当加大职工负担的比例。这对于身体不好的职工来说，与公费医疗时相比，有很大差别，因而他们迫切需要购买保险。

高薪阶层：由于这部分人本身收入可观，又有一定数量上的个人资产，但因为自然和不可抗力的破坏因素的存在，他们也急于寻找一种稳妥的保障方式，使自己的财产更安全。保险能为他们提供人身及财产的全面保障计划。

岗位竞争激烈的职工：主要指"三资"企业的高级雇员和政府部门的公务员，他们比一般人更有危机感，更需要购买保险，以寻求一种安全感。

少数单亲职工家庭：单亲职工家庭经济状况一般都不富裕，无法承受太大的风险，因而，他们也迫切需要购买保险。

自我诊断家庭保单

随着人们生活水平的提高和保险意识的增强，人寿保险进入了千家万户。然而，家中保单结构是否合理呢？

一般可根据家庭成员的构成、年龄、职业收入和健康状况为基础，结合现有保单，找出家庭保单的薄弱环节(超买、不足和适度)，将家庭有限资金合理分流，以整合成较为合理的保障结构。

1. 以家庭为线

如三口之家，孩子首选学生健康险，由住院医疗、意外伤害、医疗三个险种组成，每年缴费60元左右。孩子成长过程所遇到的疾病住院、外伤门诊费用都能获得赔偿。经济宽裕的家庭，还可加投教育储蓄、投资型寿险为未来孩子的生活"锦上添花"；青年、中年人应考虑养老、大病保险为主，同时也不要遗漏高保障的意外伤害险。

2. 以职业为线

城镇市民大多享受基本医疗保险，他们应选择医疗津贴、大病医疗保险，以弥补患病时的损失。这类险种具有缴费低、保障高的特点。如果是没有基本医疗保险（如个体工商户、自由职业者等）的人群，风险保障显得更为重要，患病及意外事故不仅增加支出，还会导致收入急剧减少。因此，保障型寿险（住院医疗、大病医疗和意外伤害保险）为首选，养老保险次之，以防范意料不到的疾病、灾害打击。当然，收入颇丰的家庭，可将部分资金购买投资型寿险，以期得到高额回报。

3. 以收入为线

家庭购买寿险毕竟要一定的经济能力，寿险除保障功能外，还有投资理财、储蓄功能。一般工薪家庭可将全年收入的10%部分，用来购买寿险；家庭"经济支柱"更需在买保险时"经济倾斜"。

要引起注意的是，保障型寿险适合任何人群，投资、储蓄型寿险则需量力而行，家庭保单应避免畸形现象，如巨额养老保险却无医疗、意外保险。合理组合家庭保单，防范家庭成员的风险，保障家庭资产安全、稳健地运作，是人们选择寿险的最大愿望。

随年龄起伏购买保险

最近，街头巷尾人们都在谈论一个话题：医保改革了，你准备怎么办？

先让我们看一下医保改革对哪些人有影响？大学生有公费医疗，无需为医疗费用担心；婴幼儿和中小学生可以加入少儿住院医疗互助基金，以此来解决部分住院医疗费用；退休人员如果生病，自己只需支付较少的医疗费用，因为新的医保制度对他们是非常有利的。在职中青年是受医保改革冲击最大的群体。如果你正好是其中一员，那么在繁忙的工作间隙，千万别忘了为自己选择一份医疗保障计划，以补充基本医疗保障的不足。购买合适的医疗保险可以帮助你分担医疗费用的自负额，以及医保项目范围之外的医疗费用。

体恤家人，关心自己，从健康的身体和周全的保障开始。

费用分析

一般来说，医疗费用包括三个方面：门诊费、住院费和重大疾病的治疗费。那么你最需要的是……

1998年上海市就诊居民门诊费平均为111.81元／人次。以每年4次门诊计算，1年需要花费400多元，医保体系个人账户上当年的资金一般可以支付门诊医疗的基本费用。

1998年上海市就诊居民平均每次住院费用为6 346.39元，而医保最高支付标准为5.6万元。因此，一般住院费用在5.6万元以下的，可以由医保分担大部分费用；5.6万元以上，你的自负额明显上升，你可以选择购买住院补贴保险。一旦住院，保险公司会赔付给你每日住院补贴，完全不受医保项目的限制。

最需要的到底是什么？是解决医疗费用中的自负额，尤其是医保限额以上的自负额的问题。一旦患上重大疾病，治疗费用往往会从十万元到数千万元，你的自负额将成为高额负担。因此，你需要购买重大疾病保险来为你分担高额医疗费用。

张先生今年30岁，投保保额10万元的年年有余年金分红保险，养老金开始领取时间为60岁，月缴保费1 049元，缴费至60岁，则其保险利益如下：

年金给付：张先生在交费期满后，本公司将在每个保单周年日给付1万元的年金予张先生，直至100岁。

豁免付保险费：若张先生发生本合同约定的残疾，从残疾后的首个保险单周年日开始，豁免应缴的保险费。

周年红利：张先生每年将得到按公司盈利状况所分配到的红利。

满期金：张先生满100岁，则可一次性领取贺寿金4.5万元。

身故、全残给付：若张先生于80岁不幸身故或全残，其家人可申领3.5万元的保险金，维持稳定的家庭生活。

当人生正处青壮年阶段时，最担心的是自己匆促离去，使亲人孩子无所依靠；年纪渐长，对儿女不再有后顾之忧，身体却渐渐衰弱，最需要及时的医疗保障。在不同年龄，你的保障需求也不断变化，购买一款保障额度跟随着你的年龄曲线上下起伏的保险，是非常经济保险的。

1. 寿险：青壮年期超额保障

寿险，是一种提供身故和全残保障的险种。怎样的年龄阶段最需要高额的寿险保障呢？

人的一生将面临各种各样的风险，规避风险，减少损失的需求是保险存在的基础。由于人生各个阶段所肩负的责任不同，因此，不幸发生后所造成的伤害也不同。

第一阶段，从出生到参加工作，按大学毕业的平均年龄24岁计算，这一阶段无收入，所承担的责任比较低，但花销大。这一阶段被保险人如果发生不幸，造成的损害主要是精神上的，经济上的损失相对较低。

第二阶段，从参加工作开始到退休，目前我国的退休年龄在55～60岁，因此，这一阶段为25～55岁，经济收入增加且生活稳定，但所承担的责任最重，支出也是最高的时期，主要有家庭建设支出如房屋贷款、子女教育支出等。这一阶段被保险人往往是家庭的经济支柱，一旦发生不幸，对家人造成的伤害最大。

而随着进入第三阶段，退休至死亡，约55岁以后。这个时候子女长大，父母责任减轻，收入减少，花费趋于保守。这一阶段被保险人所承担的家庭和事业的责任已经大大减轻，一旦发生不幸，一般不会造成经济上的重大损害。可见，对人的一生来说，25～55岁退休这一阶段所承担的责任和压力最大，因此保障也最为重要。

2. 两全险：短期也能有变化

两全保险具有身故给付和生存给付两重功能，即便是一些短期的险种，也同样具有变化的保障曲线，比较适合一些暂时不打算购买长期险种，但已经进入人生壮年期的人。

比如，海康保险设计的"步步高增额两全保险"，基本保险金额逐年递增5％。保费一次付清，无需核保即可享受保险利益，在6年满期后返还满期金并可轻松获得逐年递增的身故或全残保障。例如，现年30岁的张先生，投保海康"步步高增额两全保险"，基本保险1万元，一次性缴费1.1974万元。由此他在保单6年满期时(张先生36岁)可领取1.25万元；假设张先生不幸于保单第1年度身故或全残，其家人可申领1万元保险金；假设张先生不幸于保单第2年度身故或全残，其家人可申领1.05万元保险金；以此类推，以后每个保单年度的身故或全残保险金均递增500元。

3. 健康险：保额逐年递增

医疗保险有不同于寿险的特征，它强调的是给予患者周全的医疗保障，年轻人住院患病的概率是比较低的，但是上了年纪，身体不可避免地衰弱，患病的几率成倍增加。这时候，如果你的保险保额还同年轻的时候一样，就显得不够了。保险公司最近开发出的新险种大多具有"保额递增"的功能，所谓保额递增，其实质就是改变水平形状的保额设计，使保额曲线成为一条不断上斜的"长阳线"，跟着你的年龄倾斜。

比如新华人寿的"健康天使"重大疾病保险，它的保障额度将以每年度2％的比例递增，给客户提供了"加强型"的健康保障。与分红健康险不同，"健康天使"逐年递增的保障是保证的、固定的递增，不受公司经营情况的影响。"健康天使"的另一个特点是提供生存返还，当被保险人健康地生活到81周岁，没有发生理赔，新华保险公司将无息返还其所交保费。

出境买份全球援助保险

购买保险，最好挑选那些可以为你提供紧急援助的保险公司。当你出境的时候，在人生地不熟的海外，碰到急难事情，打一个求助电话，是非常重要的。

急难援助作为保险公司的一项增值服务项目，一直以来都是体现保险业服务水平和服务能力的重要标志。目前平安、友邦、安联大众、恒康天安、海康等中资、外资、合资保险公司都竞相推广这一项目。与之合作的是国际知名的救援机构，拥有遍布全球的25家报警中心，全天24小时运转，与世界各地的45万家医疗服务机构密切合作，服务地域几乎覆盖全球任何地区。

不过需要提醒市民的是，全球援助服务仅以咨询安排为限，不承担第三方费用，相关费用由持卡人支付。

各保险公司全球急难援助服务一览。

平安保险

服务内容：具体分为国内急难援助服务和海外急难援助服务两部分。客户只要根据自身需要分别申办国内急难援助卡、海外急难援助卡，其中国内卡的申请人资格为投保人，海外卡的申请人为投保人或被保险人。客户的申请在得到公司同意并取得相应的服务卡后即可享有国内、海外急难援助服务资格。服务内容包括医疗咨询、医疗转送以及紧急口讯传递、亲属探病、协助送未满16岁儿童回国等多项援助服务内容。

享受范围：所有投保平安保险的客户。

友邦保险

服务内容：国际国内医疗支持，与国际救援中心合作，提供医疗服务信息、安排住院、安排转院、安排紧急医疗送返、安排遗体送返。国际国内旅行支持，包括旅行前信息提供、紧急旅行服务、遗失行李服务、遗失旅行证件援助、法律咨询支援、翻译支持、大使馆/领事馆支持、紧急留言传递帮助。VIP客户俱乐部的白金会员，还可通过免费申请"旅行通"产品而享受到国际支援服务所提供的金卡服务项目。若为一日游，10人以下每份两元，10人以上每份1元。

境外游

（1）友邦境外旅行意外伤害保险：该产品除了具备"友邦旅行意外伤害

第三章 保险投资与理财

保险"的主要特色之外,还有下列独到之处。

疾病补偿:不仅涵盖意外,还涵盖身处境外时因首次罹患的疾病导致的医疗费用。

运送就医服务:旅行期间被保险人如因意外或疾病需立即入院治疗,可及时安排其至当地医院治疗,并提供运送途中的医疗、护理等服务。

例如,李先生到泰国旅游时,购买了7天的保险,缴纳保险费86元之后,他享有如下的保险利益:意外身故及残疾给付30万元,医药补偿3万元,运送和送返2万元,遗体送返1万元,丧葬保险金1万元。

(2)国寿个人旅游意外伤害保险境外游,总保险金额30万元,保险期限20天以内,每份保费30元;保险期限20天以上,每份保费30元+3元×超过的天数。

分红保险的分红奥秘

具有分红功能的保险产品在国际市场上已经成为主流,进入中国市场后也受到了保户的欢迎,但是由于近年来分红水平的不理想,分红保险一度陷入低潮。让我们从红利的来源着手,对分红保险及其分红做一个全面的认识。

1. 红利的来源

我国第一批分红保险产品是2000年3月由友邦保险上海分公司率先推出的。此后,各种分红保险产品如雨后春笋般涌现,虽然名称不同、保障内容各有侧重,但讲到红利,总是来源于三个方面:死差益、利差益和费差益。

死差益是指实际的风险发生率低于产品设计时预期的风险发生率,即实际死亡人数比预期死亡人数少时产生的盈余;利差益是指实际的投资收益高于产品设计时预期的投资收益时产生的盈余；费差益是指实际的营运管理费用低于产品设计时预期的营运管理费用时产生的盈余。

保险公司在厘定保险产品的费率时要考虑三个因素：预期死亡率、预期投资回报率和预期营运管理费用。费率一经厘定，不能随意改动，但寿险保单的保障期限往往长达几十年，在这样漫长的时间内，实际发生的情况可能同预期的情况有所差别。一旦实际情况好于预期情况，就会出现死差益、利差益和费差益，综合起来就是分红保险账户的盈余。保险公司根据每张分红保单对该账户盈余的贡献，按一定的比例分配给投保人，这就是红利。一言蔽之，红利来源于保险公司实际经营情况好于预期情况时所产生的盈余。

2. 分红保险五大误区

在了解了红利的来源后，我们就可以对目前常见的几个误区做一次剖析。

误区一：红利最高可达多少，最低会有多少。

既然红利来源于保险公司实际经营情况好于预期情况时所产生的盈余，那么只有当实际情况发生后才能确定红利，事先任何关于红利的估计数字都是假设。但在销售过程中，某些代理人会把红利说成是有保底的，而且最高可达多少，这是在误导投保人。红利会随着实际情况而变化，有时甚至为零。对此，投保人要有正确的了解和充分的心理准备。

此外，根据保监会规定，参加过专门的分红保险培训且通过考核的代理人，方能销售分红保险。有的保险公司更在此基础上，精选出道德优良、业务能力过硬的代理人，授权其推销分红保险。投保人可通过打电话到保险公司查询，找到放心的代理人。

误区二：投资收益率越高，分红就越多。

红利不仅来源于利差益，还来源于死差益和费差益。良好的投资收益确实可以带来较好的利差益，但如果出现较大的死差损和费差损，综合起来可能会抵消掉利差益。死差和费差是由保险公司的核保能力和费用控制能力决定的。有的保险公司在核保时把关很严，不但要体检，还要对高保额的保单进行财务核保，在车辆、办公用品等方面也严格控制。越是这样的保险公司，越有可能为客户提供长期理想、稳定的红利分配。

对于投资收益率，投保人也要擦亮眼睛。有的年投资收益率是根据一个季度或更短时间的投资收益率推算出来的，并不能反映该公司全年或更长时间的投资收益能力。

总之，分红保险考验的是保险公司的综合素质，假如把红利与投资收益率或投资市场的表现直接挂钩，片面强调投资乃至夸大投资收益率，则是断章取义，只会令投保人徒增烦恼。

误区三：拿分红保险和储蓄相比。

目前在银行柜台销售的保险产品绝大多数是分红保险，由于某些不规范的操作，投保人很容易把分红保险的红利和银行储蓄的利息作比较。实际上，如果撇开死差和费差不谈，红利也只是利差。它和利息是完全不同的两个概念，是不可以直接比较的。再有就是储蓄利息是事先确定的，而红利则无法事先确定，要看保险公司实际经营的情况。而且，分红保险属于保险的范畴，提供寿险保障是它最大的特色。

误区四：红利分得越多，该分红保险产品越好。

不同的分红保险产品所分得的红利多少，是不能简单加以比较的。红利多，并不一定代表该产品的收益就高。因为分红保险的利益是由保证利益和不保证利益两部分组成的，有的产品在设计时侧重保证利益，红利就有可能分得少；有的产品虽然红利可能较多，但保证利益不高。因此，片面地关注红利的多少是没有实际意义的。即使两个人投保同一家保险公司的同一个分红保险产品，也有可能最后分到的红利不同，这是因为他们投保的时间有先后、缴费的方式不同或有人发生过保单贷款等，造成他们对分红保险账户盈余的贡献不同。

误区五：红利分得多，表明该保险公司好。

随着市场竞争的激烈，有时个别保险公司会采取"特殊"的分红办法，将以后保单年度的红利"提前分配"。仅仅根据一两年的分红情况就对一家保险公司的经营能力进行判断，就是资深的保险专家也很难做到，更何况普通投保人。

3. 做好长期投资准备买保险

在澄清了以上种种误区之后，投保人不禁要问：那么，分红保险的价值到底体现在哪里?应该怎样选择分红保险呢?

分红保险是一种兼顾寿险保障和投资回报的保险产品。它的特征在于：在保证保险利益的基础上，使投保人有机会分享到分红基金的大部分经营成果，其最大的风险也不过是没有红利可分。因此，它受到了同时注重保障和投资的投保人的青睐。但分红保险毕竟还是寿险，寿险保障才是它的主要利益，这一点可能被很多人忽略了，故而才会造成片面注重投资回报的现象。

选择分红保险的第一步是找一家可以长期信赖的保险公司，而只有财务稳健的保险公司，才能做到让客户终身信赖。那么，怎么判断保险公司的财务是否稳健?国外的经验是借鉴权威评级机构如标准普尔、穆迪等给予该保险公司的财务评级，因为这些独立的评级机构拥有严格的审核制度和一批经验丰富的专家，能够对金融机构作出全面、客观和公正的评判。如友邦保险获得了标准普尔的AAA最高财务实力评级。

选择分红保险的第二步是量体裁衣、量力而行，根据自己的实力和需求选择一个适合自己的分红保险。从目前国内的分红保险来看，0～50岁的人士都可以投保，缴费方式有一次性缴清、年缴、半年缴和季缴等。投保人可选择保障期较长、保障功能较强的分红保险作为自己的主要选择，毕竟分红保险的主要利益还是保障。此外，还可以根据自己的喜好和需求，选择现金红利、增值红利、养老金红利或儿童教育金红利的分红保险。

选择分红保险的第三步是做好长期投资的准备。由于分红保险是一个长期的险种，它在考验保险公司经营管理能力的同时，也要求投保人具备理性的投资心态，千万不能盯着短期的红利，毕竟高回报的背后是高风险。成熟的投保人往往会选一家有丰富经验的保险公司，这样面临的风险会比较小，也是对自己的资金做到认真负责。

挑挑拣拣买车险

如果消费者一定要问，到哪家保险公司去买中意的车险，我们有两个建议：第一，直接到保险公司投保保费是最划算的；第二，没有哪一家公司的车险最便宜的说法，因为改革后的车险费率，根据投保人千差万别的个人情况，设置有多达50个的浮动项目，张先生可能在"太保"买划算一些，李先生可能到"平安"买更经济，而且，在保费之外，消费者还要综合考虑品牌、服务的因素。最好的办法是，拿着自己的个人资料货比三家。

太平洋保险方案

费率：过去的费率之所以不合理，是因为海南岛和哈尔滨的价格一个样，新手和老司机一个样。而现在，"太保"的费率设计完全是地域化的，一个条款下面，根据不同的地域设计了33个费率标准。并在一个费率基准上，设计了11类50余个浮动项目。如行驶区域、一次性投保车辆数、无赔款奖励、一次缴费优惠、车辆安全装置、车辆停放地点、车辆使用年限、驾驶人安全记录等，使客户只要拥有任何一项能够降低、减弱车辆事故发生概率与强度的优势，均可享受对应的价格优惠。

甚至汽车颜色也成为"太保"核定不同费率标准的参考依据之一。比起色彩黯淡的车，颜色鲜亮的车容易吸引别人的注意力，容易使对方来车的驾驶员兴奋，所以费率要略微上浮。

特色条款

（1）里程变额特约条款 按国家有关规定，确定车辆报废年限有两种方法：按照行驶里程数确定或按照使用时间确定，特约了本条款的客户，当按照行驶里程数计算的折旧率较低时，可以按以行驶里程数计算的折旧率确定保险车辆全部损失的保险金额，以便得到足额赔偿。

（2）价值损失特约条款 对于使用年限在1年以内的新车，在发生保险责任事故后，即使修复如初，车辆也往往因为曾经损毁导致贬值，私人生活用车和行政用车的车主可以不必担心这样的问题，因为特约了本条款，"太保"公司将给予相应的补偿。

（3）保额确定方式有两种：按现在条款的规定，如果客户的车辆是按新车购置价投保的，部分损失时可以足额赔偿，但全损时，只能按出险时的实际价值赔偿；如果按实际价值投保，部分损失时，客户又必须自己承担一定的损失。综合险的车辆损失险规定了两种不同的保险金额确定方式，全部损失的保险金额是按车辆的实际价值确定，部分损失既可以按新车购置价确定，也可以协商确定。这样可以解决以往险种赔付不能两全的矛盾。

（4）取消诉讼前置，是保险公司用实际行动履行《保险法》，保护被保险人权益、方便客户索赔的重要变更。如果保险车辆发生保险责任范围内的事故，应该由第三方负责赔偿的，现在可以先向"太保"申请赔偿，由客户协助太保公司向第三方进行追偿。

平安保险方案

费率：平安产险协理说，平安改革后的车损险、三者险将依据所属性质、使用性质衍生出7张独立费率表，其中私有车辆也设有专门的费率表。

新费率在主险、附加险基准费率的基础上，共引入了12项费率系数，对私家车客户来说，相关的费率系数有车龄系数、车型系数、主驾人情况系数、是否指定驾驶员、无赔优待、是否直接投保、地区系数以及设置绝对免赔后的保费调整系数，通过费率系数，实现了风险的完全量化。

新费率同时鼓励投保人直接向保险公司投保，直接投保业务可享受10%的价格优惠。

特色条款：

（1）无赔优待的费率系数：改变了以前对年限的认定方式，任何客户在3年考核区间内只要有任意两年没有出险，就可以享受到20%的优惠，不必担心因为没有"连续"的两年安全驾驶记录而不能享受优惠。

（2）绝对免赔额费率系数：使客户能够自主地根据自己的实际情况选择投保保费的高低，比如购置价为10万～20万元自备车客户，投保中如果自愿选择每次保险事故承担2 000元绝对免赔额，那么客户可享受车损险38%的价格优惠。

（3）代步车费用附加保险：万一发生交通事故不能使用车辆，会给车主的工作、生活带来很大不便。该条款用于投保人发生保险事故后，保险公司提供代步车服务。

（4）交通事故精神损害补偿附加险：只要在事故中受到伤害的第三方，经依法认定需赔付精神损失费的，被保险人就可以将该风险转给保险公司。

（5）他人恶意行为损失附加险：小孩子淘气损坏车辆等原来的险种不理赔的情况，将从这个险种中得到补偿。

（6）"人车双全"人性化套餐：针对日益扩大的有车家庭，提供人意险、航意险、家财险、车险一揽子综合保障性产品。

买保险时要注意抠细节

买保险已不是什么新鲜事儿了，越来越多的人意识到应该给自己的未来加一份保障。不过，总有保户反映，投保容易理赔难，而保险公司也委屈，自己是按保险合同办事，为什么会出现这样的局面？当然，不排除个别业务员为完成业绩任务作出不负责任的承诺，但如果投保人对保险基本知识没有太多盲点，在投保时细致一点，这种情况或许可以避免。

一般情况下，任何一家保险公司任何一款险种的保险条款中，都会规定"投保范围"。例如投保人与被保险人的实际年龄有误，或者投保人与被保险人没有《保险法》中规定的保险利益，保险公司完全可以拒赔。

在"保险责任"中，需要注意的是，会有一个观察期的规定，一般为180天，目的是防止恶意诈保的事件发生。在观察期内，被保险人发生意外，保险公司是不赔的。

同时，在保险条款中，还有明确"责任免除"条款规定，以某保险公司的某寿险条款为例，在该条款第五条是这样表述的："因下列情形之一导致被保险人身故、身体高度残疾或患重大疾病，本公司不负保险责任：

（1）投保人、受益人对被保险人的故意行为；

（2）被保险人故意犯罪、拒捕、自伤身体；

（3）被保险人服用、吸食或注射毒品；

（4）被保险人在合同生效（或复效）之日起两年内自杀；

（5）被保险人酒后驾驶、无有效驾驶执照驾驶，或驾驶无有效行驶证的机动交通工具；

（6）被保险人感染艾滋病病毒(HIV呈现阳性)或患艾滋病(ADIs)期间，或因先天性疾病身故……"

不同的险种在此条表述中，会有一定差别，投保人在填写保单时必须注意是否有相应情况，避免日后出现争议。

一旦购买保单，就要按时交费。如果投保人没有在规定日期交费，保险公司会给予一定的宽限期，一般是60天，在宽限期内发生意外事故，保险公司承担保险责任；宽限期后仍不交费的，保险公司会根据保单的现金价值自动垫付使保单有效，若垫付费用不足，则保单效用中止，再发生事故，保险公司则不承担保险责任。

保险业有个"最大诚信原则",要求保险公司和投保人都必须履行"如实告知"的义务。对于投保人来说,一定要如实回答保险合同中列明的各项问题,可能你一个小小的"隐瞒",就会失去日后索赔的权利。通常,故意不告知的,保险公司对于合同解除前发生的保险事故不承担给付保险金的责任。

最后,提醒大家一个细节问题,那就是签名。一般除了没有法定行为能力的人(如未成年人),投保人、被保险人、受益人都应该是亲笔签名,不要代签,哪怕是最亲近的人,也不要让保险业务员帮忙填写,以免日后出现纠纷。

只要在投保的过程中认真对待以上细节问题,发生意外后你就会觉得保险理赔并不难。

买保险六要六不要

随着人们保险意识的不断增强,我们身边买保险的人也逐渐多了起来。买保险就是买未来生活的保障,因而要慎重。买保险要坚持六要六不要的准则。

要放下成见,不要偏听偏信保险公司是经营风险的金融企业,《保险法》规定保险公司可以采取股份有限公司和国有独资公司两种形式,除了分立、合并外,都不允许解散,所以,大可放下门第之见购买保险,但重点要看公司的条款是否更适合自己,售后服务是否更值得信赖。

要比较险种,不要盲目购买。每个人在购买贵重商品时,都会货比三家,买保险也应如此。尽管各家保险公司的条款和费率都是经过中国人民银行批准的,但比较一下却有所不同。如领取生存养老金,有的是月领取,有的是定额领取;同是大病医疗保险,有的包括10种大病,有的只包括7种。这些一定要搞清楚，弄明白，针对个人情况，自己拿主意。

要研究条款，不要光听介绍，保险不是无所不保，对于投保人来说，应该先研究条款中的保险责任和责任免除这两部分，以明确这些保单能为你提供什么样的保障，再和你的保险需求相对照，要严防个别业务员的误导。没根没据的承诺或解释是没有任何法律效力的。

要确定需要，不要心血来潮买保险。首先考虑自己或家庭的需求是什么，比如担心患病时医疗费负担太重而难以承受的人，可以考虑购买医疗保险；为年老退休后生活担忧的人可以选择养老金保险；希望为儿女准备教育金、婚嫁金的父母，可投保少儿保险，或教育金保险等。所以，弄清保险需要再去投保是非常重要的。

要考虑保障，不要考虑人情，保险是一种特殊商品。一件衣服或一套家具买来了，如不喜欢可以不穿不用，也可以送人，而保险则不能转送。有些人买保险，只因业务员是熟人或亲友，本不想买，但出于情面，还没搞清条款，就硬着头皮买下，以后发现买到的是完全不适合自己需要的保险险种，结果是不退难受，退了经济受损失也难受。

要考虑责任，不要只图便宜，俗话说："一分钱一分货"，保险也是如此，不能光看买一份保险花了多少钱，而要搞清楚这一份保险的保险金是多少，保障范围有多大，要全方位地考虑保险责任。

第四章　买房置业与投资理财

用明天的钱来圆今天的梦，已渐渐成为时尚，贷款买房尤为突出。买房或者为了自己居住，或者想通过房价升温转手获得差益，不论哪种，都属于家庭中较大的一项财务开支。投资住房应考虑地段、质量、售价及付款方式、环保、物业管理和户型朝向等因素。同时一定要关注是否有房产证，没有房产证的房子是没法转让和买卖的。

如何投资房地产

房地产的投资价值，往往看的是物业的租赁产出效率如何。不同的时间、不同的地段、不同的供求环境、不同的房地产项目以及不同的投资理念，各种房地产将体现不同的投资力与价值。

一位投资者这样形容房地产投资：住宅实现租赁的周期一般是"年"，写字楼实现租赁的周期往往是"月"，而酒店则是"天"，简单地讲，如果把三者比喻成商品的话，住宅租赁是大批发，写字楼租赁是小批发，酒店租赁则是零售。

1. 住宅投资＝选择长线为佳

从投资角度看，一个大城市的近郊，随着城市化进程的推进，近郊的住宅由于基础价格比较低，升值空间相对大一些，更具投资价值。而随着后期人们不断入住，周边配套逐渐增多，商业投资机会和价值就会慢慢体现出来。

近期政府所推出的宏观调控政策都是针对短期的投资行为，比如提高首付比例和利率、征收房地产税等，这对于正常行为的长期投资影响不大。但这意味着投资者在投资住宅前需要考虑到更多的因素。

在投资门槛逐渐提高以及平抑房价的大方向下，房价上涨的速度会减慢。住宅投资前景可以选择长线为佳。

2. 写字楼投资 = 选择区域最重要

写字楼的增值主要是市中心区及商贸区繁荣的商务氛围以及稀缺性。写字楼投资应该从区域的环境政策、人才、技术、商贸等方面的综合因素去考虑，同时还应该关注区域基础设施配套以及周围现有的行业业态。

写字楼租金价格呈现出两极分化的特点，即越破旧、地段不好的租金越低；反之，越高档的、地理位置越好的写字楼租金越高。

3. 酒店式公寓投资 = 关键看配套

酒店式公寓作为市场新宠，进入沈阳市场已有几年时间。作为近年来一种新兴的房地产投资品种，投资者把它作为新兴物业，开发商把它作为新的利润增长点。

酒店式公寓兼具传统酒店和公寓的长处。它们大多位于成熟商务中心，客商和公司人员流动地带，周围的服务配套设施完善。其服务也更家庭化，聘请专业的酒店物业管理公司或酒店式公寓管理公司入驻管理，提供普通公寓所没有的有偿商务服务。

由于它吸收了传统酒店与传统公寓的长处，并且月租和各种服务费加一起比传统酒店少得多。因此，备受商务人士青睐。

第四章 买房置业与投资理财

如何让二手房卖个好价钱

时下在中介公司挂牌的二手房比比皆是，为了让住了十多年的老房子卖出或租出个好价钱，你可能要花点心思，把老房子再装扮一下。

用于出售或出租的旧房再装潢思路，自然不同于自住房，这需要来点换位思考，从下家的角度考虑，这房子够这个价吗？

当你考虑出售住宅时，有针对性地整修一新，确实能卖个好价钱。一般而言家庭再装潢有两种方式：一是将资金投入某些舒适的奢侈品，例如你梦寐以求的采暖地板；另一种是遵循实用主义的装潢原则，例如添一个节能热水器或修复漏雨的墙面。这两种思路的装潢对提高住宅的市价效果迥然不同。无关紧要的奢侈品投资一般无法收回。举个简单的例子，哪个房屋买家肯为浴室里新装的豪华电话埋单呢？

以下几个重新装修项目是最有可能获得回报的。

1. 重新油漆

打算卖房子的话，粉刷一新的房屋在市场上更受欢迎。没有人想买有问题的房子，而粉刷和油漆能掩盖大部分房屋原先的毛病。据统计，重新粉刷的成本能在卖价中收回74％左右，一套干净、整洁、鲜亮的房屋——这就是重新油漆的卖点所在。

2. 厨房的再装修

对大多数买家而言，厨房是住所的"心脏"。因此卖房前整修厨房可起到事半功倍之良效。需要做吊顶或油漆甚至重新铺地砖等基础工作。把油漆剥落并看上去脏乎乎的碗橱给换掉，花费不多，但会使厨房增色不少。需要注意的是如重新装修还是尽量采用传统的设计，这不易过时，并尽量使用国产名牌。这样既经得起岁月考验，又可以得到买主的认同。据统计，重新整修厨房的花消80%~87%能在房屋的卖价中得到补偿。

3. 创造新空间

依常理，增加房间空间的功能比简单地粉刷房间更有价值，开销也不大。例如，将房间里原有的三层阁改造成卧室的套间，通常改造费用的69%可得到补偿。

4. 增加一个盥洗室

在家里增添一个设施齐整的盥洗室——包括吊顶、同定洗脸盆、浴缸和淋浴设施等，出售住宅时81%的开销会得到补偿。

5. 安装宽敞的新窗户

据统计，用新型的标准尺寸的塑钢窗户替代老式的铁窗会使二手房卖出意想不到的好价钱。但是新装的窗户讲究的是标准尺寸而不是花哨的形状和样式。为别致的款式而开销的费用好比是扔在水里的。

6. 基础设施的维修和改进

基础设施的完善是房屋物有所值的保证。假设屋子里的厨房装修一新，非常漂亮，但水龙头是漏的，怎么可能卖出好价钱呢？因此，如果决定出售房屋的话，一定要先解决房子结构和配套系统的问题，虽然这些问题可能处理起来比较麻烦，但也必须先处理完毕。然后再动脑筋使其焕然一新，卖出大价钱。

家庭重新装潢费用的收回取决于以下两个因素：一是住宅所处地段的整体房价水平。当房产市场火爆时，你所付出的重新装修费用轻而易举就挣回来了。二是重新装潢与卖出之间的时间差。装修一新而没有及时出手的住宅，装修费用的回收将大打折扣，因为装修风格随时间的推移很快就会过时。

买二手房要找好中介

一般家庭买二手房都会找房产中介，觉得有个懂行的人帮忙操办心里踏实，又可以省去不少麻烦。据有关部门统计，沪上约有90%的二手房买卖是通过房地产经纪中介实现的。但是中介公司良莠不齐，寻找起来一定要注意以下几条。

1. 要找"硬派司"——至少能省些服务费

房地产市场的火爆，使越来越多的企业和个人都想分一杯羹。在此情况下，推荐你去一些在上海有较高知名度、口碑较好的中介公司，通常他们都有较规范的服务程序且手续齐备。

别以为干中介的都差不多，其实正规的中介公司收取的服务费价格较低，且明确规定只能提金额的3.5%。其中2.5%由卖方支付，另外1%由买方支付。而一些不正规的个人中介公司往往没有明码标价，全凭客户的具体情况而定，所以完全有被当"冲头"斩，白白"出血"的可能性。

另外，你可能会看到某些中介公司的招牌下赫然写着某某集团的字样。其实这些公司是独立的公司，拥有法人代表资格，与该集团之间的关系最多是每月上缴该集团一定数额的钱款以取得一些业务上的援助。这些中介公司之所以这样做，无非是觉得大树底下好乘凉，想打着某某集团的幌子招摇撞骗，欺哄消费者。一旦出事，这些公司就溜之大吉，当消费者找到其所隶属的集团解决问题时才恍然大悟，该集团根本不负法律责任，自己无法从他们那里得到任何赔偿。

2. 不要被假象迷惑——以免花高价买差房

普通工薪家庭最想买的是30万元左右，七八十平方米的二室一厅。而事实上，据业内人士分析，目前二手房市场房源普遍紧缺，现存最多的是50万~70万元左右的中高档房源。中介公司手里的中低档房源本来就不多，而且流转极快，几乎是一到手就卖出去了。

那么，诸多中介公司门口贴出的密密麻麻品种繁多的中低档理想房源又是怎么回事呢?当然是假的!这不过是招揽顾客的手段而已。

当真有顾客看到广告后上门咨询时，接待员通常都摆出一副供不应求的样子，回答卖完了，然后再伺机推荐手头原有的并不理想的房源，最后故弄玄虚地说："这套已经有人看上了，你要抓紧哦！"当然也有部分尚存职业道德的店家会在那些假房源的背后打上叉，以示自己并没有欺骗顾客。所以如果你在某家中介看中的房源都被告知卖完了的话，就要警惕了。

3. 上下家当面谈清——规避中介赚取差价的风险

不论你是买毛坯的还是全装修的二手房，最好坚持上下家见面。因为，部分违规的中介公司会利用上下家不见面的机会赚取差价。

以一套原本估价为14万元的二手房为例。中介公司向上家承诺，中介公司会以14万元的价格把房子卖出，而且只要上家把空房的钥匙暂时交出，就会省去不断来人看房的烦恼。这样，有的不清楚市场行情的上家就将住房全权委托给了中介公司。事实上这套房子的市场价格高于14万元，中介公司利用上家不在场的机会，将房价抬高到15万元或者16万元出售给下家，从中拉差价谋利。所以，只要和上家见面就可以较真实地了解房屋的出售价格，避免不必要的损失。

除此之外，有的房产中介为了促成生意单方面口头向下家保证，房子原来装修的铝合金门窗、地板、空调以及柜子、热水器可以全部赠送。结果到正式交房时下家却发现门窗被卸、地板被撬，屋内一片狼藉，原先承诺的空调、热水器更是不见踪影。其实这种无形的经济损失也完全可以避免，只要白纸黑字在买房合同中注明。

4. 额外收费要谨慎——钱在谁手里谁说了算

还想提醒你的是，如果碰上自己特别满意的房源，千万别急着付类似意向金之类的钱款。这样做不仅不能保证你顺利得到房子，反而可能会招致一些不必要的纠纷。

动迁户陈先生看中了一套二手房，其房价原本为19万元。中介公司要求陈先生支付5 000元的意向金。过了一个星期，卖出方突然要求抬价到20万元，陈先生因为急于购房也就同意了。谁知由于市场上房价整体提高，卖出方又要将房价抬至25万元。这时候，陈先生十分恼火地找到了中介公司要求给个说法,并提出自己已付出意向金就应该有一定的保证。吵到最后,还去寻求法律保护。

其实中介公司收取意向金,这属于违规操作。而且,付意向金也是无意义的,意向金只在一定时间内有约束力。所以如果陈先生想通过法律来得到房屋是不会被支持的。关键是要制定具有法律效力的合同,合同签订过程中,付款方式是一项非常注意的要素。若通过中介交易,在付款方式的选择上可以标明:在办理立契过户手续前第几个工作日,客户支付全部房款(已付定金转为房款)给中介公司;中介公司于过户后第几个工作日支付房款给业主。另外,最好有一小部分剩余款项的支付能放在物业交验之后的工作日内进行。

5. 中介费用打折

孙先生经中介的介绍,看中了一套真金路上的两居室房源。在房屋交易的过程中,中介人员由于让上家觉得缺乏诚信,始终没有办法就过户细节与上家达成共识,同时无法按照孙先生的要求为其办妥贷款事项。后来,还是孙先生自己出面与上家谈判,彼此获得信任后促成了这笔交易。

孙先生的贷款最后也是完全由自己出面全权办理的。由于中介只完成了一部分服务,最后,孙先生和中介方达成协议,中介费打6折后支付。

房产中介提供的服务,不仅包括为房源寻找上下家,还包括居中协商价格,为上下家具体操办还款、贷款事宜,从技术层面确保房屋安全过户等。如果中介公司无法完成上述相关事宜,而将一些原本应该在其义务范围内的事情交由交易双方自主独立完成的话,交易双方有权提出中介费打折的要求。还有一些中小型的中介公司,本来中介费收取标准就是松动的,有比较大的优惠余地。即使一些大公司,对于一些老客户,往往在中介费上也能给予一定的优惠,不妨试着谈谈。

6. 和中介人员交朋友

住在音乐广场的张先生打算在居家附近再购置一套大三房。颇有买房经验的他通过几次看房,与附近好几家中介公司的业务员都交上了朋友。张先生总会隔三差五地去中介公司坐坐，和那几位熟识的中介人员聊聊近来的行情。这样，张先生不但对附近各楼盘的房价了如指掌，而且彼此间有了朋友情谊。上周，中远两湾城出来了一套非常适合居住的好房，而且挂牌价明显低于市场价。中介公司的朋友在第一时间将信息传递给他，结果他当天就下定决心，比市场价少花了20多万元买下了这套很抢手的好房源。

就目前的市场情况来看，低价急抛的二手房已经不多。一旦出现明显低于市场价同时又适合居住的好房源，还是颇为抢手的，一般两三天就消化掉了。这样的房源一出来，中介从业人员人人都希望这单生意在自己手中完成，为了提高成功率，他自然将房源首先推荐给熟悉的、认为有购买诚意的客户。你不妨在中介公司多交几位朋友，这样，一旦有性价比高的房源出来，你可以第一时间知道信息。

和中介人员交朋友还有一个好处，你可以在平时随意的聊天中获得更多更真实的信息。要知道，现在的中介为了促成成交，很多时候也是欺"上"瞒"下"，玩弄小伎俩。而这些，你都可以通过平时无目的性的交流而洞察，等到真正交易的时候，就不会因不知情而上当受骗，多花冤枉钱了。

巧购二手房

主角介绍：小唐，29岁，丈夫32岁，女儿3岁，刚上幼儿园。夫妇俩人共同经营数码产品生意，有商铺两个约10万元，股票8万元，流动资金24万元，每月收入2.5万元。

故事：从打工妹到老板

6年前，小唐与男朋友一起来到广州，开始是在电脑城打工。

后来，聪明的小唐掌握了做电脑生意的诀窍，于是两个人把所有的积蓄投资了一家数码产品店。5年的时间里，小唐的生意越做越红火，从开小柜台到开档口,从零售到批发再到成为知名数码产品广州总代理。现在小唐的两个档口月销售额达到60万~70万元,毛利4万~5万元,除去每个月2万元的费用(包括家庭支出),月平均净利润在2.5万元左右。现在,他们的生意稳定,并结了婚有了小孩。

想法:要让钱活起来

小唐一直坚持不能把钱投入固定资产当中,而要让资金流动起来,像滚雪球一样越滚越大,所以把几乎所有的资金都投入生意中。与小唐同时来广州的朋友几乎都已经买了房子,唯独小唐不愿意把钱投入房产当中去。1年多来,她也尝试投资股票市场,但是收益不大。

困惑:收入高=手上却无余钱

虽然是"老板",小唐的手上却没有多少现金,银行里也没有存款。因为数码产品生意竞争激烈,扩大经营非常困难,她希望把资金投入其他行业中;而且孩子一天天长大,很快要面临住房和医疗的问题,因此她也希望能够通过谨慎理财拥有一定的资金沉淀,以备将来的不时之需。

专家建议

理财专业人士分析,小唐是典型的创业阶段商人,她把全身心投入生意中,却忽视了家庭即将面临的问题:首先,3年内需要考虑孩子的教育问题;其次,需要考虑家庭的"安居"问题,为女儿与自己提供安定环境。

因此,他建议小唐用1年的收入20万元付首期,按揭约3000元/月,分20年供楼。同时买房子也可以考虑阶段性发展,可以先买小户型,再换大户型;也可以先买二手房,以后再考虑换一手房。

在资金积累方面,他建议小唐要有长期的打算,将每个月的收益划分为几块进行管理。充分考虑家庭各方面的需要,准备家庭的应急资金、沉淀资金和风险投资:

改变理财观念:不能把所有的资金都投入生意当中,要考虑资金的分流和组合,以备家庭或者生意拓展的需要;另一方面,小唐虽然还年轻,但也要考虑医疗、养老方面的问题，可购买适当的保险。

现金为王：手中要有一定的可以迅速变现的资金以备家庭急需，可以考虑用3～5个月的家庭收入即6 000～10 000元左右作为活期或者定期存款以应急。

资金沉淀：将月收入三分之一做零存整取。

风险投资：因为小唐的家庭抗风险能力比较弱，而且没有相关的专业知识，可以购买部分风险较小的基金或蓝筹股作为投资。

房子出租有讲究

准备出租的二手房更要控制再装修的花费，因为出租房损耗厉害，而且租户更关心的是房子的基本设施完善，最好有实用的配置。在同一家中介店挂牌出租的两套小户型房子，处在同一个区域，面积房型亦相差不大。然而，房主却开出了不同的出租价，一户的租金要比另一户整整高上一截，可反而比租金便宜的更好租。究其原因就是房主为自己的房子设计了"新形象"。

颇有经济头脑的房主在出租房子前，先向中介公司咨询，了解到所属区域离商务区较近，来租房的大多是在附近公司上班的年轻人后，就针对这一客户群开始对自己的房子进行"修饰"。

他首先将墙面重新粉刷了一下，将卫生间中几块破损的瓷砖稍作了修补，将厨房操作台、脱排油烟机、门窗等都擦拭干净，使房子内部显得整洁而大方。屋主认为虽然房子的外立面比较陈旧，但是由此与内部整洁的装修形成的反差，反而更有助于看房者对该套房子留下良好的第一印象。另外，来租房的年轻人大多生活节奏较快，房子不必太过修饰，这种简洁的风格更加符合他们的品味。

如果说简单的装修只是让这套小户型房子相比同类房子更容易出租的话，那么，房主之所以敢开出比同类小户型更高的价钱，主要因为屋主为这套房子精心选择了配置。房主在搬走前，除了一些旧家具外，还将使用过几年的空调以及热水器留给了下家，当时主要考虑到现在空调、热水器的价格比较便宜，将旧的拆装也比较麻烦，搬进新居不如买新的。房子出租的时候，有了空调、热水器一方面更容易租出去，另一方面租金也可适当调高一些。除了这些外，房主还留下了使用过的微波炉，对于现在租房的年轻人来说，这无疑给他们提供了一条解决吃饭问题的"快速通道"，自然大受欢迎。

除了这些搬走时留下的配置外，房主还针对客户群的需要，对这套小户型进行了他认为必要的"投资"。

首先，房主买了一台外观颇为时尚的21英寸彩电，用了1 000元左右。此外，对于年轻人来说，每天洗衣服无疑是一个既无聊又费时的"苦差事"，夏天尚可，赶上冬天的时候身上的衣服又厚又重，用手洗太麻烦。所以，屋主花800多元买了一台小型全自动洗衣机，看似不值得，却是帮租房者解决了一大难题。

屋主最大的投资莫过于向一位搞电脑的朋友购买的二手电脑，配置尚可，价钱也不算太贵。屋主深知现在许多年轻人的生活已经离不开电脑。对于年轻人而言，在所租的房子里，一台电脑的吸引力可能比其他任何配置都大。屋主还知道，现在有了电脑还需要网络，因此电话和ADSL也成了该套小户型的"标准配备"。

由此，中介公司的房源信息里有了"简装、简单家具、空调、淋浴、洗衣机、电视、电脑、可上网"这么一条极富吸引力的房源信息，不少租房者甚至没有同其他同类型房屋租价作比较就决定要承租。

租 房 一 族

在一些发达国家，长时间租房住的人也非常多。在他们看来，病了有医疗保险，老了就住到养老院去，能享受的就尽情享受，何必为了一套房子累死累活？《欲望城市》中的凯利就是这样。如果把她所有买鞋的钱加在一起足够支付房子的首付，可她却从来没动过这个念头。

时下，不少年轻人对租房的认识存在一定的误区，总认为租房花了钱到头来房子还是人家的，自己仍是"一无所有"。事实上，结婚前耗费数十万元、上百万元买了房，不过是将未来几十年租房的钱，集中在短期内支出而已。打个比方说，一套总价100万元的商品房，不考虑利息成本，就按70年计算，再加上物业管理费，平均分摊到每年的花费在1.8万元左右，每月就是1 500元。

倘若拿这笔钱租房，尽管从表面上看，租上10年，付出18万元，房子还不是自己的，似乎很不划算。但假如在租房的10年中，出现比目前房价水平下跌20%的情况，目前100万元的房子就便宜了20万元，这租房的10年就等于白住了。再说，这100万元在10年内还可以找个银行理财品种，以年收益5%计算，10年可获利50万元，足够付租金。更重要的是，10年以后造的房子肯定比现在的好。

租房，不仅是一种生活态度，也是一种理财之道。住在别人的房子里，用手头的钱做自己想做的事。他们说："生活，不应该被房子困住。"

吴小姐从事媒体行业工作，男朋友是高校教师。她刚参加工作1年，两个人月收入加起来约5 000元，年终奖共约1.5万元。他们在江苏昆山租了一套小住宅，月租750元，加上生活费，每月需支出2 000元左右。此外，近3年妹妹读大学，加上学费每月平均需寄给她2 000元。

他们现有存款4万元，希望能尽快购置一套房子自住，要咨询的是，现在是否具备买房的财力？要买的话，应采取哪种贷款方式？买什么样的房子比较合适？

一位资深理财师认为，吴小姐刚工作不久，和男朋友关系较稳固，收入尚可，想尽快有个属于自己的家。但根据她的具体情况，她现在买房不是太合适。

第四章　买房置业与投资理财

主要原因：目前她的现金流太少，如买总房价40万元的住房，首付款至少需8万元，手头4万元存款不够付按揭首付款及装修款；采用等额还贷方式，20年期32万元贷款，月还款额约为2 000元，压力过大；投资渠道少，资金收益率低，剩余资金存在银行里，没有发挥最大效用。

理财建议：未来3年还是继续租房为好，将剩余资金根据风险偏好进行合理投资，可投资股票型基金、货币市场基金、信托产品，以期获得较高收益；3年后，累计积蓄可达13万元左右 [（1 000×12＋15 000）×3＋40 000＋部分升值收益＝13万] 左右；考虑到吴小姐年收入有相当上升空间，届时可根据情况购买市中心的中小户型住宅(包括二手房)，面积在60~80平方米左右，男朋友是高校教师，可申请公积金住房按揭贷款，贷款利率相对较低。

这是新婚1年的一个小家庭。张先生30岁，是医院的医生，张太太28岁是同单位的护士。夫妻两人收入稳定，分别是5 500元和3 500元。每月家庭支出也比较稳定，大约在4 000元左右。由于小家庭建立不久，所以只有3万元的活期储蓄。夫妻俩人现在居住在张先生父母早期准备的公房里，市价40万元。夫妻俩想换一套附近的商品房，考虑在100万元左右。但张先生预计房价会下跌，考虑是否先租房，等房价下跌后再买房。张先生夫妇没有投资理财经验，也没有购买过保险。于是想咨询有经验的理财师，帮助他们的小家庭做一个长期的合理规划。

张先生家庭年收入10.8万元，年支出4.8万元，每年可结余6万元。由于支出比例合理，张先生家庭有较高的储蓄率，为55.6%。但家庭资产有限，且缺少合理的投资渠道。

根据张先生的家庭特点，理财师给出了以下的建议：

首先，张先生应给全家留出必要的家庭准备金，一般是月支出的3~6倍，建议保留1.5万元的活期存款，其余的另做它用。其次，从国家的政策调控来看，张先生对于房价的顾虑是有一定道理的。如果现在张先生立即卖出旧房，购置新房，考虑到10万元左右的装修费用，则新房首付30万元，其余70万元可以使用公积金和商业组合贷款，其中公积金采取足额贷款，以20年为例，则每月需还款4 000元左右，对于张先生这样的新婚家庭而言是一笔沉重的负担。而且，还影响到日后的子女规划。因此，建议张先生先卖出旧房，采用租房的形式，等房价有所下跌后再购置新居。以两年为例，假设两年后房价下跌10%，而在两年期间的房租为每月2 000元。建议张先生卖房所得款项40万元中的33万元用于购买收益相对稳定的债券型基金，根据现在的市场情况，预计年收益率为10%。这样，两年后可用于支付购置新房的首付款，大约是40万元。由于房价下跌到90万元左右，因此张先生只需选择50万元的公积金和商业组合贷款，其中公积金采取足额贷款，同样以20年为例，每月只需还款3 000元左右。

以房养房的三种方式

出租旧房，购置新房。如果你的年均收入不足以支付银行贷款本息，但你却拥有一套可以出租的产权房，而且这套房子所处的位置恰好是本市的热门地区，那么你就可以考虑采用这个方案，将原有的住房出租，用所得租金偿付银行贷款购置新房。

投资购新房，出租还贷款。有些人好不容易买了新房，却又要面对沉重的还款压力，虽然手里还有一些存款，但一想到每个月都要把刚拿到的薪水再送回银行，存款不知什么时候才能再增加几位数，心里就不是滋味。在这种情况下，我劝你再买一套房子，这可不是一般意义的"买房"，而是在"投资"。如果能选择投资购买一套租价高，升值潜力大的公寓，就可以用每月稳定的租金收入来补偿两套房子的贷款本息，不仅解决了日常还贷的压力，而且还获得了两套房产，如果选择准确，说不定还会有额外的现金收入。

出售或押旧买新。如果你现在有一套住房，但并不满意，想改善居住条件，手里又没钱，好像一时买不了新房。但是只要你将手中现有的产权房出售变现，你就可以得到足够的首付款。你可以将这部分钱分成两部分，一部分买房自住，一部分采用第二个办法用来买房投资。不过你要事先想好整个过程，如果卖了旧房却一时买不到合适的新房自住，就不如把原来的房产抵押给银行，用银行的抵押商业贷款先买新房投资，再买新房自住，这样，不用花自己的钱就可以实现你又住好房，又当房东的梦想。

买期房怎样付款合算

一是要灵活运用支付定金的一些方法。

将在图纸上看中的某一套甚至几套期房，用一个初步协议向开发商进行预订，因为不是签订正式的购房合同，故开发商只是要求预订者交付每套1万～3万元不等的定金，这些定金若你在签订正式购房合同前放弃预订则将全额退回给你。虽说定金一般都是不计付利息的，但离正式开盘的时间一般不会太长。笔者认为你如果能够就以这极少的一点利息损失换取订到一套环境、户型、朝向等都极其理想的期房应是非常幸运又合算的，因为只有理想称心的房子才能为你今后大半辈子的居住、增值带来莫大的欣慰和实惠。

二是在选准开发商的前提下应选择一次性付款方式，在付款期的最后几天内付款，并尽量留5%～10%的待付尾款。

一次性付款具有以下优势：①因一次性付款的期限一般为1个月时间左右，在这个期限内早点晚点付款都是一样的，则你不妨迟点取出存款或借款，在付款期的最后几日内才动用资金；②对于一次性付款，大多数的开发商还允许购房人留5%～8%的待付尾款，可待期房竣工交付钥匙时才全部付清，你不妨进行些公关力争多留下些待付尾款。现以购1年期的期房98平方米为例,假定其价格为每平方米2 500元,总房价约为24.5万元。若一次性付款,开发商给予优惠每平方米60元,则可节省5 700元,你可以将这笔钱购国债或存款获息。而如果采取分期付款,签合同得先期付30%,以后再分几次全部付清,即使不计后几次付款的具体时间数额,就按剩余的70%购房款全部存入银行1年期储蓄也只能得到存款利息3 087元。综合比较后,两者之间的利差将在四五千元以上,若每平方米的优惠再高些则利差将更为可观。故此不难看出:一次性付款比较划算。

三是要科学运用存单、国债质押贷款融资付款的方法。

购房款当然要首先动用存款、国债等自有资金进行支付,但问题是不少居民持有的定期存款和国债中有很多是在早几年高利率时期存入的,即使近几年存(购)入的定期存款与国债,如此时存期已经过了大半,若提前支取均会造成较大的利息损失。考虑到所购期房距交付使用还有较长的一段时间,这时候你不妨用存单(含凭证式国债)向银行申请抵押贷款来进行短期融资,银行将向你提供该存单面额90%以上的抵押贷款,待存单到期后所得利息在扣除抵押贷款利息后,将足以超过提前支取所得的活期利息。

四是可采取申请个人住房公积金和银行住房按揭贷款融资付款相结合的方法。

若动用自有资金付款仍还有一定的资金缺口,你可以向银行申请个人住房贷款,但要注意把握以下两个要点:①要根据贷款可能性来科学选择房贷品种。从贷款利率上看,个人住房公积金贷款的利率最优惠,银行个人住房按揭贷款利率次之。故只要是及时足额缴纳公积金的职工,均应首先申请自己所可以得到的最大额度、最长期限的公积金贷款。无缘申请个人住房公积金贷款的人,可以用所购期房作抵押,或有足够代偿能力的单位与自然人作担保,向银行申请一定额度与期限的银行个人住房按揭贷款。②要根据今后是否提前还贷来科学选择月还款方式。目前银行主要提供等额本息还款法和等本不等息还款法两种方式。以向银行借10万元10年期的个人住房按揭贷款为例，前一种方式共需还借款本息13.0704万元，月还款额均为1 089.20元。后一种方式共需归还借款本息12.795万元，第1个月还款额为1 298.30元，其中本金833.30元、利息465元，此后每月归还的本金额不变，而利息则逐月递减39元。如果今后你不打算提前还款，应选择后种月还款方式，将可以减少贷款总利息支出2 700余元。

婚前买房最好共同签约

婚前财产权益

（1）婚前同居期间，两人购置生活用品，但双方没有结成婚，发生纠纷如何处理？

在此，提醒同居恋人们：① 在同居期间对购置的贵重财产，要保管好相应的财物凭证；② 出资方保存相应的出资证明；③ 在财产凭证上体现自己的权益，如目前的房产证可以标明共有，并明确双方在房产中的份额。

（2）婚前财产公证有必要吗？

目前许多人对财产公证还存在着误解，认为做财产公证很有必要。其实财产公证分几类，其一就是各分各的财产，婚前的财产与对方无关，《婚姻法修正案》的出台规定了"婚前财产永远都是婚前一方所有，婚后财产永远都是双方所有"。

（3）婚前买房用谁的名字好？

如果两人是一次性付款，最好写两人的名字，并将产权份额进行明确，否则法律将视其为一方的婚前个人财产。如果是按揭贷款，房产证上写了谁的名字就对谁有利。无论是双方写谁的名字，一定不要写上第三人的名字。

婚内财产权益

（1）在日常生活中，对于家庭理财的管理怎样多个心眼儿？

对家庭财产如存款、基金、股票等存在开户的问题，不能完全是一方的名字。同时应对财产信息进行保留，家里如果有存折、股票账户时，其开户行、账号、密码等应该有一个复印件或记录，并保管好其财产凭证。

（2）实施ＡＡ制的理财方式——夫妻财产约定制，一方的问题和另一方没有关系吗？

真正的约定制要通过一定的法律手续，具备完整的法律要件，并以书面形式确定下来，法院将通过双方约定的内容进行裁决。

如上所述，则双方必须有了合法的财产约定，一方才不需要承担对方的债务责任，同时该约定还需要向债务方公示，否则也视为无效。

（3）什么样的房产属于夫妻共同财产？什么样的房子是一方婚前财产？

婚后两人购买的商品房，不管是否按揭付款，或是填了谁的名字，都认为是夫妻共同财产。

由一方婚前支付了费用，并取得了房产证的，房产在法律上被视为婚前财产，另一方无权利要求分割。

一方婚前以按揭借款的形式购房，在婚后才取得房产证。这样的房产在法律上被视为夫妻共同财产，另一方有权利共同分割。但对首期付款一方必须给予一定的赔付。

堵住家庭装修的耗钱漏洞

开工前对自己装修的规格和价位有一个基本的估计是最首要的，这样能按照预算进行日后的采购，避免出现超支。计划一旦敲定，就不宜中途随意改变，因为这样既浪费人工，又浪费材料，也就是浪费金钱。

1. 选准装修公司

找"街头装修游击队"装修，比找正规装饰公司省20%～30%左右的装修费。但这些装修费往往是通过偷工减料、偷税漏税等手段"节省"下来的。最为严重的是，这些施工队有时还会"卷款潜逃"，甚至在户主入住后偷盗、抢劫。所以你最好在正规家装市场对各个入驻公司进行比较、挑选。如果难以决断的话，可以多听别人的经验之谈，挑选口碑较好的公司。

2. 审核报价要心细

对于设计师的设计务必要求具体详尽，将全家人的设想与计划投资额告知设计师，然后将选好的设计效果图及平立面节点图全部拿到手并加以核对，与三维效果图不同或和设想不一致的图纸要修改补齐；预算要逐一仔细审查，注意缺项漏项，材料是否清晰，做法是否全面得当。对一些报价时的"不透明"手法一定要小心。

经常遇到的就是笼统报价，即报总价一居室几万，二居室十几万，一点依据都没有，或者报价说明过于简单和含糊不清，比如在"墙面处理"报价项中，只说明多少钱每平方米，但选用材料、工艺都不说清楚。

3. 合理设计也省钱

很多人抱怨装修是个无底洞，钱不知不觉越花越多，其实省钱可以从最初的设计开始。我们就设计中的几个重点给你提供一些节省建议。

客厅：客厅是门面，在预算中，也是比较高的部分。要省钱，最好的方法就是减少木工，而运用灯光营造气氛。灯光是所有装修工程中，最便宜也是最有效果的。另外地面只用大面积地毯，壁面则用画装饰，就能充分显现出客厅的气势，虽然花钱不多，效果也不错。

卧室：卧室是仅次于客厅的装修重点，要以最经济的手法，来创造出主卧最佳的气氛。例如，将卧房的主墙与灯光结合，再辅以桌灯的照明，虽然没有主灯，却更能营造出柔和的气氛。间接灯光加上主墙壁纸，相当于买主灯的价格，却更有气氛。

浴室：浴室是装修最花钱的空间之一，瓷砖及卫浴设备可以尽量以国产商品为主。淋浴卷帘直接架在浴缸上或者直接用拉门和瓷砖组装一个淋浴房，能干湿分离，施工又简单。价格依进口及国产的不同而有差价，比买淋浴房便宜。

工程中采购的成功与否将直接关系装修效果与效果图之间的差距有多少，而且这也是"装修迷魂阵"中最容易让你"出血"的环节，稍一大意，就会在不知不觉中成为建材商和装修公司的"俎上肉"。

1. 选购木材最重要

别被材料的名称弄晕。大部分消费者对于建材的名称、性能都一知半解，因此他们进入市场前往往会先打听什么材质的产品好，然后就冲着这些材质去。殊不知一些商贩借此之机混淆木材的名称，比如把山榉木称为"黄檀"，桦木称为"樱桃木"，木荚豆称为"花梨木"等。谨防出现"败絮其中"的现象。

例如：细木工板有手拼和机拼之分。

机拼板的内芯由较规则的小块长条木用机器拼装而成，内芯平整，接缝严密，无空心，抗拉力强；而手拼板是人工将小块木板摆放而成，小木板不规则，多不上胶，拼缝大，抗拉力性能差且多处空心。

2. 小心劣材以次充好

一种是用含铝量低的铝合金当成含铝量正常的铝合金；另一种是替代材料，如拿表层含有ABS（工程塑料）产品充当不锈钢等。对付这一障眼法，最好请懂行的朋友一同前往购买，如果没有这方面的朋友，那么去正规的家装市场购买会相对安全一些，同时必须要求销售人员在收款凭据上特别注明建材产品的名称、等级、品牌，并索取质量责任单。

3. 购材时精打细算

控制材料的种类。用材越少，风格也就越容易协调，而且如果你从供货商那里选购大量的同一种材料，往往能获得价格上的优惠，支出肯定要少于你选择少量的不同种类的材料。同时你可以减少装修过程中因更换不同工种的施工人员而耗费的时间和人工费。像张先生他只选购了一种花纹素雅的瓷砖。由于数量较多，店老板给他打了八五折，还送了他10块其他式样的瓷砖，张先生将两种瓷砖搭配使用，煞是好看。

4. 用贵重的材料做点睛之笔

在选用贵重的材料时你可以巧用心思，因为支出的多少与品位的高低并不成正比。譬如大理石，在浴室里你可将它用在重要的地方，而在次要的地方则可以选择瓷砖以降低成本。

5. 使用仿真材料

使用仿真材料一点都不会使你的生活质量打折扣，比如人造大理石、实木贴面等，有时它们更实用，在价格上当然比天然材料便宜得多了，像天然大理石每平方至少二三千元，而人造的只有二三百元。

房贷"五招"

消费信贷无疑提高了生活的水平。原来离我们很遥远的汽车、别墅似乎近在咫尺。用未来的钱提前享受，这正是目前收入稳定且有一定资金实力人士的首选。住在一幢漂亮的房子里，有一辆时尚的轿车，心情不知要舒坦多少，虽然每个月的还款是一笔不小的数目，增加了一定的经济压力，但一般只要不超过总收入的20%～30%，并且算准了其他开支，那么每个月的生活照样可以过得有声有色。

然而到底如何才能获得银行贷款呢？按照以下程序一步一步地走，就可顺利办妥一切，并尽可能地少走弯路，得到贷款。

第一步，进行咨询。咨询的内容五花八门，包括银行已开办的个人住房贷款种类、对象、条件、额度、期限、利率、程序、还款方式，以及需要提供哪些证明材料等，市民可根据自己的需要通过银行个人住房贷款经办部门、售房单位、银行咨询电话、银行设摊或银行设立的网站等途径了解上述咨询内容。

第二步，提出申请。当借款人通过咨询大致了解整个贷款过程后，可凭购房协议或合同向银行领取一份《个人住房借款申请书》，按要求填完该份申请书后连同要求提供的证明及材料递交给银行，正式提出申请。一般在5个工作日以后，借款申请人便可收到银行作出的是否批准贷款的答复。

第三步，签订合同。借款申请人如收到银行同意贷款的答复，就可与银行签订《借款合同》《抵押合同》。在签订合同时，银行信贷委员会负责协同借款人办理抵押合同公证，抵押登记证明文件交由银行收押保管。

第四步，办理保险。在办妥以上手续之后，借款人还要到银行指定的保险公司办理抵押物业财产保险手续。该项手续也可委托银行办理。抵押期间保险单正本交由银行保管。

第五步，办理放款手续。在完成了以上各步之后，借款人就会收到银行的通知办理放款手续。银行会计部门会为借款人开立贷款账户并根据借款合同的借款人委托划款，直接将贷款以借款人购房款名义划入售房单位账户。

房贷时如何挑选银行

小金近日看中了一套心仪已久的商品房。然而在签订预售合同时，房产商一定要小金办理某家银行的按揭贷款。而小金恰恰因在以前的交往中对该家银行的服务态度颇为不满，坚决不愿"就范"。两难之中，经同事点拨，小金得知目前上海多家银行推出了"非指定楼盘"按揭业务。在向银行深入咨询掌握"底细"后，小金再三与房产商据理力争，最终获得了房产商的同意，很快在沪上首推这项业务的交通银行办妥了贷款手续。

小金的遭遇道出了一个简单而重要的问题，就是客户怎样维护自己的选择权。尽管经过近几年市场的"洗礼"，银行的经营观念和作风有了很大的改变，但不可否认，在既得利益的驱使下，人为设置竞争"壁垒"的现象并未杜绝。出于营造公平竞争环境的目的，沪上一些商业银行适时推出了"非指定楼盘"按揭贷款业务，为广大市民自主选择搭建了平台。

在与房产商洽谈和贷款办理中，交行专家提醒客户注意，有的房产商对房款划付的起始时间相当苛求，往往从商品房预(销)售合同签订之日或缴纳首期款起算，即购房人需在商品房预(销)售合同签订之日起30天以内将余款付给房产商等，购房人要及时提出，要求从商品房预(销)售合同经有关房地产登记部门登记之日起开始计算，这样既可多争取宝贵的时间，也可防止个别房产商"一房多售"等不良行为。

申请"非指定楼盘"按揭贷款手续较一般个人贷款要复杂，购房者必须事先备好各项相关资料，以解不断往返之劳。借款人应准备的资料包括：所有购房人（以购房合同为准）及配偶的身份证、户口簿、婚姻证明、私章；借款人及配偶的个人情况证明（银行提供样张）；借款人及配偶的个人公积金账号（不同时申请公积金贷款者例外）；房产商营业执照、预（销）售许可证、房产商开户银行和银行账号、售楼广告（彩页）；购房合同[已办理预（销）售登记]；首付款证明；借款人本科或者本科以上学历的学历证明等。

用活小额质押贷款

在银行个人消费信贷业务中，小额质押贷款可以说是一个为人熟知的产品。不少拥有定期存单(折)的市民在急于用现金时，往往选择到银行办理质押贷款，而手续简便、"立等可取"是该贷款业务大受欢迎的原因。

但很多老百姓对这项业务的理解还不够全面，甚至存在认识误区，并没能真正用活小额质押贷款。

误区一：想借多长就借多长吗？

小额质押贷款分两档利率，半年和1年。贷款期限在半年以内的，按半年期贷款利率计算利息；1年以内的，以1年期贷款利率计算利息，利息是有一天算一天。但有的客户往往以为贷款期限越短，利率越有利。贷款时往往不以半年、1年为限，而是明确地写明借多长时间，1个月或两个月。其实这样做反而框定了自己的行为，因为小额质押贷款是可以提前还款的，借1个月和借半年贷款利率都是一样的，但如果客户写明借1个月，到时如果由于某些原因无法按时还款的话，就要支付额外的贷款罚息。因此，办理贷款时应充分利用贷款期限的上限，从而使自己的理财更从容，避免不必要的开支。

误区二：两个半年等于1年吗？

小额质押贷款的期限分半年和1年，但两个半年就等于一个1年吗？答案当然不是，两个半年的贷款利息不等于一个1年的贷款利息，因为贷款利率是不同的(半年的利率是5.04％，1年的贷款利率是5.31％)。所以客户的资金如果周转得开的话，大可以先签一个半年贷款合同，在到期时先作还款；如果需要的话，再借半年贷款，一借一还，还后再借。

例如，某客户准备通过小额质押贷款来贷50万元人民币1年期，假设1年有365天，如果他贷两个半年，到期应支付贷款利息为：500 000×5.04％÷360×182+500 000×5.04％÷360×183=255 500（元）。182、183分别为半年的天数，25 550元为贷款利息。但如果他一次性借1年，则要支付贷款利息为：500 000×5.31％÷360×365=26 918.75（元），多支付的利息为：26 918.75−25550=1 368.75（元）。

可见，一样是贷款1年，支付的贷款利息却相差了1 368.75元。

误区三:小额质押贷款是"孤立"的吗?

在日常业务中,大多数市民往往都想贷足款,如果发现可以贷到的金额离自己的目标还有距离的话,只是一味地增加抵押的存单,而忽视了利用银行其他业务的组合来发挥单张存单的最大功能。

例如,某客户想贷10万元人民币,他手中只有一张170万日元的存单,如果他拿这张存单做抵押,计算情况如下:假设当天汇率为169,日元存单可贷八成,那么他贷到金额为:$1\,700\,000 \times 0.069\,169 \times 80\% = 94\,070$(元)人民币,离他的预期还差$100\,000 - 94\,070 = 5\,930$(元)。

那么,如何补足这5930元的缺口呢?有两种不同的方案:方案一,增加抵押存单。方案二,巧用银行业务的组合。即利用外汇宝业务,仅用这张日元存单来达到目的。

再将14 214.05美元的存单做抵押,假设当天汇率8.2646,美元存单可贷九成,则可以贷到:$14\,214.05 \times 8.2\,646 \times 90\% = 105\,726$(元)人民币。可见,由于不同货币的贷款成数是不同的,其中美元的贷款成数最大,所以利用外汇宝和质押贷款组合办理即可轻松达到目的。但利用外汇宝来增加可贷金额应该考虑到货币的兑换时机,即当天汇率情况以及存款利率等问题,才能真正地活学活用,发挥小额质押贷款的最大功能,从而真正理好财。

误区四:所有的定期存单(折)可贷成数都一样吗?

误区三中提到了美元贷款成数较日元高的情况,其实不同币种的定期存单(折)可贷成数是不同的。在中行上海市分行,可以办理质押贷款的币种有美元、英镑、港币、日元、欧元、瑞士法郎、澳大利亚元、加拿大元以及人民币9种货币,其中美元和人民币的定期存单(折)可以贷到九成,其他币种则可贷到八成。

1. 延长借款期限

由于个人住房贷款期限最长达30年,个别借款人会因收入发生变化而提出延长借款期限的要求。当借款人在借款期限内偿债能力下降,还贷有困难时，即可向民生银行提出延长借款期限的申请，经银行调查属实，且借款人在民生银行未有拖欠应还贷款本金、利息，民生银行就会受理你的延长借款期限申请。借款期限变更后，利率按重新确定的借款期限（已还贷款期数+变更后剩余未还期数）所对应的人民银行规定利率执行，期数不满整年的以整年计。

如：借款人周先生买了一套价值45万元的二房一厅住宅，当时借了个人住房商业性贷款30万元，期限10年，每月周先生还款3 000多元，借款1年来从未脱期。可是周先生最近收入发生了变化，感到每月还贷压力过重，带着这个疑问，周先生来到了他贷款的民生银行，通过咨询，周先生一下子安心了，原来民生银行可以为他办理延长借款期限的服务，周先生决定将借款期限延长为30年，由于调整还贷期限，他的每月还款额由原来的3 000多元降至1 500多元。

2. 缩短借款期限

在申请个人住房贷款时，借款人往往根据自己目前的经济实力和还款能力谨慎地确定贷款金额、贷款期限，按照自己的现有收入水平确定还款计划，并适当留有余地。但当自己未来收入趋势看涨，还贷能力大大提高时，自然会想到"缩短借款期限"以增加每月的还款额，减少利息支出。民生银行目前推出的"缩短借款期限"服务是真正意义上的缩短期限，只要借款人提供近期的经济收入证明，经银行审核其有足够的还款能力即可。对于每个借款人来说，缩短借款期限可获得缩短时间带来减少利息支出的好处，而对原贷款期限为5年以上，"缩短借款期限"后贷款期限为5年以内，还将享受利率降低带来的降息优惠。

3. 提前还贷免违约金

借款人在贷款发放的1年内，向民生银行申请部分提前还款时无任何条件限制。借款人只需按照原借款合同的约定提前1个月向银行提出申请，且提前偿还的金额不得少于原贷款合同约定的6个月的还款额即可。申请提前归还个

第四章 买房置业与投资理财

人住房贷款划算吗?

如:陈女士1999年10月为买房申请30万元,期限20年的个人贷款除去家庭的意外开支和未来开支,如孩子的入学、就医、保险等需要,如未来无重大开支,一般应至少保留半年的家庭年收入,以备不时之需。申请住房贷款虽然能享受到优惠利率,以后再要向银行申请,就未必能享受到优惠利率了。

而另一位张老太的还款经历则正好相反。

张老太的儿子几年前贷款30万元为老太买了一套住房,10年期的贷款,每月还款3 188元。去年,老太的儿子出国工作了,临行前一再叮嘱父母,每月会把贷款和生活费汇来,请两老放心,果然每月儿子会汇来4 000元给父母还贷和作为生活费。但张老太在家中一盘算,决定不再借这笔贷款了,老两口手上有30多万元的积蓄,又不精于投资,只能每年存在银行里拿定期利息,现在银行1年期的定期利息只有1.98%,还要支付20%的利息税,实际利率只有1.584%,如果30万元存在银行10年,算上复息,总共只有35.1055万元,但30万元10年期的贷款本息额却为38.256万元,一来一回的差额就是3.1505万元。如果把贷款还了,每月儿子汇来的钱加上老两口的工资有6000元,平时开销、生病就医绰绰有余,多出来的钱还能存银行生利息,即使不算这笔利息,原来要向银行支付的利息不就变成自己的了吗?

是否提前还房贷,关键要看投资收益率。如果自己的其他投资收益率要高于住房贷款利率的话,那就完全没必要急着还掉银行贷款,用这笔钱去投资后的收益完全可以覆盖掉银行住房贷款利息的支出;如果是投资无门,收益率低于住房贷款利率的话,则可以在留下意外支出后,还掉银行住房贷款。

住房贷款毕竟是一项优惠的贷款利率,如何把它变成一个钱生钱的杠杆,提前还款是否应该进行,现在应该可以算一算了。

利率变动影响房贷还款总额

存款准备金率下调一个百分点之后,中长期国债和企业债的价格一直处在下跌通道上。一方面央行货币政策出现重大转折,另一方面定论已经走出通缩为时过早,于是中长期利率的变化趋势显得扑朔迷离。与国外流行的长期抵押贷款采用固定利率不同,付了较多的本息,能够享受到低利率的本金就要比等额本息法少,最后两种还款方式支付的本息总和差距就会缩小,选择等额本息法反而比选择等额本金法划算;反之,当贷款利率上升时,等额本金法在较低利率的情况下已经支付了较多的本息,而在高利率时剩余的本金就比等额本息法少,两种还款方式支付的本息总和差距就会拉大,选择等额本金法就要比选择等额本息法划算。

举个例子来做比较:如果贷款50万元,贷款期限10年,贷款利率为5.04%。如果利率未发生调整,选择等额本金法和等额本息法在整个贷款期间支付的利息总和分别是12.7万元和13.75万元,两者相差1.05万元,相差8.27%。如果5年后贷款利率下降为4.2%,在利率调整时,选择等额本金法和等额本息法剩余的本金分别是28.13万元和32.3万元,最后选择等额本金法和等额本息法在整个贷款期间支付的利息总和分别是12.17万元和13.11万元,两者相差0.94万元,相差7.7%。如果5年后贷款利率上升为5.58%,则最后选择等额本金法和等额本息法在整个贷款期间支付的利息总和分别是13.05万元和14.18万元,两者相差1.13万元,相差8.7%。随着贷款期限、金额的增大,这种差距将表现得更加明显。

选择贷款方式主要根据自己的具体情况来定。由于等额本息法前期还款压力较小,更适合于收入处于上升期的年轻人,而等额本金法每月还款额逐月减少,则可能更适合收入稳定的中年人。当然,如果市民在选择还款方式时能够对预期的利率作出判断,就能够省下一笔不小的钱。如果市民预期在贷款期间利率会下降时,选择等额本息法要比等额本金法划算;如果市民预期在贷款期间利率会上升时,选择等额本金法则要比等额本息法划算。

全装修房贷款如何办理

作为政府大力倡导的住宅消费新形态,全装修房已经受到越来越多的开发商和购房者的了解和认同。那么,面对种类繁多的全装修房合同,消费者应该怎样购房并办理住房装修组合按揭呢?

全装修房楼盘主要有两种合同签订方式:开发商将装修条款写入预售合同附件或开发商分别签订预售合同和装修合同。目前,本市全装修房主要是将装修条款写入预售合同附件。

如果所购住房是将装修条款写入预售合同附件,则该套房屋的单价已经包含装修,房屋的装修及设备标准会在预售合同附件中详细的列明。客户可以直接向银行申请住房按揭贷款,贷款额按全装修房总房价计算。这样,房屋装修部分的贷款也可以享受住房贷款5.04%的优惠利率和长达30年的借款期限,而目前住房装修贷款期限最长不超过5年,贷款利率为5.58%。购房者不仅可以节省利息支出,每月的还款压力也可以减轻。当然,由于房屋总价是包含装修费用的,因此购房者必须要为装修的费用支付1.5%的契税。

如果所购全装修房采用预售合同和装修合同分开签订,购房者只能分两次按揭,向银行分别办理住房按揭贷款和住房装修贷款,手续相对要麻烦一些。由于两种贷款的利率和贷款期限区别较大,购房者的负担可能较重。

例如，购买一套面积200平方米、房价200万元的全装修房（其中装修为50万元），贷款期限20年，采用等额本息还款法，每月还款为1.3万元。当然，购买全装修房则必须为装修部分费用多支付1.5％的契税7 500元。税息累计312.75万元，但月还款压力较轻。

如果购买150万元的住房再申请50万元的住房装修贷款，则150万元按揭20年每月还款9 900元，50万元装修贷款5年每月还款9 500元，每月共需还款1.94万元。还款压力明显增大，但总的利息支付略少，累计294.6万元。

房奴如何理财还贷

买房贷款占到收入四成以上的"房奴"们，在职场上也开始渐渐丧失了冒险精神。为了确保有稳定的收入可以还贷，他们害怕降薪、跳槽、失业，职业发展陷入困顿。

买房不应成为个人职业发展的阻碍和负担，所以积蓄不多打算贷款买房者尤其要注重将职业生涯规划和买房投资理财规划两者相结合。

每个月的房屋贷款还有水电费、物管费，就像金刚箍一样牢牢套住了买房者。

"房奴"故事：再也不敢轻易辞工

"我的新房除了一张床和桌子，还有做饭需要的锅碗瓢盆以外，什么电器都没买。"胡小姐说起近1年时间的"房奴"生活，显得十分无奈。

2004年，刚毕业两年的胡小姐来到东莞，在一家公司从事平面设计工作，月薪2500元。不久后，她拿出工作两年多来的所有积蓄，首付近3万元买下了一套小户型的精装房，房贷期10年，月供1 400多元。"当时想着工资省着点花，总比租房强，找机会再换份收入高点的工作。"

第四章 买房置业与投资理财

然而，胡小姐没多久就发现，跳槽远不是她想得那么简单，在东莞有一定工作经验的平面设计师，收入一般在2 000～2 500元之间，部分大型企业或知名广告公司可以达到3 000元以上，但对资历各方面要求较高。以胡小姐目前的情况，要在短期内找到一份收入有大幅提升的工作显然比较困难。

胡小姐一直抱着"骑驴找马"的心态，对当前的工作不但没有了兴趣，甚至充满了厌烦的情绪。这种消极疲怠的状态被老板注意到，随后老板将她调到公司的另一部门任职，虽然工资没有太大的变动，但是工作变得更加繁琐和忙碌。

即便如此，胡小姐也不敢再像以前那样随自己的性子，辞了工作再慢慢找合适的工作，因为每个月的房屋贷款还有水电费、物管费，就像金刚箍一样牢牢套住了她。

事实上，如今有着和胡小姐类似经历的人不在少数，本该属于年轻人的潇洒岁月，几乎因为房屋贷款而变得负重难行。他们不但拼命加班工作，而且在公司总是谨小慎微，降薪、失业成为他们最大的恐惧；他们甚至不敢轻易跳槽，因为一旦出现职业空当期，对他们造成的压力则更加沉重。

按照通行的说法，"房奴"是贷款买房月供超过正常支付能力(按银行指标为超过月收入的50%)，从而导致生活质量下降，沦为房屋"奴隶"的一类人。有数据表明，近60%的人通过贷款买房，但有人贷款后就感觉成了"房奴"，压力很大。

很少有人会把买房和个人职业规划结合起来，往往在没有认清自己所处的职业阶段的情况下，为了追求一种安定感，以买房来确立人生方向的这类人群，最容易成为"房奴"一族。这一群体在不断妥协中以求稳定，经常会错过一些晋升、跳槽的良机，房贷压力在一定程度上限制了职业发展，在不知不觉中，这些人也由"房奴"变成了"工作奴"。

职业发展方向尚不清晰、随时可能跳槽，甚至不知道自己下一步在哪里的人，匆忙买房的风险会比较大。

银行方面的专家提醒背负房贷重担的置业者们，贷款利率比存款高得多，而且贷款利息是硬性支出，因此"负翁"们其实更需理财。如果能合理安排支出，"房奴"也能翻身做主人，减轻压力。

第一招：选准银行

"房奴"还有选择哪家银行的权利。如果你有迫切的贷款买房需要，这一招可供参考。

跟其他金融产品相比，房屋抵押贷款风险小，利润高，目前已成为各大银行的"兵家必争之地"。

各家银行之间，为争夺房贷客户，常常推出一系列优惠措施，缓和矛盾。值得一提的是，目前市场上的房贷产品个体差异较大，置业者可根据自身需求来选择银行及其房贷产品，以减轻还贷压力。

第二招：进行理财规划

许多人认为每月的工资扣除房贷和日常生活开销之后所剩无几，除了存进银行没别的选择，事实上，如果对剩余的资金进行合理的理财规划，房贷的压力是可以在一定程度上减轻的。

对于每月固定收入的工薪阶层，投资一些风险低、回报相对存款利息要高的理财产品也可以减轻不少房贷的压力。

如人民币理财产品、货币市场基金、债券基金和保本基金等，投资这些理财产品本金较安全，虽然给出的收益率都是预期收益率，没有绝对的保证，但实际上收益率波动范围并不大，而且要比银行存款利息高。

第三招：出租转移压力

购房本是一件令人愉快的事，但如果它让你的生活质量下降、居住空间浪费、职业发展受制，不妨选择将房屋出租转移压力。倘若自住房的资金明显高过普通住宅的租金，可以考虑将房子出租，暂时牺牲为未来的生活换得更为广大的空间。

另外，考虑到小家庭以后还需要"添丁"，不妨将不堪重负的大房子出售，再购买一个适合自己的小户型居住，提升家庭的生活品质也未尝不是一个实用的办法。

第四招：买房要和职业发展规划相结合

那么究竟在什么样的职业发展阶段买房才合适？如何处理买房和职业发展两者的关系呢？

根据职业生涯理论，25岁之前是职业探索期，不稳定因素居多；25~30岁是职业建立期，在工作中不断调整自己的职业定位；30岁以后，职业发展基本形成，具有一定的事业和经济基础。对于一些职业发展方向尚不清晰、随时可能跳槽，甚至不知道自己下一步在哪里的人，若匆忙作出买房决定，风险将会比较大。

建议如果尚未买房的青年，不妨先制定一项详细的个人职业发展规划，在此基础上确定一个事业发展方向清晰、综合状态较为平稳的时期再买房，如果在未来几年有跳槽计划，也可以根据职业规划提前进行资金储备，由此规避将来因失业或跳槽带来无力还贷的风险。

另一种情况是已经买了房，因不堪房贷压力出现"工作奴"症状的人群，此时应该对此做一个评估，以事业发展作为立足点，考虑清楚买房究竟是为了什么。房子只能作为事业发展的一个副产品，而不该成为束缚职业发展的绊脚石，如果它让你的生活质量下降、职业发展受制，不妨选择将房屋出租等方法转移压力。

第五章 创业致富

个人创业致富的十大窍门

从当今社会经济发展特点来看，人们的工作大致可分为三种类型：国家公务员、雇员、老板。

恐怕很多人都想自己做老板，但是谁都知道，老板有老板的难处，并非人人都当得了老板。做一个赚钱的老板，一个事业有成的老板是需要勤奋和智慧的。任何事业都是由小到大，在不断总结经验、积累资金的过程中，慢慢发展起来的。

我们在总结前人经验的基础上，结合当代社会发展特点，总结出了以下十大窍门。

1. 将创业资金数额减到最低

别举债，别投入全部家庭储蓄。

成功机会只有20%～30%的新事业，不值得这样冒险。你计划的事业要由现有的构想和你个人才华及专长做起，而且只需要少许现金。

2. 学习销售自己

身为企业经营者，只要你知道如何销售自己，初期投资并不需要准备大笔资金。开业30天内，你就可以找到客户，现金60天内就会进来，帮助推动业务成长。

3. 对客户要大方

新事业不宜对顾客收费过高,甚至可以为顾客提供免费服务,让他们知道你能做什么。就算没有签约,他们也会介绍其他付费客户。有时,要懂得用小鱼钓大鱼的道理。

4. 开始时条件不妨简陋些

有人曾在卧房一角,以一桌、一椅、一台小电脑,开创顾问公司。5年内,公司收入超过50万元,规模逐渐扩大至有自己的办公室和12位员工。

5. 一切电脑化

打字机及人工作业方式,在目前市场上已无竞争力,会计、市场、文书、销售都不例外。从第一天开始营业即要使用电脑。

6. 长时间工作

把会计、文书等行政工作留到夜晚。这些事绝对不能占用朝九晚五的时段。这个黄金时段只能用来建立人际关系,作简报,打电话,或与客户面对面交谈,晚上回家后才从事不会产生收入的工作。

7. 爱你的顾客

永远有礼貌地和顾客说话,不论他们有时多么令你生气。记住,顾客不仅是上帝,还是独裁者,要尽力使顾客满意。我的做法是,介绍上虽指明服务项目,但我经常超越合约项目,提供更多服务,超过顾客期望,这便是小企业主最好的广告方式。

8. 开始不成功也要继续努力

绝对不要放弃,成功经常就在失败的前方。失败代表你已经在正确的道路上,只要失败次数增加,努力的时间够长,途中作出聪明的选择,你终会成功。

9. 独自经营

开始创业时,避免邀其他人合伙。合伙就像婚姻,你愿意接受这样的束缚吗?更何况,统计显示,婚姻的合伙关系,两对中就有一对以离婚收场。一般来说,如果你想创业,最好自己创业。

10. 安排休闲时间

尽管待办事项堆积如山，也要强迫自己星期六或星期日休息一天。你损失的那一天，会因为下周生产力增加而加倍补回，而且家人和顾客也希望你这样做，因为休假使人愉快和喜悦。拨出时间运动，和家人出游，甚至看场电影，你暂时抛开业务，工作反而更有效率。

前半生栽树，后半生乘凉

对广大城市新富人群而言，每当功成名就之后，"退休"一词又成为他们心中化不开的情结和忧愁。于是，"我希望在××岁退休""等我有了×万的积蓄，我就退休了"……如此这般的感慨和豪言壮语时常充斥在我们的工作和生活中，也曾经成为网上讨论的热点。那么，新富人群拥有多少钱才可以退休、安享晚年呢？曾经在网上有一个比较经典的玩笑是397.2万元。它包括：买一套普通的房子得花50万元、买车至少100万元(以15万元/辆计，退休到死需要三辆)、养一个孩子要30万元、孝敬父母43.2万元(一对夫妻要养4个老人，按每月给每个老人300元计算)、全家开销108万元、休闲费30万元、退休养老36万元。

以上的例子，虽是个玩笑，但它用概念的意识传递给我们，理财先要进行资本的原始积累，或者通过工作的积蓄，或者通过投资。

有了原始积累之后，就要通过投资去获得稳定的现金收益。只有以稳定的现金流为目的进行的投资，才能让人们在投资领域拥有持续的赚钱能力，才能规避投机行为所带来的风险。既有稳定收益，又能规避风险，这样才能让人安心退休。

当然，同一些发达国家相比，中国人的理财观念处于一种相当不成熟的状态，多数人用投机的心态投资，总想听一个消息就能赚一大笔，而忽略

第二篇 30年后，你拿什么养活自己

了投资是一项艰苦的工作，有大量的功课要做，过于看重"一笔赚了多少钱"，而不去钻研如何获得长期稳定的理财创业。第一个10万元靠毅力，第二个10万元靠方法。

如果有人问你，你的收入来源有哪些？你给出的答案很可能只有工作收入。其实对工薪族来说，如果搜集了信息，动用了智慧，理财收入可以成为你另外一个收入来源。

对于年轻的工薪族来说，积累人生第一个10万元，通常是需要相当毅力的，即便下定决心每月必须固定存入多少钱，很多时候也因为忙碌、遗忘、额外支出等原因让强制储蓄的愿望泡了汤。很多时候我们也明白，其实每个月收入中抛开必要的生活开支，多花几百元和少花几百元对我们的生活基本没有影响，关键就是，如何在我们还没有随意消费完之前，及时地将这些可花可不花的资金沉淀下来。

而要积累第二个10万元，就有很多捷径可走了，因为有了理财的本钱，钱生钱就容易多了。28岁的关女士幸运地得到父母赠与的20万元后，一直把它放在银行里存活期，去年受人指点购买收益3.4%的人民币理财产品后，竟赚了7 000元，对于之前白白浪费的机会只好连连叫苦。这正是这一阶段理财意识的重要体现。有一种说法，如果一个人30岁时有50万元，他不用做别的只是稳健打理，那么这个人退休时将有几百万元甚至上千万元。

积累人生这两个10万元，需要动用的确实是不同的脑部神经，需要搜集的是不同的理财技巧，需要具备的是同样的理财观念。

1. 第一个10万元财富积累阶段

基金定投收益高于零存整取。

储蓄法 = 工资卡理财：约定储蓄转存

或许你还没有意识到，作为白领的你，每月的工资都被公司直接打在了卡上，自己用多少取多少，每月节余部分放在卡里吃活期利息时，这种多数同事们都采用的做法，已经让你白白丢掉了3倍左右的定期利息，看似几十元

到几百元的差别，时间一长损失可就大了。更重要的是，这种方法非常不利于资本的积累，这样的"不理财"方式，让你实现第一个10万元目标难了不少。

所以，先从你的活期存款开始吧。

例如，假如你的月工资为6 000元，与工资发放银行签订了储蓄协议，委托银行在自己的活期工资账户中每月保留2 500元，其余资金按20%、30%和50%的比例，分别转存到3个月、1年和3年的定期子账户上。如果你的零用钱超过2 500元，银行会按利息损失最小原则，由电脑系统从其定期子账户中选择最近存入的定期存款提前支取，但如果当天补足取款，也不会造成利息损失。

"月光族"理财：零存整取

零存整取，就是每月固定存额，一般5元起存，存期分1年、3年、5年，存款金额由储户自定，每月存入一次，到期支取本息，其利息计算方法与整存整取定期储蓄存款计息方法一致。中途如有漏存，应在次月补齐，未补存者，到期支取时按实存金额和实际存期，以支取日人民银行公告的活期利率计算利息。

零存整取可以说是一种强制存款的方法，每月固定存入相同金额的钱，想不做"月光族"者可以通过这种方法养成"节流"的好习惯。

类储蓄法＝货币基金：活期储蓄

所谓货币基金是一种主要投资央行票据、记账式国债、金融债、协议存款等稳健型金融产品的开放式基金，因为它不像其他开放式基金一样有认购和赎回费用，所以投资者可以把它当成"活期储蓄"，而随时购买和赎回，从发出赎回指令到可以取现一般需要2～3个工作日。

定期定额申购基金

定期定额申购基金很适合工薪族达到强制储蓄的目标。已上市的各种开放式基金的数目已达到上百只，它们的主发行渠道就是银行。那么，经常光顾银行的工薪族，不妨选定其代销的某只基金，跟银行签订一个协议约定每月扣款金额，以后每月银行就会从你的资金账户中扣除约定款项，划到基金账户完成基金的申购。这种方式有利于分散风险，长期稳定增值。这种投资法，不必掌握太多的专业知识，不必费心选定购买的时点，只需耐心一些坚持中长期持有，并且在一般情况下，基金定投的收益会高于零存整取的利息。正因为此，它甚至是工薪族为孩子储备教育金或筹划养老金的一个优良选择。

定期定额买基金，选定哪只基金特别重要。一般来说，这种投资方式适合股票型基金或偏股票型混合基金，选择的重要标准是看它的长期盈利能力。

一些股份制银行有一种"月计划"的存款方式，年收益可达到活期存款的3.3倍，通知存款的1.5倍，只要单个账户余额超过1万元，就可以在每月下旬与银行约定理财月计划，银行每月1日对外发布上期收益情况，并容许投资者在每月5日至25日终止方案，以保证资金的流动性，预期年收益率为1.7%～2.05%。

2. 第二个10万元 = 财富增值阶段

五成稳守，五成"稳攻+强攻"。

守：工作了几年之后，或许你已经有了10万元左右的存款，就可以好好打理一下多年积蓄，让它加快增值速度了。

首先，应该把一半积蓄放在银行存款或国债上，这些钱的作用不是增加收入，而是保本，避免让财富暴露在不可控制的风险下。

其次，除存款和国债之外，还可以关注一下其他低风险理财产品，如人民币理财产品和货币市场基金，投资这些理财产品本金较安全，虽然给出的收益率都是预期收益率，没有绝对的保证，但实际上收益率波动范围并不大。比如，拿出1万～2万元投入到货币或债券型开放式基金里面，它可以替代活期存款。

第五章　创 业 致 富

在保证流动性和低风险的情况下，货币市场基金收益率一般为2%左右。货币基金一般不收取赎回费用，管理费用也较低，转换又很灵活，本金的安全性很高，又是免税的。

攻：剩余的部分，就要去做生钱的工作了。攻的资金也可以分为稳攻和强攻两部分。对于稳攻部分，有一定投资理财概念的人可以选波动度较小、报酬较稳健的理财产品，如混合型基金、大型蓝筹股等，追求的年收益率在5%~10%不等。不过，在投资前要做一些功课，选出好的股票和基金才行；同时还需有投资组合的概念，通过分散投资来降低风险。作为业余的投资者，很难做到同时对多个股票"了如指掌"，所以在投资时要集中几个股票。

专家给出了一些原则供投资者参考：①同时持有股票个数不要超过3个。②60%资金用于中线操作，40%用于中短线。③要谨慎对待过去6个月涨幅超过80%的股票。

强攻部分，是投资理财中最刺激的部分了，如成长型股票、股票型基金、期货等，既有机会让人1个月赚10%，也有可能1个月赔掉10%。投资这些高风险高收益的理财产品，必须有相当高的知识与经验门槛，对于不擅长投资的工薪族，最好先以稳攻方式进行，在得到一些投资心得、功力较深厚之后，再加入强攻一族中去追求更高的收益率回报。而在一些发达国家，人们看重的是稳定而持续的投资收益，而不是大起大落的赌博式投资。所以，如果更多的人能以现金流为目的，进行理性的投资，那么，不仅退休的理想可以早些实现，整个社会的投资环境也会更加理性。

把 握 商 机

商机无论大小，从经济意义上讲一定是能由此产生利润的机会。商机表现为需求的产生与满足的方式上在时间、地点、成本、数量、对象上的不平衡状态。旧的商机消失后，新的商机又会出现。没有商机，就不会有交易活动。商机转化为财富，必定满足五个"合适"：合适的产品或服务，合适的客户，合适的价格，合适的时间和地点，合格的渠道。

目前我们能认识的商机大致可归结为十四种。

1. 短缺商机物以稀为贵

短缺是经济谋利第一动因，空气不短缺，可在高原或在密封空间里，空气也会是商机。一切有用而短缺的东西都可以是商机，如高技术、真品、知识等。

2. 时间商机

远水解不了近渴。在需求表现为时间短缺时，时间就是商机。飞机比火车快，激素虽不治病却能延缓生命，它们都有商机存在。

3. 价格与成本商机

水往低处流，"货"往高价上卖。在满足需求上，能用更低成本满足时，低价替代物的出现也是商机，如国货或国产软件。

4. 方便性商机

江山易改，本性难移。花钱买个方便，所以"超市"与"小店"并存。手机比电话贵，可实时性好，销售手机是好商机。

5. 通用需求商机

周而复始，永续不完。人们的生存需求如吃、穿、住、行每天都在继续，有人的地方，就有这种商机。

6. 价值发现性商机

天生某物必有用。一旦司空见惯的东西出现了新用途定是身价大增，例如板蓝根能防"非典"，醋能消毒。一时间，物价上涨。

7. 中间性商机

螳螂捕蝉，麻雀在后。人们总是急功近利，盯住最终端，不择手段。比如挖金矿时，不会计较卖"水"的价格，结果黄金没挖着，肥了"卖"水的。

8. 基础性商机

引起所有商机的基础性商机。对长期的投资者来说,这是重要的。如社会制度、基础建设、商业规则等。

9. 战略商机

未来一段时间必然出现的重大商机。时间倒流,20年前,中国人面临着这种商机,今天出现了。"下岗"和"致富"的天壤之别,就是后者主动"下岗",利用了这个商机。

10. 关联性商机

一荣俱荣,一损俱损,由需求的互补性、继承性、选择性决定。可以看到地区间、行业间、商品间的关联商机情况。

11. 系统性商机

发源于某一独立价值链上的纵向商机。如电信繁荣,IT需求旺盛,IT厂商赢利,众多配套商增加,增值服务商出现,电信消费大众化。

12. 文化与习惯性商机

由生活方式决定的一些商机。比如:各种节日用品、生活与"朝拜"的道具。

13. 回归性商机

人们的追求,远离过去追随时尚一段时期之后,过去的东西又成为"短缺"物,回归心理必然出现。至于多久回归,要看商家的理解了。

14. 灾难性商机

由重大的突发危机事件引起的商机。

百万富翁的三条发家路

年轻时正处事业发展时期,许多人薪水不少却总是存不下来,问题都出在无法节制欲望,且未养成储蓄的习惯。中国商业银行南京分行的投资顾问陈吟认为:"存钱第一,再谈投资"。要如何才能存到人生中的第一个100万元呢?

美国市场上正畅销一本名为《成为百万富翁的八个步骤》的新书,该书作者查理斯·卡尔森通过对美国170名百万富翁进行系统地访问、调查,从他们的致富经验中,归纳出了要想成为拥有七位数身价的百万富翁的八个行动步骤:

第一步,现在就开始投资。没钱投资怎么办?卡尔森建议投资者强迫自己立即将收入的10%~25%用于投资;没时间投资怎么办?那就立即减少看电视的时间,把精力花在学习投资理财知识上;担心股价太高怎么办?别忘了股价永远会有新高。

第二步,制订目标。这个目标既可以是为小孩准备好大学学费、买新房子或是50岁以前攒足退休费。总之,任何目标都可以,但必须要定个目标,全力去完成。

第三步,把钱花在买股票或股票基金上。美国人认为买股票能致富,买政府公债只能保住财富。百万富翁的共同经验是:别相信那些黄金、珍奇收藏品等玩意儿,把心放在股票上,这才是建立财富的开始。从长期趋势来看,股票年均报酬率是11%,政府公债则略高于5%。

第四步,不要眼高手低。百万富翁并不是因为投资高风险的股票而致富,他们投资的是一般的绩优股。

第五步,每月固定投资,投资必须成为习惯,成为每个月的"功课"。不论投资金额多少,只要做到每月固定投资,就足以使你的财富超越美国三分之二以上的人,因为他们平常只想到消费,到老才想到投资。

第六步,买了股票要长期持有。调查显示,四分之三的百万富翁买股票至少要持有5年以上。股票频繁买进卖出,不仅冒险,还得付交易费、券商佣金等。这样交易越多反而不会使你致富,只会令交易商致富。

第七步，把税务局当作投资伙伴。厌恶税务局的思想并不可取，只有把它当成自己的投资伙伴，并随时注意新的税务规定，善于利用免税规定进行正当的投资理财，使税务局成为你致富的助手，才是正面的做法。

第八步，限制财务风险。百万富翁大多都能量入而出，买现成的西装，开普通福特车，在平价商场购物，他们通常都不爱频繁换工作，不生一大堆孩子，不搬家，生活没有太多意外———稳定性是他们的共同特色。

美国有不少白手起家的富翁年龄都不超过40岁，其致富方式可大致归为三种类型。

1. 勤勤恳恳型

虽然也有一些百万富翁的成功之路充满传奇色彩，但最多的还是靠勤劳的双手和多年的苦干。

比利·斯达德就是一个典型的例子。1993年，23岁的比利出于对冬季运动的热爱开了一个不足20平方米的滑雪板小店，此后，比利和妻子一道将经营范围从滑雪设备一步步扩展到少女时装、运动器材。谁知"9·11"给他们带来了沉重打击，公司连续3年亏损，险些破产。他们历尽艰辛重振旗鼓，去年终于迎来了600万美元的盈利。

为等待机会，老练的企业家都需要卧薪尝胆，白手起家的年轻人更不例外。亚美·凯兹和德纳·斯拉维特在纽约摸爬滚打多年，一直在寻找合适的商机。一个偶然的机会，微软公司向他们订购一批礼品包装袋，这使他们瞄准了跨国公司的礼品市场。在各个跨国公司之间周旋多年后，2004年他们与法国专营包装的行业大王达成合作协议，这次机会使他们去年的销售额达到了900万美元。

2. 另辟蹊径型

有人喜欢埋头苦干，有人却喜欢寻找别人不曾注意的市场盲点。但能够另辟蹊径干成一番事业，也不是一件容易的事。

得克萨斯州36岁的维耐·巴阿特的赚钱思路很与众不同。美国各行业的竞争都很残酷，让维耐很不适应，为躲避竞争，他把注意力转向了那些非营利组织：专为不善经营的非营利组织提供管理服务，帮助他们改善与商业客户的关系。如今，他的公司为几千家非营利组织服务，仅去年就赢得了2 000万美元的丰厚利润。

3. 利人利己型

有些人创业之初就立志建功立业，但有些人的成功却是无心插柳。

1983年，年幼的约瑟夫·萨姆皮维夫患上了糖尿病，不能吃含糖过多的冰淇淋。为了解馋，他为自己做了个不含糖的冰淇淋。15岁时，他已经研制出好几种不含糖的甜点。

在美国，胖人很多，这种无糖食品非常受欢迎，约瑟夫尝试着把自己研制的甜点拿去卖，取得了巨大成功。如今这位34岁的企业家已开发了40多种无糖食品，畅销全美，仅去年的销售额已超过1亿美元。

说起利人利己，33岁的安德鲁·福克斯做得也不差。福克斯年轻时最热衷的就是出入纽约高档俱乐部，为省钱，他想方设法去蹭票。有一天，他突然问自己：为什么不直接与俱乐部老板协商，给那些热衷于过夜生活又想省钱的消费者优惠待遇呢？没想到这一简单的主意给他带来了巨额财富。现在通过他的网站不仅可以享受到美国各大俱乐部的优惠服务，还能找到各地的旅游信息，2005年的营业额已达到2 200万美元。

年轻的你，现在就设定一个理财目标，有了自己心之所向的目标后，当面对开源节流时所需的坚持，将会变得容易许多。

创富之星的故事

炒房两年翻6倍 = 邮市英雄1万元变3 000万元

个案1：投资房产，两年间个人资产翻6倍达600万元

第五章 创业致富

个案2：投资邮市，从1万元发展到3 000万元

个案3：投资画廊，7万元起家到几千万元

"创富之星"理财感悟：

注意宏观经济可赚大钱，注意微观经济只能赚小钱；

良好心态是最大前提；

用自己的知识去打理自己的资产，是一种乐趣；

财富是手段，艺术才是目标；

有时爱好也是最佳的投资方向；

"财务自由"才是真正享受生命的开始；

倡导理性投资、价值投资和长线投资的理念。

毫无特殊背景的普通大众如何通过理财致富，并达到财务自由的境界呢？这是一个令很多处于财务非自由状态的百姓困惑但力求破解的问题。在瑞泰人寿和南方人物周刊等联合举办的"瑞泰中国理财创富之星"活动中，10位百姓理财大王脱颖而出。这10位普通理财王没有任何特殊背景，依靠投资理财的方式致富。他们投资的领域涵盖股票、地产、期货、邮票、纪念币、字画等，几乎全为白手起家者。然而，他们凭着良好的心态和学习能力，凭着对相关行业发展敏锐的前瞻性和洞察力，凭着长期稳健投资的理念，实现了财务自由，这10位普通人金融资产过千万者有6人。

目前，大众理财已成为中国金融市场不可忽视的一支力量。10位理财创富之星的理财故事和理财理念将给人们以启发。大家可从中分享和借鉴他们的经验，理性利用市场上提供的理财工具，实现个人财富的稳健增长。为此，我们特意筛选出3位具有代表性的创富之星，以飨读者。

"炒楼王"赵健

既非专业人士，又无内幕消息的赵健，却在房地产市场，用两年的时间，使个人资产翻了6倍，达到600万元。赵健信奉：别人还在想呢，他已经出手了。

创富故事

2002年，赵健在浦东世界博览会的地域圈内买了两套房子，后卖出赚了100万元。2003年年底进入专业炒楼期。

因上海房价太高，按揭政策又严格，所以只在上海购买了两套。利用工作出差机会，了解各地房产市场的情况，关注人口密度、增量和居民储蓄余额等方面的资料。选择了天津、南昌和苏州为投资地。南昌的投资1年涨幅在30%～40%，天津也有30%，虽然这些城市现阶段回报率没有上海那么高，但潜力很大，房价一旦突破临界点也会像上海一样飞速飙升。

投资理念

（1）对年轻人来说最重要的是学会赚钱的本事，快速积累第一桶金。

（2）紧跟市政建设重点项目进行炒楼。

（3）分散资金，分散风险，把全部资金投入房产，还是挺冒险的。

"邮市人物"王国强

小学三年级开始集邮，到创办"四达"时，集邮历史已经30年，资产从1万元发展到3000万元，却是入行之后，才知道自己是个外行。

创富故事

1991年10月，在月坛邮市一个20多平方米的小商店里创办了"四达集邮服务部"。时年39岁的王国强，所有的资产只有1万元。1993年8月1日上午，从银行的小金库里贷款20万元，年息20%。当天下午，进入邮市，以40元一枚的价格收购《中国工程兵赴柬埔寨执行维和行动》特种封，收了3000多枚。在中国集邮报上连续登出四个广告，卖价从70元一枚涨到130元一枚。这是第一个坐庄品种。把本金和利息还了，挣了20万元，前后不足1年时间，有了第一桶金。

1994年4月1日，瞄准了"白豚"小本票，王以12元的价位大量建仓，花了3万多块钱，买到近4 000枚。当年秋天，"白豚"的价格不断上涨，和市场上另一个有"白豚"的票商合作，共同操作这次运作。到了1997年春天，卖到1 000元一枚。这一次运作的成功，使总资产从1994年的20多万元变为1997年接近4 000万元，翻了近两百倍。

1996年春天，开始进入纪念币市场。后来还做过邮资片，带动了生肖版和整个邮市高潮，绝大多数板块价格上涨了100%以上，有的将近500%。

投资理念

（1）快乐投资，价值投资，可持续发展。

（2）以大局为重，实现共赢。

（3）集中优势兵力强打攻坚战。

（4）避开正面与强敌交锋，做行家和专家。

"画廊主人"徐龙森

他是国内最早的画廊之一——东海堂画廊的主人。他以业内著称的眼力把越来越多的优秀中国画家和画作推向了国际，同时，也为自己赢得了财富。

创富故事

徐龙森毕业于上海工艺美术学校，分配在上海玉石雕刻厂干了6年抛光的活儿。1984年离职，跟朋友一起当起了"职业艺术家"，到处接活，做城市雕塑、做企业雕塑，等等。

1989年，徐龙森跟两个画画的朋友欠债买下了三栋小洋房，为了还债，他们必须卖出手头的一批画，东海堂画廊由此而来。

随后，徐龙森开始收集和交易自己喜欢的油画。买不起徐悲鸿、刘海粟、林风眠的作品，就买他们学生的。为了让这批学生的作品得到社会认可，徐龙森决定"概念先行"，在报刊上写文章称这批人为"中国油画的第二代"。由于长时间的艺术真空，这批学生中的不少人很快上升成为中国美术教育和油画领域的顶梁柱。那段时间收集的画作，普遍为徐带来了50%甚至翻倍的收益。

2004年，徐龙森频频出现在书画及文物拍卖会上，仅下半年，就拍下了

1 000多万元的画。这个靠借来的7万元起家的画廊，现在已非常殷实了。

投资理念

（1）收藏画作两条原则：首先买自己喜欢；其次是买有升值潜力的。所以，没钱别玩，白领别玩。

（2）对尚未获得广泛认可的上佳画作，选择标准是：即使它卖不出去也仍有它潜在价值。如果作品有意义，压在手里也没关系。从这点上来说，画廊不是在为市场选作品，而是为艺术史选择画家。

"兼职老板"的项目选择

在职投资者一般来说都是资金有限，时间精力更有限。因此对大多数有创业意愿的上海人来说，较为适合投资中小企业，而创业方式可分两个层面：一是资本金参与，二是除资本金参与外，出资人直接参与企业的操作，也就是既出资金又出力。

专家们认为，选择投资项目还是有诀窍的。

1. 大型不如小型

在职人员在资金上一般不具备办大企业的资金实力，且大项目管理经营难度大。所以，在职者宜选择投资小、见效快、技术难度系数低的投资项目。比如，经营轻工产品尤其是消费品，无论是生产加工，还是流通贸易，风险小，投资强度、难度小，容易在短期内见效，因此特别适合。

2. 做生不如做熟

俗话说"隔行如隔山"，投资自己一无所知的行业，弄不好要付出昂贵的学费。

用品不如食品。民以食为天，食品市场是一个十分庞大而持久不衰的热点，而且政府除了技术监督、卫生管理外，对食品业的规模、品种、布局、结构，一般不予干涉。食品业投资可大可小，切入容易，选择余地大。

3. 男士不如女士

市场调查表明，社会购买力70％以上是掌握在女士手里，女士不但掌握着大部分中国家庭的"财政大权"，而且相当部分商品是女人直接消费的。市场目标锁定女士，机会更多。同样，儿童用品的投资也是一种富有生命力的选择。

三步学会网上开店

网上开店，可能很多人都已经看到了这个机会，但如何上网做生意，怎么做生意，要注意什么，相信许多"有志者"并不了解，对于跃跃欲试的人来说，了解一些网上开店的基本流程很有必要。

有人说："只要是会上网，一两元钱就可以在网上开个店"，这确实不假，但这未必是适合你自己情况的开店方式。

对于跃跃欲试的人来说，了解一些网上开店的基本流程很有必要。

第一步：前期准备和投入

在网上开店，需要做哪些前期工作？了解网购的消费人群、成交量居高的货品、找寻你了解的或是有条件的货源；确定出售货品的主题、投入金额的预算等都是事前必须做的功课。

有了一定硬件支持后，你就要思考你要经营的物品或者项目，这个你可以通过网络了解到目前成交量居高的货品，来确定自己的市场定位——卖什么样的商品。这个非常重要，决定着你开店成功与否。一般来说，在网上销售，最好是找网下不容易买到的东西拿来卖，例如：特别的工艺品、限量版的商品、名牌服装、电子产品，等等。这样，专门的发烧友就会找到你店里，如果你和他合作得好，那生意就细水长流，回头客不断了。

然后寻找你了解的或是有条件的货源，了解网上同类商品的价格等。根据自己的定位确定生意方式。一般来说，我们对"网商"分为三种类型：小打小闹型、拓展业务型和供求信息型。不同的类型适合去不同的网站开店。

第二步：建设自己的小店

想要生意好，电子商务的平台一定要找好：网站用户广泛，人气旺盛；服务周到，市场反响口碑好；收费低廉，物有所值。不过，有的地方性的C2C网站也很有人气和特点，可以考虑一下。

经营好自己的小店，关键是寻找物美价廉的货源。网上销售价格是非常敏感的要素，而不同的商品有不同的进货渠道。掌握了价廉物美的货源，就是掌握了电子商务经营的关键。以网上销售非常火的名牌衣物举例来说，各个品牌在换季时期都会打折。卖家可以购买款式品质上乘的品牌服饰，然后在网上转手。有些做得好的网上店主，直接进国外的打折产品，即使网上售价是传统商场的4～7折，还有10%～40%的利润空间。

另外还可以去外贸产品中淘金。找找自己的亲戚朋友，有没有人认识外贸厂商，如果运气好，可以直接从工厂里拿货。在外贸订单剩余产品中有不少好东西，拿着价廉物美的外销产品，你的网上生意能不好吗？

还可以买入一些品牌积压的库存。很多精明的人非常擅长砍价，这个技巧在电子商务同样适用。品牌商的库存积压都很多，如果你有一定谈判能力，可以找到品牌经营商与他们谈判，把他们手中的库存吃下来，对今后的发展一定大有益处——关键是能谈下一个最低的折扣，是日后获得丰厚利润的关键。

第三步：如何经营网上小店

由于不了解情况，许多刚加入网上生意行列者都会面临许多困惑，何况，经营网上业务并非只是建个网上商店，还需要认真经营，只要经过长期的实践才能摸索出一套经营网上商店的规律。我们给大家介绍八大诀窍，让你从众多的网店中脱颖而出。

1. 起个好名字

商品名称应尽可能以简洁的语言概括出商品的特质，力求规范，让人一看就能大致了解商品的基本信息，而且便于从搜索引擎中找到。推荐使用的商品名称格式是：品牌+商品名+规格+说明。

2. 好东西要放门口

怎么才能让顾客在你的店里第一眼就看到吸引他眼球的东西？这就需要做好商品推荐，花点工夫，盘点一下你的宝贝，让最好卖的东西出现在最上面。

商品图片是你给顾客的第一印象。一幅模模糊糊、花里胡哨的商品图给人的感觉非常不好。图片可以从网上搜索，另外还可以扫描产品手册。最好找一个摄影技术较好的人来拍照，事后用图片处理软件修改一下也能达到不错的效果。

3. 价格定位合理

在网上销售，没有门面租金的压力，所以，只要能有好的货源，那赚一块就是一块。因此，价格一定要比网下便宜，多参考别人的价格，能便宜尽量多便宜点，这样，会有很多想省钱的客人进来。

4. 商品种类丰富

在把握新、精、平的原则上，网上小店的商品种类要丰富，因为每个来的客人，都希望自己所逛的店铺琳琅满目，如果只有干巴巴的几样东西，客人可能不会再次光顾了。

5. 产品说明详细

一份好的说明，不光光只是说明而已，它体现了卖家对买家的尊重，对自己产品的尊重。详细的产品说明，会让客人觉得卖家是个行家，那对你本人的信任和产品的信任又多了一点。

6. 加大宣传力度

最省钱的宣传方式就是网络论坛和各种专业论坛了。

7. 和买家保持联系

当有人看上你的商品时，无论是初期的信息沟通，还是后期的收款寄货，都应在第一时间响应对方。在网上购物的人，很少有耐心等待很长时间。

这样会让买家觉得你是一个有诚意的卖家，而且他们的问题也能得到你的及时解答，对成功交易有很大的帮助。

8. 搞好顾客关系

对于曾经购买过你商品的顾客，你可以定期进行回访，比如在发货后不久就询问顾客是否收到、在1个月后询问顾客是否满意，等等。让顾客感受到你的重视，可以培养他们的消费习惯。

第六章 养老计划

也许你现在是一个收入很高的白领，过着衣食无忧的生活，但你想过没有，当一生中的黄金岁月过去，步入夕阳般的老年时，是否还能保持原来的生活水平，安享幸福生活？恐怕没人算过，将来退休后，自己能领多少退休金，这些退休金够不够花的。这其实是一个很严肃的问题，如果在人生的巅峰期不为自己的晚年生活考虑，这样的人生亦是不安全的。

社保体系只能维持最基本的生活

对一个过着幸福晚年生活的老年人而言，每月的主要开销包括吃穿和交通等日常开支以及"享乐费用"，比如用于听音乐、旅游、养宠物等。这就需要没有稳定工作收入的晚年也能有足够的资金来源。这笔资金从何而来呢？

现在大多数城镇居民都已纳入社会保障体系，可以在退休后领取退休金，但光靠现有的社保体系是无法实现这样的目的。上海是我国社保体系比较完善的地方，有人做过计算，按目前的养老金提取比例，在未来社会平均工资稳定提升的前提下，社会保障体系只能提供最基本的生活保障，提供的退休金基本上只能达到退休前年收入的三分之一左右，特别是对高收入人群该比例会更少。也就是说，如果光靠社保体系的退休金，退休前后的生活将发生天差地别的变化。可以说，在未来几十年中，退休人员依靠社会保障系统实现丰足的晚年生活是不现实的。

此外，由于社会价值系统的变化，加上计划生育的影响，未来的一对夫妇可能要照顾四位老人，子女也将不再能够成为未来养老的依托。这样，传统的依靠社会和依靠子女来实现养老的格局将会改变，因此，唯有依靠自己来获得满意的晚年生活。结合一些发达国家的社会保障体系和中国未来几十年的国情演变，现在没有退休的年轻人，如果自己手里没有一笔丰厚的养老基金，要维持尊严而体面的晚年生活，可能真不容易。

准备一份百万元养老基金

现在不少年轻人都将理财的目标集中在房子、车子和孩子的教育方面，对自己的退休生活并没有过多考虑，这是相当危险的。特别是现在的高收入阶层，如果没有一定的积累，退休后单靠退休金，其生活质量将大打折扣。

那么，每个人究竟需要多少养老金，才足够过上舒适的生活呢？据有关理财专家介绍，考虑到大多数人退休后对钱的需求会减少，如住房的费用、子女的教育费用等会减少，而医疗、旅游等费用会上升，几项费用互有增减，我们假定支出的费用比工作时减少50%，这应该是个比较大的降幅，即使这样，退休金还是不够维持较高的生活水准。

按照比较理想的人均社会工资的年增幅和银行利率计算，目前二三十岁的年轻白领，未来需要准备的养老基金都将不低于100万元，这个数字还没有考虑通货膨胀的因素，绝对数额是不少的。

要给自己准备一份超过百万元的养老基金，显然不能指望天上掉馅饼。唯一的途径是从现在开始多赚钱、理好财。理财并不像买彩票那样，一旦中了头奖，就可以一劳永逸。理财是一辈子的事情，因此积聚养老金就需要进行终生理财。终身理财是指一个人在一生漫长的时间跨度上和在人生舞台的广阔空间中,综合利用各种投资和理财的手段,以关注个人家庭生活安排为目标的个人家庭资产的安排规划。

建立养老计划越早越好

如果你正值二三十岁,那么从现在开始拼命储蓄,今后几十年在财务方面就高枕无忧了。

人们往往一生茫然行事,永远在为实现下一项财务目标苦苦挣扎。步入工作岗位后,先要买车买房,之后将注意力转向孩子的抚养和直到大学的教育费用。最后,到了四五十岁,将关注的焦点放在退休金上,在此后的15—20年工作时间里忙着为自己积攒出足够的养老金。

但是,如果你深刻挖掘储蓄的潜力,在二三十岁时疯狂积蓄,这种终生的财务被动状况是可以避免的。以下列举的不过是及早动手储蓄的几条好处而已。

每月完全依靠工资的日子不好过,时时要为应对下一笔大的支出发愁。理财专家的建议是,在年轻时把这个问题解决掉。

如果你在20多岁和30多岁时攒下了相当大一笔钱,在用钱方面就有了很大的回旋余地。不错,步入不惑之年后你可以缩减养老金的储蓄,而用手中的现金再购置一所房子,参加更奢华的旅游度假活动,或是对子女予以资金上的支持。但是如果你继续积极储蓄,在50多岁时就能退休了。

对于怎样的投资组合能积累其足够保障的养老金,可能每个人的计划和使用的工具都不一样。但两个原则要应该遵循,一是长期稳健投资,二是合理分配组合。比较适合用于养老计划的理财工具包括银行储蓄、国债(期限越长,利率风险越大)、信誉等级高的企业债、分红型养老保险、收益型股票（每年都有较为稳定的现金分红，目前国内股市还没有真正意义上的收益股票）、开放式基金（尽量选择稳健型的，风险较小）、价位适中的商品房、低风险的信托产品（信托的风险与收益率成正比）等。

有人说，复利是世界上最伟大的奇迹之一，这句话是否言过其实姑且不论，但由于复利力量的存在，使得每一个人都有可能积聚起雄厚的养老基金。

简单计算一下，假设一个30岁的年轻人现在投入10万元，平均每年保持10%的收益率，此后不再追加投资，但所得利息全部投入。那么10年后，他将拥有25.94万元，再过10年，他的财富为67.27万元，到他60岁时，这笔钱达到174.49万元，如果他还坚持10年，那么70岁时，最终拥有453万元。我们可以发现，越到后来，财富增长越快。而假如他到35岁才开始理财，那么以上条件不变，同样到70岁，才有281万元。晚5年理财，最终收入相差却达172万元。这就是复利的力量。

因此，对任何一个想拥有尊严晚年而理财的人而言，时间非常宝贵，越早理财，越能提前实现自己的梦想，积聚到足够的养老金。

终生理财 = 坚持投入

应该说，理财最大的目的是以确定的收入来源来应付种种不确定的因素，因此终生理财的成功关键，是要做到在投资理财过程中保持一份信心、耐心和平常心。这就需要：

首先，早做理财规划。设定一个合理的终生理财目标，制定一个科学的长远的投资理财计划，并严格按照执行。

其次，尽早储蓄投资。由于资金的复利效应，储蓄投资越早效果越好，从参加工作的第一天起就应为养老计划添砖加瓦。

再次，购买适当的保险。保险不仅可以保障家庭免受意外的事件带来的经济损失，保险还具有一定的强迫储蓄理财功能，在未来可以拥有一笔相当稳定的收入。

然后，承担合理的风险。投资收益率和风险成正比例的关系。要获得满意的投资回报就必须承担一定的投资风险。对于投资风险应通过合理的投资组合来降低和规避风险。

最后，以逸待劳长期投资。长期投资是获取长期稳定的资本增长的唯一途径。一夜暴富的短期性、赌博性的投资行为其平均收益率往往低于长期稳定的投资收益，同时还要承担高风险。

当然，所有的理财都需要与数字和金钱打交道，从国外经验和目前国内的实际情况看，由于复利力量的存在，年轻的白领并不需要把大部分的资金都留着养老，比较合理的投资比例是每月将收入的10%留出来，存银行、买基金、股票和保险，只要能保持一定的收益率，到退休后总能积聚起百万元的养老金。

规划养老计划应考虑目前收入水平

假定A先生现年30岁，工作到60岁，那么他有30年来安排自己的养老计划。

养老预算

按现在的生活水平，一对夫妇1年基本的生活消费大约在1.2万元左右。稍微过得舒服一点，大概要3万元左右。那么30年后要多少呢？恐怕谁都难以给出一个确切的答案。如果简单地按每年消费递增5%计算，那么30年后，这两个数字分别是5万元和13万元。减去单位给他们上的养老保险，他们要准备的只是使自己过得比较舒服的那一部分钱，大概是每年8万元左右。

筹备计划

A现在每年拿出7 000元来安排养老计划。如果每年投资7 000元，达到8%左右的年收益率，那么30年后约有85.6万元。可按照上面的计算，每年得花消8万元，这些钱10年就花光了，难道他们70岁以后就只有靠一点点的社保养老金过活？不要忘了，消费水平在逐年提高，收入水平不可能永远不变，如果逐年适当地增加对养老计划的投入，情况就会大不一样。

下面就是综合考虑这些因素后得到的计算结果。

假设的条件是这样的：从30岁就开始实施养老计划，第1年投入的资金7 000元；以后每年递增5%，按年收益率的8%来算，到60岁时拥有的金额就有150万元。按照这样的理财计划，A的富足晚年生活是完全有保障的。

说到投资手段，养老金的投资最重要的是安全，所以还是首推国债。也许有人不明白，不是说要达到8%的年收益率吗？现在的国债哪有这么高？请注意，计划是每年的消费有5%的上涨来计算的，而现在，我们的物价水平不仅没有上涨，反而略有下降，所以目前3%的年收益率还是可以满足的。其次就是新基金，尽管目前新基金的表现有的很出色，但它的盈利能力始终建立在股市的基础上，风险较大，所以只把它列为第二位。

理财原则

理财原则有如下内容：

①量入为出。只有养成良好的储蓄习惯，才能保障后半生的生活安稳无忧。②投资组合多样化。采取积极进取的投资策略，实行投资多元化。③避免高成本负债。④制订应急计划。最重要的不是现金本身，而是要有能及时变现的途径。⑤顾及家人，扶老携幼。⑥做好财产规划。这样，一旦你发生意外，家人知道如何处置你的财产。

高龄老人在经济、医疗、生活照料方面正处于人生的高风险期，趁年轻有工作能力时，及早准备老年所需的经费与足够的保障，才能让老年生活过得安稳无忧。据统计，目前我国男性平均寿命为69岁，女性为74岁。

随着科技的不断进步,人的平均寿命持续增长。80岁以上高龄老人数量以年均4.6%的速度递增。对于家庭和个人而言,给自己做一份退休养老计划是必要的。

由于养老计划最基本的要求是追求本金安全、适度收益、抵御通胀、有一定强制性原则,所以需要将养老计划与其他投资分开。商业养老保险作为中国养老保障体系的重要补充,是养老规划的一个不错的选择,因为它可以根据自己的财务能力及对未来预期进行灵活自主规划和选择,所以购买商业保险成为目前人们规划养老生活最主要的方式。

在选择养老保险计划时,应充分考虑目前的收入水平,并结合自己的日常开销、未来生活预期、通货膨胀等因素合理选择。建议:购买商业养老保险所获得的补充养老金占未来所有养老费用的25%~40%。

在选择商业保险制定养老计划时,首先要注重保障功能,使自己在退休后依然能够有稳定的收入,这是第一重要的功能;第二是要注重保值,要看为自己未来规划的养老金是否能满足当时的消费水平;第三是尽早投保,虽然养老是55岁、60岁的事情,但年纪越轻,投保的价格越低,自己的负担也就越轻。

房产投资应在养老计划中占有一席之地

虽然房产在价格上长期存在上下波动的可能性,但从长远看,在人口众多的中国,不可再生的土地资源只会是越来越稀缺的资源,房产价值总体上升的趋势是不可逆转的。

作为养老计划的一部分,房产投资首先必须目标明确。确定一个明确的而不是模糊的房产投资目标。这就是根据自己的投资模型,合理安排房产投资在养老投资计划中所占的份额,以及科学选择房产投资的品种。在房产投资中有住宅、商铺、写字楼等形式的物业可供选择。

其次，应当对房产作为一种不动产，其相对于股票、基金、储蓄等投资方式变现能力差的特点有清醒的认识。过多的投资房产会占用大量的资金，在晚年生活发生意外，需要大量现金的时候，或者给你的现金周转带来麻烦，或者低价出售带来经济上的损失。所以，投资房产的比例在养老计划中应当保持在合理的范围之内。

再次，与养老计划中必备的其他投资方式相比，房产投资的另一个特点是：占用资金数额巨大。在出资方式的选择上，中产们一般选择向银行申请按揭贷款的方式，完成自己的投资置业。动辄几十万元的房屋总价款，按揭压力可想而知。香港房产咨询专家说，通常业主将自己家庭收入的30%用于按揭还款，尤其是当我们还身陷孩子教育贷款、消费贷款和其他账单的重负时。这也决定了，为了减轻每个月的还款压力，同时买入两套以上的房产在经济上是不合理的。

房产投资，有着投资收益稳定、投资风险较小的优势。因而，可以适当地增加房产投资在整个养老计划中所占的比例。理财专家建议：中国式房产投资养老计划最好采用住宅（最好是二手房）+商用房（写字楼或者商铺）的投资策略。

二手房一般面积较小，单位价格与新的商品房相比低出很多。所以，相应的房屋总价款也可以说是廉价。一次性付款买入房产的可能性变大。而且，二手房的地段优势使房产的出租收益得到保障。如果选择一次性付款购入二手房作为自己的房产投资，不但可以化解因为进行房产投资而带来的按揭还款压力，而且可以集中"火力"进行新的房产项目的投资。

从房产投资的层面上来说，商用房的投资是一个不错的选择。作为养老计划的房产投资组合，虽然理财专家们一再强调养老退休计划的安全性很重要，但这并不意味着应当完全排斥风险。我们不能一味地选择控制风险，也应当看中房产投资的获利能力。与普通住宅投资相比商用房产的投资回报率一般平均可以高出2%~4%个百分点。而且,虽然商用房产的单位价格较高,但是商用房产的购买面积和购买方式较为灵活。我们可以根据实际情况进行甄别、选择。

收益情况

组合这两种房产投资工具的目的是为了在有效控制投资风险的基础之上,尽可能地获得最大的利润,以满足养老规划的需要。

住宅,以一套已经使用15年的80平方米的两居室二手房为例。其价格大约在35万元左右。简单装修和配备生活用具的支出大约为5万元。总投资40万元。用于出租后租金收入约为每月2 000元。

用于出租的收益:

$2\,000 \times 12 \times (70-15) = 1\,320\,000$(元)

$1\,320\,000 - 400\,000 = 920\,000$(元)

当然这个计算结果是一个理想状态下的数字,没有考虑租金的上涨或下跌以及房屋空置和通货膨胀的因素。但房产的保值功能从以上的计算中可略见一斑。

以出租5年后出售为例,升值后出售的收益:

5年的租金收益:

$2\,000 \times 12 \times 15 = 120\,000$(元)

国家统计局的统计数据表明2004年5月我国的住宅价格与去年同期相比上涨8.3%。

按照这个升值速度,剔除房产折旧后,该房产大约为:

$400\,000 \times (1+8\%)5 - 400\,000 \times (1/55) \times 5 = 551\,800$(元)

共获利:$120\,000 + 551\,800 - 400\,000 = 271\,800$(元)

商用房产,据国家统计局的有关统计显示:2004年5月与去年同期相比,办公楼和商业营业用房的销售价格分别上涨22.5%和12.8%。由此不难看出:在现阶段的市场条件下,商用房产的升值能力要大于普通住宅。

家长比孩子更需保障

　　一些金融专家提醒，养老保险在城市还没有完全普及，在农村更是空白，随着人口逐渐老龄化，独生子女将背负沉重的经济压力，由此将产生一系列社会问题。这时，增加保险资产的比例就显得尤为重要了。

　　目前，三口之家的比例越来越高，这些家庭买保险普遍存在重孩子轻大人的现象，这与金融专家的观点恰恰相反。孩子当然重要，但是保险理财体现的是对家庭财务风险的规避，大人发生意外对家庭造成的财务损失和影响要远远高于孩子。因此，正确的保险理财原则应该是首先为大人购买寿险、意外险等保障功能强的产品，然后再为孩子按照需要买些健康、教育类的险种。而且在资金投入上，大人应该占大头。

　　不同的人生阶段，不同的职业背景，买的保险也不同。一个重要的原则是需要什么就买什么。刚刚步入社会，变动因素多，尚没有足够的社会保障，购买的保险应该以意外险、人身险为主。这时，即使收入不多，也不能忘记参加养老保险。如果单位不负担，自己出钱也要参保。成家立业之后，生了宝宝，积累了一定的资产，应及时补充健康险、家庭财产险等险种。过了50岁，医疗保险就显得必不可少了。如果过了60岁才想到买医疗保险，就晚了——不少保险公司拒绝受理，即使受理，保费也比早买贵很多。

构筑家庭风险防御工事

　　"屋漏偏逢连夜雨"这句话最好地描述了家庭风险的锁链关联。其实

第六章　养老计划

"倒霉事件"并非一时偶然突发,这种"接连的不幸"之间存在着必然的联系。为了保证家庭理财规划目标的实现,就必须采取釜底抽薪之计。

基本风险的防御工事

开拓收入渠道。比如你可以参股某家公司,每年就能拿到分红;还可以把空置的房子出租,每个月就可以有稳定的租金收入;也可以搞些感兴趣的积极投资,例如集邮、收藏等。即使某个来源出现问题,损失都可以相互抵补。

通过购买保险,将风险降到最低的程度。投保时要掌握好"保险投资两分离"的原则,使保险充分发挥其保障性功能。

保留适当的应急金。家中一定要存留一笔相当于3—6个月家庭收入的"紧急资金"。这笔资金必须是现金(活期存款),或者是货币市场基金。

家中的管理财务者,应定期将家中财务资料整理好,置于安全处,一旦发生问题,好使全家人清楚了解财务状况。

投资风险的防御工事

用好投资组合。投资组合既可以分散风险,不使"鸡蛋放在同一个篮子里",还可以使投资更加灵活,是工薪阶层进行金融投资的首选方式。家庭金融组合投资可以将35%左右用于储蓄,25%左右用于购买债券,25%左右用于购买股票和基金,15%左右用于购买保险。

做好资金调剂。根据市场变化及时做好储蓄、股市、汇市、基金等资金的调剂、转换工作,捕捉投资机会。要特别关注新股和基金的上市及国债的发行,因为这些都是投资的好机遇。

循序渐进、先易后难投资原则。投资之前应从投资方式、技术要求、风险大小、操作的难易程度、风险种类等方面对各种投资品种有一个全面的了解。选择自己了解的、最适合自己的投资品种。

适宜的管理难度。某些投资工具报酬看似很高,但对投资人的专业知识和时间要求也较高,投资人可能为此而搞得分身乏术,而在别的方面造成损失,这种不易管理的投资要三思而后行。

退休和遗产规划考虑。退休金是晚年生活的老本,若想用退休金投资,一定要格外谨慎。另外年长的人考虑投资时,应事先仔细规划,以免在将财产传给下一代时,资产净值打折扣。

老年人怎样理财

老年人退休之后,他们进行投资理财应优先考虑安全、能防范风险投资的产品。目前市场上投资品种虽多,但并不是进行每项投资都有钱赚。一般投资收益大的,其风险也大,此种投资很不适合老年人。笔者认为,绝大多数的老年家庭目前应坚持以存款、国债的利息收入为主要导向,切忌好高骛远。在存款、购买债券的投资活动中,应注意国家的投资政策导向和利率水平的变化。

老年人退休之后,一般会有一些存款或退休金养老,但面对市场经济的变化和各项支出的不断增加,老年人同样也有以钱生钱的理财需要。那么,怎样进行投资理财,既能以钱生钱又能避免投资损失呢?

应优先考虑安全投资防范风险。目前投资品种虽多,但并不是进行每项投资都有钱赚。如果将大部分的养老钱存入银行或用来购买国债、金融债券等投资比较妥当。因为,尽管这些较保守的投资,其利息收益不算高,但却是从老年人家庭的实际情况出发的,是以保障其大额投资成功为第一目标的,其投资收益是既稳妥且安全又无风险的。

在存款、购买债券的投资活动中,还应注意国家的投资政策导向和利率水平的变化,因老年人的分析判断能力较强,从而可注意抓住重点投资品种,灵活运用投资策略。任何家庭投资都离不开国家的经济大背景,近几年来,国家为扩大内需、刺激消费,连续七次下调了存款利率,并对存款利息开征了个人所得税。这时，免税的国债、利率较高的金融债券应是老年人家庭投资生财的主要品种。对于储蓄存款，当预测利率要走低时，则在存期上应存"长"些，以锁定你的存款在未来一定时间里的高利率空间；反之，在预测利率要走高时，则在存期上存"短"些，以便尽可能减少在提前支取转存时导致的利息损失。若有一笔较大资金暂时闲置，但过不了多久就要派上用场，这时不妨去存个"通知存款"，该存款取用较方便，且收益高于"定活两便"及半年期以下的定期存款；或去定存半年，哪怕3个月也总比活期存款利率要高些。总之应循序渐进，并灵活运用各种投资策略。

在一定的前提条件下，少数老年人不妨适度进行买卖股票等"安全投资＋风险投资"的组合式投资，但切不可把急用钱用于风险投资。投资要注意安全，并不是说不能进行风险投资。实际上，当代社会任何一个投资理财的成功人士，都进行过"安全投资＋风险投资"的组合式投资，其目的是锻炼自我、巧抓机遇。

另外，按"安全性""流动性""收益性"原则，老年人如果在选择投资组合比例上，储蓄和国债的比例应占85％以上，其他部分投资可分布于企业债券、基金、股票、保险、收藏以及实业投资等。还有，老年人不宜过多地进行太刺激、太变化的多元投资活动，一切均应以有益于增进身心健康为主要目的。

第七章　子女教育

子女教育是一项终生投资

子女教育是一项终生投资，所有父母都希望自己的子女受到高质素的大学教育。事实上，高等教育是晋升专业仕途的关键，所赚到的金钱比仅具中学教育程度的同伴多。因此，教育并不只是书本和笔记那么简单，而是终生投资。

如何建构你的子女教育基金？

开始订立子女教育基金只是第一步，为使基金组合得到更好和更安全的回报，你首先要清楚了解和决定子女教育的目标和需要。一般的法则是，储蓄的时间越长，所能承受风险的程度就越高。

0～5岁：由于你有较多时间并能承担较高的风险，因此组合可以是100%增长型股份。

6～13岁：你或会考虑一些较谨慎的选择，例如70%股票，特别是蓝筹股，以及30%债券。

14～18岁：你既想持续增长，又希望免受市场波动的影响，那可考虑30%债券、20%股票以及50%货币市场基金。

19～24岁：子女一旦升读大学，你可能需要流动资金。要达到这目的，你可考虑将大部分投资放到较安全的市场，例如货币市场基金。

孩子的成长预算

把孩子从摇篮抚养到大学，是一项耗费巨大的工程。进行认真仔细的财务规划，为孩子在每个阶段的成长做好准备，在充满不确定性的现代社会是非常必要的。父母需要做的是把抚养孩子的费用分解安排到家庭日常预算中可管理的小开支。要做到这点，需要在孩子出生前和出生后都要注意财务的细节，尤其是初为父母者更需如此。以下的这些细节你都需要认真计划。

孩子降生之前父母的责任

在孩子降临之前，满怀期冀的父母就应该购买母亲生产险或增加健康险，为孩子可能的残疾或健康做好保障。在孕前的保单中把怀孕风险包括进去。

查询雇主的产假政策，弄清在产假期间是有薪还是无薪，以便作出相应的预算安排。

同样地，在怀孕之前，要为父母双方购买人寿保险，不论是在家操持家务的一方，还是在外工作的一方。因为即使在家的一方并不挣钱养家，但他或她的死亡和由此导致的孩子照顾都可能使家庭预算失去平衡。但是，为出生的婴儿保险是毫无意义的，因为如果孩子死去的话，并不会导致家庭收入的减少，不至于影响家庭的运转。

产后应尽早地把孩子纳入家庭保健计划

不要忘记，在孩子出生之后尽可能早地把新生儿纳入家庭保健计划。大部分的计划都会有一个申请期，如果错过规定的期限，你就不得不等一段时间。

利用孩子的出生作为更新你遗嘱的契机，如果没有立过遗嘱的话，可以借机拟写你的第一份遗嘱。中国人可能还没有这个习惯，但随着法律的日益健全，遗嘱将是法制社会里人生计划的一个部分。因为你不能百分之一百地断定你不会有变故，既然这样，你就需要提前作出安排。你可以通过遗嘱指定孩子的监护人和他们继承遗产的托管人。

赶快上户口享受政策优惠

在孩子出生后，一定不要忘记尽快为孩子申请社会身份，也就是孩子的户口。除了能享受独生子女政策之外，有些地区会为新生儿提供一些免税政策或优惠照顾。

孩子的育托

小心选择孩子的育托。日托可能比请一个住家的保姆要经济一些。在估算保姆的全部费用时，不要忘记把社会治安、医疗保健等成本包括进去。实际上你不必为把孩子放进日托所而担心，有研究表明，在规范的托儿所中成长的孩子与在家的孩子得到了同样周到的照顾。

你需要对冲动的购买保持警惕，这是父母们最容易在财务上犯错误的地方。为避免在婴儿用品上过度花费，精明的父母常到婴儿用品专卖店购物。在这些专卖店里可以议价，常常可以以相对便宜的价格买到婴儿用品。然而更好的办法是，询问朋友和亲戚中是否有不再使用的婴儿家具、设备和衣服等。他们将会乐于清除这些东西，并让它们派上用场，你也会免费获得已经用过并证明好用的东西。

随着孩子长大，很多父母在处理因感情冲动而在商店购买的商品时，错误地保持沉默，而不是利用这些现成的事例教育孩子。不妨听听一位母亲的话："我的孩子小的时候，我常带他去杂货店，他总是在看到刚上市的水果时就嚷着要，比如葡萄。这时我就对他说，'你要多少都可以，但必须要到降价格的时候'"。这给了孩子一个目标。

大部分父母都同意生育和抚养孩子是生活赋予的最奇妙和最富于快乐的一件事。但是，要做到在经济上没有顾虑是一个不小的挑战。

家庭成员的形态与婴儿安排

大家庭：即三代同堂的家庭形态，这种家庭组合的好处是可以同时奉养父母及养育子女，且父母亦可帮忙照顾孩子，实在是一举两得。这种形式的家庭所带来的三代同堂天伦之乐，亦是其他形态的家庭无法获得的。但若父母行动不便，需要特别照顾，而子女又还太小亦不能疏忽时，就得考虑是否能兼顾了。

小家庭：又称为核心家庭，这是由一对夫妻及其子女所组成的家庭形态。这种家庭形式的好处为，人口较少，因此支出较少，且较单纯。决定生养子女之后，接着要面临的，便是庞大的生活费和子女教育费用，根据专家的估计，一个人从进小学到大学毕业，所需要的教育费用约为10万元。除了入学后的教育费用之外，从孩子出生到进入小学这段期间的养育问题，亦是十分棘手的。下面就列出几种婴幼儿的养育方式：

由父母亲自照顾：自己的孩子当然是自己照顾较为安心，但照顾孩子，尤其是婴幼儿，必须用24小时的全副心力来投入不可，因此，势必夫妻之中有一方要辞去工作，才能担负起照顾孩子的责任。而辞去工作之后，家里少了一份薪水，又多了孩子的开销，财务是否能支撑，是首先要考虑的问题。

请祖父母来代为照顾：许多年轻的夫妇会采用这种方式，将小孩交由自己的父母代为照顾，再付给父母一笔费用以资酬谢。由于这种方式不必担心孩子受到不完善的照顾，亦可以让父母打发年老的生活，实在是一种两全其美的方法。

请保姆来家中带孩子：雇佣保姆来家中代为照顾孩子也是十分方便的，但除了费用昂贵之外，孩子是否能受到完善的照顾亦是十分值得忧虑的问题，因此引起的纠纷更是不可胜数，宜谨慎从之。

送交托儿所代为照顾：现在托儿所比比皆是，选择一所完善的托儿所代为照顾小孩，也是可行的方式，但孩子是否能受到妥善的照顾也是一个问题，此外，若是全天候的待在托儿所，容易造成孩子与父母的生疏，宜谨慎考虑。

供养和教育孩子，多少钱才算够

如果只是仅仅养大一个孩子，对于城市里的知识型母亲们来说，是不能接受的结果。对孩子，一定要悉心培养，从孩子来到人间开始，就要让他跑在前列。这些用来栽培的后续花费，根本就是无底洞。从孩子牙牙学语开始，头疼的事情一件接一件地涌来：请什么样的保姆？是否需要上双语幼儿园？全托还是日托？几岁开始进行智力开发、兴趣培养？学钢琴还是练书法、上什么样的小学、报什么样的补习班——除此之外，还要操心孩子的安全问题、健康问题、饮食问题、成长问题——而每一个问题都需要用钱来解决。

养育和教育一个孩子要花多少钱？可能随着父母对孩子的期望而不同，如果你希望栽培孩子读完大学，根据统计，至少要花费10万元，多则上百万。

从孩子出生开始，光是婴儿用品和医疗费用，每个月至少得花上1 000元，如果是在职妇女，托人照顾的保姆费每个月也在2 000元到3 000元左右，3年下来，得准备10万元左右。

中小学阶段：除了养育，孩子更需要教育，幼儿园、小学、初中、高中期间；如果都是读普通学校，学杂费大概要4万元。不过这不包含上家教班、文艺班的钱。而如果孩子读的是私立学校，就要准备30万元以上。

大学阶段：最让父母负担沉重的，是教育费用比较高，孩子可能要离家住宿的高等教育(像大学、研究生)阶段，估计一个大学毕业生，4年的学费加上生活费用，要花4万元，私立大学则有可能更多。

研究生阶段：至于继续深造的费用，研究所或大学的研究生院，则需要6万～10万元左右。如果到国外留学，1年就要花5万元以上。

面对巨大的经济压力，不少家庭只能忍痛将生孩子的时间推后，直到时间和年龄告诉他们不能再等待为止。

为培养孩子兴趣投入大量资金值吗

有关专家表示，家庭教育投资应遵循让孩子协调发展的原则，两代人应该相互沟通。家庭教育方面，父母精力的投入比金钱投入更重要。培养孩子的兴趣爱好是家庭教育投入的主要方面，我觉得是值得的。但怎么投入要仔细研究，要看孩子的兴趣，尊重孩子的意见。比如让孩子学武术，除了强身健体，还拓展了与人交往的空间，培养了孩子吃苦耐劳的素质，可能比学武术本身的意义还大。

符合孩子兴趣的，在投入上又能够接受的，就应该赞成。有的孩子在学校参加了合唱队，他通过学习音乐、学习合唱，不但学到了音乐知识，还懂得了要对集体负责，这是很大的收获。对意志、品质的锻炼，对特长的发展都是有好处的。

家庭教育投资要做到理性，一句话，因材施教、量力而行。目前很多家长存在误区，认为孩子掌握的技能越多越好，跳舞、乐器、画画，不分青红皂白地让孩子不断地学。孩子的兴趣培养，变成一些家长互相攀比的东西，这是非常错误的。

教育基金的准备

现代父母对培养子女的要求越来越高，但是让儿女成龙成凤的代价可不便宜。面对庞大的教育费用，只要你把握及早准备的重要原则，可以根据个人的需要和偏好，选择适合的存钱方法。

第七章 子女教育

努力工作增加收入

在还没生小孩之前,夫妻俩人要把握各种教育训练和考证的机会,以争取升迁、换工作、兼差等增加收入的可能。

利用定期存款赚利息,逐渐达成预定的目标。

这个方法最简单,但是必须考虑在利率低的时候,扣掉通货膨胀,存款实际增加的比例并不多。在存钱速度缓慢的情形下,一定要趁早规划和执行才行。

买基金或其他投资、共同基金,可靠的共同基金每1年的报酬率大约在10%~15%,比定存高,也十分安全。

避免风险,保证教育费用

和朋友一起投资一些比较有保障的生意,就可以快速累积资金,而且能应付临时需要的大笔教育费用。

投保

投保子女教育保险,在不同的教育阶段可以领到教育费等好处。而万一保险期间内投保人(父或母)死亡,还能领到额外收入。额外收入是每一个家庭或多或少都会有的,如:单位的各种奖金、业余写作的稿费、有奖储蓄或各种彩票的中奖、亲人遗产的继承、亲友馈赠、银行存款利息等,金额从几元、几十元到上千元不等,不少家庭对固定收入的管理很认真,每月工资怎么花,都有计划,可是对于额外收入的管理就很放松。

那么,家庭对额外收入应如何管理呢?

存入银行

有了大笔收入,若暂时没有明确开销,最好及时专项存入银行,根据家庭消费计划,择期储蓄,如想要买东西,但暂时还没时间或没拿好主意,就把钱暂时存个定活两便。因为手中有大笔的钱,平时花起来就随便,就有可能将大钱变成小钱。

适当购物

有了额外收入,可以购买一些必需物品,钱多可以买个大件,钱少也可以买点小物品,选择既有实用价值,又有纪念意义的小物件,让小钱花得有价值。

列入计划

对于额外收入花起来也要心疼,要将其列入家庭消费计划之中,视为家庭机动收入,支出也要归于家庭特殊支出之类。

专款专用

保证专款专用。节约与浪费的区别有时并不很明显,专款专用是克服额外收入消费盲目无计划的一个好办法,如稿费,可以用来买些书,订些报刊杂志,进行"智力投资";还可用于亲朋馈赠归还"人情债",等等。

以钱生钱

如有大笔额外收入也可用来做些家庭小投资,以钱生钱。如购买国库券、有价证券,适时也可炒股等,根据个人爱好和资金多少择"优"投资,利用已有的额外收入赚取其他额外收入。

子女教育费占居民消费首位说明什么

中国社科院在京发布由社科文献出版社刚刚推出的《2005年社会蓝皮书》,提醒人们注意教育消费不断攀高现象。著名社会学家李培林说,近年来我国城乡居民教育费用持续攀升大大强化了居民的储蓄意愿,子女教育费用在居民总消费中排在首位,超过养老和住房,影响了城乡居民家庭消费倾向,这种现象并不正常。

子女教育费占居民消费首位,一方面充分说明我国家庭对教育的重视,尤其是在独生子女的情况下,人们更是省吃俭用也要让孩子接受良好的教育，因为人们越来越认识到子女教育状况与孩子未来的职业和生活道路密切相关。另一方面也充分说明教育成本过高，子女教育费用成为家庭的最大支出是与我国目前所处的阶段不相称的。而造成这种不相称的原因，主要是教育收费过高，教育乱收费过多。一些人正是抓住了我国居民有重视教育的传统美德和为了独生子女的教育不惜付出一切的心理，趁机加大教育收费额度，趁机增加收费项目，甚至在高等教育中片面地提出了产业化的论调，为提高收费额度和乱收费开道、提供借口和依据。

子女教育费占居民消费首位带来的后果是十分严重的。一是使孩子们不能平等地接受教育。一些贵族幼儿园、贵族学校是专门为有钱有权人开设的，普通职工特别是下岗职工的子女与这些地方无缘。在孩子们幼小的心灵留了等级森严的烙印，十分不利于孩子们的健康成长。二是贫困地区、农村以及下岗职工的孩子上不起大学。高昂的费用把许多优秀而生活困难家庭的孩子拒之于大学校门之外。过去农村的孩子，没有别的出路，只有通过苦读，靠考上大学，从而走出农村，实现自己的人生价值。而现在，即使考上了大学，由于家庭贫困也上不起学；家庭就是通过东借西凑，欠下一屁股债，供孩子完成了大学学业，也不一定能够找到工作。三是对于工薪阶层来说，由于子女教育费用支出过大，挤占了娱乐、学习等其他费用的支出，使生活质量明显下降，或者没有达到应该享受的生活水平。

克服这种现象，主要责任在于有关部门迅速采取措施，把过高的子女教育费用降低下来。降低到什么程度呢？降低到普通市民普遍认可和能够承受的程度。这就要求必须规范幼儿园、小学、中学和大学的收费行为，把过高的收费降下来；这就要求必须严厉打击和制止形形色色、五花八门的乱收费行为。只有这样，才能够切实减轻居民过重的子女教育费用负担。

子女教育经费 = 越早储备越好

黄先生夫妇都是公务员，儿子虽然刚满两岁，但他们夫妇就已经开始操心孩子未来的教育计划了。

他们发现，孩子的教育开支是在10多年后的大学阶段才进入高峰期，以他们现在的收入来看，很难负担得起儿子将来到海外读大学的费用。因此，他们正考虑如何为子女储备足够的教育经费。

在中国，子女教育经费计划是整个家庭财务计划中的重要一环。为了确保子女得到最好的教育，像黄先生夫妇那样，提早做好安排无疑是比较明智的选择。这样不但能减轻将来负担，确保子女到时候专心学业，父母的其他个人计划也不会因为要应付教育费用而受影响。

理财专家指出，为子女安排教育经费计划应越早越好，而储蓄教育经费的关键在长线定时投资，它可以带来以下好处：

（1）有足够时间让投资增长。

（2）增长随时间复式膨胀。

（3）计划所需金额只占家庭收入的小部分，易于应付。

（4）子女教育计划妥善安排好，部署其他计划所需资金可更准确、周详。

（5）子女能在没有欠债的情况下完成学业。

（6）教育经费充足，子女可选择的余地更大。

不同阶段的投资方式

大多数的教育经费计划皆采用定时定额的方式来投资，主要目的是使回报优于通胀，利用分散投资减低风险，并且要根据每个阶段的需要调整组合的投资风险。

孩子从1～12岁可投资于增长型的股票及基金，并随着收入增加而调整投资金额。长远而言，股票可提供较高回报，但应有心理准备面对较高的波幅，如股价下挫，组合亦有足够时间等股价重新上涨。

孩子12～16岁组合仍以增长为目标，但应加入债券来平衡整体投资风险。

孩子16～18岁组合转至低风险，可供选择的工具包括短期政府债券、货币基金或银行存款等，父母在这阶段应能准确计算每年可以动用的教育费用。

领悟了根据不同阶段调整组合的投资理念之后，采取何种方法进行投资就成为夫妇必须考虑的问题。实践证明，采用"成本平均法"分阶段投资不失为一个好的办法。

一般而言，投资可分为两类：一类是一次性形式投资，投资者需要准确地掌握市场走势，判断最佳的"入市"时机；另一类是以"定期供款"形式投资，这种方法依赖既定的投资策略及机制，适合一般投资者做教育基金和退休计划之用。

因为现今社会瞬息万变，要准确分析市场情况并且作出正确的投资决定很不容易。若决定错误，更可能损失不小。因此，如果投资者对市场走势没有一个比较肯定的预测，分段入市、减低风险不失为一个好办法。

而就"定期供款"式的投资而言，投资者可以通过定期、定额及持续的投资，达到储蓄或其他理财目标。这种方法的好处是，投资者可以用"成本平均法"来减低投资的风险、成本，而且无需为寻找最佳"入市"时机而伤脑筋。

毕竟，经济循环有规律，若投资有道，能配合经济起跌，投资的风险是可以降低的。

"成本平均法"便是运用有效的机制，它可以自动为投资者在"低价"时购入较多的投资单位，而在"高价"时购入较小的投资单位。若持之以恒，投资者的平均成本将会较低。

当然，市场上的储蓄或投资产品多不胜数，其潜在风险及特点迥异。"成本平均法"只是一种长线而风险较低的投资方法，并不能保证"必胜"。

归根到底，投资者应该请教专业财务策划师，结合自己的经济情况和偏好制订一个妥善的理财计划，以确保风险程度、投资年期及投资策略均贴合自己的需要。

出国理财宽预算，细规划

不少人有送孩子出国留学的计划。例如，市民刘先生夫妇，他们17岁的儿子正在读高二，想两年后去美国读大学，希望专家能为其提供理财建议。

刘先生家庭财务状况如下：刘先生45岁，公务员，妻子43岁，教师，俩人年薪收入10万元左右。17岁的儿子正在读高二，想两年后去美国读大学。目前家庭存款人民币30万元左右，还有1万美元存了银行定期，准备用于儿子出国。现有两处住房，总值30万元左右。全家年平均支出约4万元左右，年节余约6万元。

根据他们的情况，出国费用心里有数。理财师认为，由于是子女教育目标，不具有较大的弹性。规划时预计费用按照从宽原则，宁多勿少。如：不考虑子女申请奖学金等节省的费用。

目前海外留学费用包括这几个阶段：准备阶段，费用大约5万元；出国阶段，包括为出国准备的各种必要设备，单程机票需2万元；留学阶段，按目前的水平每年平均在20万元左右。费用共计67万元。

理财师为读者提供了三种备选方案：保守型、激进型、适中型。

（1）保守型家庭每年节余的6万元可每月定期投资债券型基金，按最低每年3%收益计算，届时连本带息12.18万元。目前的金融资产37.8万元（30万元人民币加1万美元）一次性投入债券市场基金，届时收益40.1万元。其余资金缺口可以在银行办理留学贷款，以现有两套住房做抵押，可贷款房屋价值总额的70%即21万元，刚好满足子女留学目标。

缺点：家庭负担较重。

（2）激进型由于多数分析师看好明后年中国股市行情，刘先生家庭每年节余的6万元可每月定期定额投资基金，按预期年收益7%计算，届时连本带息12.8万元。目前的金融资产37.8万元（30万元人民币加1万美元）一次性投入股票市场基金，预期年收益10%，届时收益45.7万元。其余资金缺口可用房屋抵押贷款。

缺点：承担一定的投资风险。

（3）适中型综合前两种方案，采用每月的节余每月定期定额投资股票型基金，按年回报率7%，届时可获得12.8万元；现有37.8万元金融资产的60%投资债券市场基金，届时可获得24.06万元（按年回报率3%计算）；剩下的金融资产的40%投资股票市场基金，届时预计可以获得18.3万元（按年回报10%计算）；其余不足部分约16万元用留学贷款办理。

留学省钱窍门

每年6月中旬到8月初是出国留学的高峰期。而留学人员最为关注的是，如何借助金融手段规避汇率风险,并将留学投资成本降到最低。对此,许多银行纷纷推出"一站式"留学金融服务,"争食"留学金融市场"蛋糕"。

为此,理财专家提醒出国留学人员,在进行留学理财时注意几个小窍门将会降低成本。

首先,是合理换汇,因为银行的外汇人民币牌价一天一个价钱,而外汇买卖的汇率是随时变化的,只要合理换汇,就能节省一些支出。

其次,还应正确选择汇款方式。理财专家介绍说,在换完汇后,很多人习惯选择电汇而忽略了其他汇款方式。其实,如果是首次出境,在国外尚未开立银行账户,而所去留学的城市正好有国内银行的网点,那么票汇也是不错的选择,因为它携带方便,并可以节省费用。

同时,国家外汇管理局有关人士也提醒留学人员,今年我国出国留学政策进行了大幅调整,办理留学购汇手续更加简便。

这位人士还表示,目前一些出国留学人员因不了解我国新的出国留学政策,以为还同以前一样,学费和生活费总和超过等值两万美元的购汇要到外汇局审核之后再到银行办理,从而耽误了时间跑了冤枉路。

实际上,调整后的出国留学政策基本上满足了绝大部分出国留学人员对学费和生活费的购汇需求,可在银行直接办理,不必经外汇局审核。具体政策是:学费部分完全按照录取通知书标明的费用标准在银行购汇;生活费在等值两万美元(含)以下的可直接到银行办理购汇手续,只有生活费超过等值两万美元的,才需经外汇局审核之后再到银行购汇。

出国留学要考虑学成回报率

送孩子出国读书,花费几十万元,图的是学成归来有个好职位,先赔后赚,这是如意算盘;但不成功的例子也有不少。根据自己的实际情况最终决策尤为关键。为了帮助当家的人理清思路，请看几个参考实例：

（1）Mendy，毕业于上海大学，本科毕业后立即出国赴英国伦敦政经学院继续攻读硕士。

费用清单

雅思英语培训费：人民币1 500元

雅思考试费用：人民币1 300元

飞机票(单程)：人民币6 000元

出国中介费用：人民币1.3万元

签证费用：人民币300元

英国大学入学申请费用：人民币520元

英国大学学费：人民币14.3万元共两年

英国生活费：人民币6 500元/月共

出国准备：人民币1.5万元

回国后就职于外企的媒介部门，月收入：人民币9 500元/月。

投资回报率80%。

（2）Miehle，上海理工大学高职二年级赴西班牙撒拉曼卡大学(欧洲四大古大学之一)留学。

费用清单

西班牙语培训费用：人民币5 000元

飞机票(单程)：人民币5 000元

签证费用：人民币200元

西班牙大学入学申请费用：人民币300元

西班牙大学学费+生活费／年：人民币9万元共4年

出国前准备费用：人民币1万元

回国后就职于某电视台当记者，月收入：人民币3 000元/月。

投资回报率20%。

（3）Philip，华东政法大学法律硕士毕业，工作两年后赴美国圣路易斯大学法学院，攻读法学硕士。

费用清单

托福考试费用：人民币500元

飞机票：人民币1万元（往返）

签证费用：人民币400元

美国大学入学申请费用：人民币3 000元

美国大学学费：2万美元/共1年

美国生活费：450美元/月

学杂费：1500美元/月

美国纽约州律师资格考试辅导费：2 500美元

出国前工资水平：7 000元人民币/月

回国后工资水平：2.3万元人民币（税后）/月。

投资回报率100%。

在以上这几个实例对象中，有两人赚到了高薪，但具体情况有差别。

实例3回国后的高薪是预料之中的，他出国前就读的就是热门大学的热门专业。我国入世后，涉外法律人才日益走俏，为了在人才竞争中脱颖而出，扩大优势，他选择了出国。像他这种教育投资绝对是低风险的。

实例1出国前并不在名牌大学就读，因此出国后选择了国外较好的学校，但代价是学费昂贵。同时他赚高薪也不是凭着海归的牌子，而是工作一段时间后能力得到认可的体现。要仔细算起细账来，可以发现他的投资回报很一般。出国两年，他前后各种花费近50万元，以目前年薪12万元计，起码要4年才能收回成本，而同龄人起步还比他早两年，两年前的就业机会和现在又不可同日而语，因此即使现在月薪不如他，实际所得在几年内还是要超过他的。

实例2就是家庭投资计划失败的典型。他当年就读的是高职机械专业，如今看来是非常不错的，在今天的上海，高级技师很热门，工资也高。他当年的同学现在大多数在企业里当技师,收入并不差,有的甚至比他高出好几倍,并且前景一切光明。而家长和亲友为了图名气,积极怂恿,为他选择了不喜欢的西班牙文学系,白白浪费了4年时间和40万元左右的家庭积蓄。

所以,当家的人对子女出国前景,千万不要盲目乐观,不能抱着只要出去就行的心理。一来出国后会有很多意想不到的困难,二来回国的报酬不一定就好,在最近的招聘中,不少海归派一再降低身价,纷纷打出了月薪5 000元的旗号。

基础教育还是国内好,可以考虑接受完高等教育,或者积累一定工作经验后再出国深造,这样的路线比较妥当。同时不要盲目瞄准高收费的学校,名气和教学质量不一定画等号。

出国学什么,怎么学,都很有讲究。一定要根据自己的实际情况来选择学校,可以瞄准市场前景看好,而国内培训渠道又比较少的专业,这样回国后投资回报率会高些。

另外,一定要考虑家庭财力,如果要负债留学的,一定要谨慎,以免到时投资回报率不高,使家庭背上沉重负担。

教孩子如何理财消费

传统家庭教育不愿意让孩子接触金钱的,认为从小持币会使孩子思想受到铜臭气的不良影响,这种消极防范导致孩子从小缺乏经济意识,懂事以后反而会出现盲目消费、不会理财的现象。其实,作为家庭成员之一的孩子,不可能不与钱打交道,试图给孩子创造一个纯而又纯的消费环境是不切合实际的。因此适当地注意增强孩子的经济意识,从小培养孩子的经济头脑,对孩子的健康成长十分有利。

培养孩子的经济头脑是时代发展的需要。在举国上下以经济建设为中心的今天，中小学生也迫切需要掌握一些金融、经济方面的知识，既适应时代需要，又可缩短与社会的认识距离，避免过去那种"两耳不闻窗外事"的现象产生。培养孩子的经济头脑是应试教育向素质教育转轨的要求。因为素质的内涵是多方面的，它既包括学习、思想、品德，又包括对社会的认识和感受能力，有一定的经济头脑，也便于提高中小学生的辨别能力和分析能力，促进逻辑思维能力的提高。

刘女士：孩子才上小学五年级，可在买东西这点上非常有"主见"，买衣服、买鞋，都得自己拿主意，去超市购物更加不得了，这也要那也要，劝都劝不住。怎样才能遏制孩子成"购物狂"的趋势？

问题就出在孩子不会理财上。如果家长教给她正确的理财方法，孩子有可能转变为主动管理零花钱，并调整自己的花钱行为。

（1）让孩子懂得"想要"与"需要"的区别。在给孩子买东西前，家长应先考虑下列几个因素：你买得起吗？这件商品是不是你希望孩子拥有的？你的孩子是否要求过多或者要求合理？这件商品对孩子而言，是"想要"还是"需要"？家长在考虑这些问题时，也让孩子参与其中，再作出选择。家长要给孩子这样的体验机会，让孩子慢慢懂得"想要"和"需要"之间的区别。如果孩子的确"需要"某样东西，可以借此机会教孩子了解商品信息和购物常识。比如，货比三家，如何还价、怎样看标价及商品的有效期等，从实践中获取信息。

（2）要让孩子学会消费，懂得必要的消费规范。让孩子形成正确的花钱、算账的观念，逐步养成良好的生活习惯。比如，生活中孩子需要购买东西很多，家长可告诉孩子哪些该买，哪些不该买，哪些买了划算，这样使孩子从小学会正确用钱。

（3）要让孩子懂得钱来之不易，首先要让孩子正确认识钱的作用和地位，给他们讲述钱是劳动成果。让孩子从小懂得珍惜父母劳动成果，不奢侈浪费，养成勤俭节约的良好习惯。

（4）引导孩子储蓄存款，增加金融知识。比如，将逢年过节、过生日，长辈或亲友送的压岁钱、贺礼等进行零存整取。让孩子自己计划管理，体验理财的滋味。

（5）教给孩子一些投资知识。这对培养孩子把钱花在"刀刃"上大有裨益，比如买国债、购买保险等。若有余力，可引导孩子投资集邮、集币等。

当然，培养孩子的经济头脑，主要是从日常消费和家庭理财中加以引导和说明，使孩子从具体操作中体会经济功能。让孩子从小懂得消费规范和投资理财知识，养成勤俭节约、崇尚劳动、热爱生活的美德。

国外儿童理财教育理念

在一些发达国家和地区，人们十分重视儿童的理财教育，这种教育甚至渗透到了儿童与钱财发生关系的一切环节之中。尽管社会背景存在差异性，但这些理财教育的理念是值得我们借鉴的。

英国：能省的钱不省很愚蠢

提起英国人，向来给人们的印象是过于保守，这种作风体现在理财教育方面则表现为：提倡理性消费，鼓励精打细算。所以，英国人善于在各种规定里寻找最合适的生活方式。

自然，英国人把他们这种理财观念教育给了下一代。理财教育在英国中小学的不同阶段有不同的要求：5~7岁的儿童要懂得钱的不同来源，并懂得钱可以用于多种目的；8岁~11岁的儿童要学习管理自己的钱，认识到储蓄对于满足未来需求的作用；12~14岁的学生要懂得人们的花费和储蓄受哪些因素影响，懂得如何提高个人理财能力；15~16岁的学生要学习使用一些金融工具和服务，包括如何进行预算和储蓄。在英国，儿童储蓄账户越来越流行，大多数银行都为16岁以下的孩子开设了特别账户。有三分之一的英国儿童将他们的零用钱和打工收入存入银行和储蓄借贷的金融机构。

日本：自立更生、勤俭持家

日本人讲究家庭教育，他们主张孩子要自力更生，不能随便向别人借钱，主张让孩子自己管理自己的零用钱。日本人教育孩子有一句名言："除了阳光和空气是大自然赐予的，其他一切都要通过劳动获得。"因此，许多日本学生在课余时间都要在校外打工挣钱。

特别是近年来，由于日本经济持续不景气，勤俭持家的观念越加被日本人推崇，家庭内部则分外重视对孩子们的理财教育。在日本，很多家庭每个月给孩子一定数量的零用钱，家长会教育孩子如何节省使用零用钱，以及储蓄压岁钱。而在给孩子买玩具时，无论高收入的家庭还是低收入的家庭，都会告诉孩子玩具只能买一个，如果想要另一个的话就要等到下个月。在孩子渐渐长大后，一些家长会要求孩子准备一本记录每个月零用钱收支情况的账本。

让孩子学会赚钱、花钱、存钱，与人分享钱财，借钱和让钱增值为主要内容的理财教育，已经融入少年儿童整个教育之中，使孩子生活在一种具有强烈理财意识的环境氛围之中，逐渐形成了善于理财的品质和能力。这也为培养造就大批的优秀经济管理人才提供了雄厚的人力资源基础。

在美国，情况也如此。一位专家指出："每当我们看到在世界亿万富翁排行榜上美国人不仅位居前列，而且占去一半多席位，以及在世界经济事务中发挥重大作用和影响的美国著名企业家越来越多时，应该不足为奇，因为，这是他们长期坚持将理财教育从孩子抓起的必然回报。"

第三篇

你不理财，财不理你

　　脑袋决定口袋，理财改变命运，投资创造财富。如何懂得理财投资，将决定你一生的生活质量和幸福指数。上班族人人都要学会理财，无论钱多钱少，能理就理，俗话说"你不理财，财不理你"，要有意识地理财，在为社会和个人创造财富的同时也能培养自己健康的理财习惯。赚钱是你为钱打工，理财是让钱为你打工，钱找钱胜过人找钱。

第一章 不同类型的家庭理财规划

理财策划相当于人生设计

广义的人生设计是关于一个人一生幸福生活的整体设计。健康和财富是人生非常重要的两部分，对于一个人的一生来说，财富仅次于健康，所以，进行人生设计具有重要的价值。

理财师认为，理财策划是广义的人生设计中的重要一环，必须合理安排。人生设计影响贯穿人的一生，而理财策划又时刻与人生设计相伴，理财策划的各个部分都在为人生设计服务，包括整体策划和具体某些方面的策划。

人生理财策划主要包括以下方面：子女教育资金筹措、老年生活费安排（生存保障）、住房资金(贷款)筹措、不动产运用设计/继承、赠与／事业继承、生活设计、金融资产运用设计（存款、投资等）、节税理财策划（个人所得税等）、保障设计（医疗保险等）。

理财策划的目的在于最大限度地实现顾客的理想、目标、希望，消除顾客的不安，使顾客过上安定的生活。通过理财师的理财策划，培养顾客的理财观念，在顾客中普及理财知识，提高顾客的均衡思考能力及对风险认识、评价能力；培养顾客的自我理财能力；培养顾客的认识思考判断管理实施等能力，让顾客自己进行理财，设身处地感受理财师策划的价值。

理财师在为顾客进行理财策划时，要立足于以下几点：① 尊重顾客个人隐私，包括顾客的价值观、经验及个人能力等。② 顾客利益优先，公正、公平地开展理财业务，同顾客一起进行理财策划，禁止暗箱操作。③ 严守秘密，不得将顾客的个人财务情况等向外人透露，这是理财师应该遵守的最基本的伦理道德。

理财策划解决的问题如下：家庭收支预测，主要考虑经常性收入和支出是否正常，保证顾客生活稳定，同时要考虑顾客收支的基本趋势，以判断顾客的目标希望能否实现。

理财策划采用的基本手段主要包括：①在资金运用方面，主要采用各种储蓄方式、个人积累、养老金等的恰当利用。②在资金筹措方面，主要采用各种融资方式及运用贷款。③在保障设计方面，主要是采取风险回避及风险转移对策，如购买保险商品等。④在其他方面，如适当的节税措施、不动产的有效利用等。

高中低三套经典家庭理财方案

低收入家庭：稳扎稳打好投资

张馨今年28岁，她和老公是同一家民营企业的普通职工，家庭月收入为2 500元。这些年来，两人省吃俭用，积攒了5万元积蓄，因为购房、子女教育、赡养父母等家庭开支压力较大，所以他们想寻求绝对稳健、收益相对较高的投资方式。

理财师建议：张女士家庭的收入不是太高，理财观念传统，承受风险能力较差，家庭理财要求绝对稳健，宜采用储蓄占40%、国债占30%、银行理财产品占20%、保险占10%的投资组合。储蓄是占比最高，支持着家庭资产的稳妥增值；国债和银行理财产品收益较高，也很稳妥；保险的比率虽然只有10%，但所起的保障作用却非同小可，许多人在保险上存在误区，认为有钱人才适合买保险，其实这是大错特错的，如果钱多得花不了，家庭即使出现风险也不在乎那点保险理赔。而收入低的家庭抗风险能力较低，万一遇到意外，这10%保险所起的作用是相当大的，可以帮家庭渡过难关。

家庭由于收入较少，因此抗风险能力相对较弱，不适宜选择高风险理财产品，建议适当增加银行理财、保本型基金等产品，以提高收益。

家庭收入不高的情况下，应防止财务断流或意外事故发生时资金紧张，所以购买部分保险产品来规避意外伤害或疾病带来的风险也是很必要的。

中等收入家庭：以风险换取收益

刘晓云今年34岁，在一家上市公司从事人事管理工作，月收入3 000元，先生是公务员，8岁的女儿正在上小学二年级，家庭月收入为6 000元，家庭积蓄10万元。他们的目标是努力攒钱，等孩子上高中时，让其报考北京、上海等大城市的重点中学接受良好教育，所以他们要求在风险适中的情况下，最大限度地实现家财增值。

理财师建议：刘女士一家属于中等收入家庭，夫妻双方工作较为稳定，并且福利待遇较好，能够承受一定风险。可以采用储蓄占40%、债券占20%、人民币理财占20%、基金或股票投资占20%的投资组合。40%的储蓄和20%的债券、20%的人民币理财都是较为稳妥的理财产品，20%的开放式基金或股票是风险性投资，这部分投资如果收益高了，会增加整个组合的投资收益。万一出现了风险，对家庭整体投资的影响也不是太大。

高收入家庭：舍不得孩子套不了狼

刘敏今年38岁，从事直销工作，丈夫是一家公司的副总，其家庭月收入两万元，刘女士家庭车房俱全，另外有积蓄30万元，女儿正在读初中，家庭暂时没有太大的负担。因为夫妻俩人均从事与经营有关的工作，思维灵活，具备一定投资经验,他们的愿望是让现有积蓄最大限度地增值。

理财师建议:刘女士一家属于高收入家庭,抗风险能力较强,可以采取开放式基金占50%、房产占50%的投资组合。这种组合有点孤注一掷的感觉。但是风险与收益永远成正比,如果风险投资比较得当,收益是相当可观的,正所谓是舍不得孩子套不了狼。目前开放式基金净值虽然出现了下跌,但易方达、嘉实等基金的长期持有者依然能实现可观的平均收益;房产作为一种适合高收入家庭的投资方式目前仍颇具魅力,如果当地房价适中,选择好的地段进行中长期投资,年收益率会达到10%以上。

小康之家的理财术

重视家庭财务策划

许多人提起理财自然就会想起储蓄及投资,几乎所有的银行、其他各类金融机构的理财中心,理财讲座的理财专家和教授所教导的所谓理财都只是讲述如何储蓄、如何投资,设计出好几种储蓄的方式及投资组合,似乎只要按部就班,就能取得理想的收益,仿佛是教人致富之术,实际上却是误导投资者错误理解理财的涵义。其实理财的目的是帮助你保护、积累和保存财产,管理好自己的经济生活,帮助你应付意外,满足要求。因此理财实际上是一种财务策划,而财务策划是通过一系列的人生策划,达到自己理想中的人生目标。人生如下棋,必须有远见方能获胜。

第一步:确立经济目标

确立经济目标就是弄清楚自己企盼的是什么,是房子、汽车,还是子女的教育;是老有所养,还是周游世界;或者是所有这些。不管你认为有没有可能做到,都不妨整理出一张清单,越详细越好。一个人或一个家庭的经济目标,必须用笔写下来,不能装在脑子里。模糊的愿望要经过考虑,使之明朗化，以此制订财务计划，成为行动的目标。

大多数人有三种目标：最低目标、中等目标、最高目标。

比如，最低目标可能是基本生活有保障，能负担子女教育经费，老有所养；中等目标可能是有自己的住宅，过舒适的生活，出国度假旅行；最高目标可能是积累足够的财富，彻底摆脱经济忧虑。切记，制订财务计划的首要目的，是为自己一家提供基本经济保障。一家之主应常常问自己：万一自己遭到意外，一家人生计如何？万一自己丧失工作能力，又怎样维持生活？即使有了储蓄保险，配偶也有工作，可能还会入不敷出，那该怎么办？

第二步：建立家庭资产负债表

为了规划未来，应先了解现状。作为财务策划的起点，必须先建立一张家庭资产负债表，查明自己的财务状况。

应该每年检查一遍资产负债表，要是你的净资产少于你的工资，甚至负债超过资产，而你只有20出头刚开始工作，则不必过于担心；但你必须着手减少开支，减少债务，而且最低应该有1年的生活费储存在银行。要是你的净资产相当于你几年的工资，而你还不满40岁的话，则经济状况相当健康。如果你已年过40，情况也蛮不错的话，你可以着手为退休作投资了。

肖岑今年29岁，在一家电脑公司做外协，每月的工资有3 000元左右；先生是一家银行的部门主管，两个人每月的收入相加有7 000多元，每个月除了还购房款，还能余5 000多元。刚结婚，两人均忙于工作，没有时间理财，只要够用也就罢了。可今年，他们刚添了一个可爱的小宝宝，为了宝宝的将来，他们感到应该对家庭的财政来一次"改革"，可又没有实际的经验。在理财专家的建议和指导之下，根据自己的实际情况，他们作出了合理的安排，免除了后顾之忧。

现代家庭大多数都是像肖岑这样的三口之家，怎么样才能合理安排好家庭的开支，让钱用在刀刃上，让钱再生钱，从而生活得更有滋有味呢？让我们一起来听听理财专家的建议吧！

合理分配的日常开支

将双方的收入相加，然后乘以40％，这是日常开支的最佳比例。比如你与丈夫两人的收入相加是3 000元，那么40％即1 200元就是日常开销数。这笔开支的运用最为重要，特别是一日三餐的伙食费，如何少花钱，而得到全面的美味和营养，应该是你的重心所在，比如合理利用大卖场的大减价等促销活动购买大宗日常用品，就能省下不少钱。另外，注意随手关灯，节药用水，积少成多也可大大减少开支。但千万不要忘了给家人一份合理的零用钱，特别是在外面要维护男人形象的丈夫。

正确安全的储蓄方式

一般来说，收入的20％应是储蓄的最好比例。如何储蓄你的钱有几种方式。首先，当然是银行，既保险又能产生一定的利息，储蓄可考虑在存人民币的同时，再选择一部分其他币种，以抵御可能有的贬值风险。还有各种保值保险以及各个种类的国债也是不错的考虑。如果你觉得这些方式过于保守，股票等投资方式也未尝不可，但你必须具有风险意识和大量的时间与精力。如果这两种你都放弃的话，不妨试一下奖券，周期短、奖面大的奖项，说不定会带给你一份惊喜。

目光长远的宝宝基金

如果你们是尚未有孩子的新婚夫妇，那么10％的宝宝基金将是你们给未来宝宝的见面礼。一个初生的孩子将会使你措手不及，一笔较大的开支马上会使日常费用透支，这时宝宝基金会助你一臂之力，对于三口之家来说，这笔基金最为重要，它将会是孩子长期教育的稳定基础。

防患于未然的备用金

每个家庭都会有不时之需，朋友的婚嫁，父母的生日，突发的疾病等，都会使你陷入窘境，这时20％的备用金便成"甘露"，解了你的燃眉之急。但切记，多余的备用金不必储存，不妨让它变成给家人的一份礼物，让他们欣喜一下。

第一章 不同类型的家庭理财规划

低收入家庭的理财计划

例如，郑先生：一家四口，夫妻双方均已下岗，郑先生收入每月1 200元，妻子每月700元，还有一个没有劳保的母亲，只有200多元生活费。儿子在读研究生，还有两年才能毕业赚钱。全家2 000元多一点的月收入维持日常开支后，每月能节余两三百元都相当吃力。

目前，家庭存款3万多元（曾经炒股，但2004年已"割肉"抛掉，亏了三四千元），除此之外没有其他理财产品，郑先生想知道，像他这样的低收入家庭，怎么进行家庭理财才能每月节余得更多？

财务问题分析：三大问题要解决

收入少，消费却不少：一家收入合计每月2 100元，开销达到1 800元，主要负担包括一家的日常生活费以及儿子在校读书的开销。

家庭保障亟待解决：夫妻双方下岗，母亲没有劳保，儿子总算两年内还有学校的基本医疗保障。总体来说整个家庭基本没有保障，家庭风险防范能力很低。

缺少合理理财规划：有存款，也曾经有过股票，低收入家庭比一般的家庭更渴望能让自己的资产保值增值，但是对于低收入家庭来说，薪水往往较低，经不住大蚀，因此，在投资之前要有心理准备，股票作为风险较高的投资产品显然不适合低收入家庭。

理财建议：想方设法开源节流

低收入家庭很容易认为理财是一种奢侈品，他们大多认为自己收入微薄，无财可理。其实这种想法是错误的，只要善于打理，低收入家庭也有可能聚沙成塔。

（1）开源节流，积极攒钱。要获取家庭的"第一桶金"，首先要减少固定开支,即在不影响生活的前提下减少浪费,尽量压缩购物、娱乐消费等项目的支出,保证每月能节余一部分钱。相信可以将生活费用控制在1 200元内,这样家庭节余有近1 000元。同时,定时定额或按收入比例将剩余部分存入银行,并养成长期存储习惯。夫妻俩还可以在能力允许的条件下,搞点副业,增加家庭的收入。而读研的儿子更应该明白父母生活的艰辛,用勤工俭学和拿奖学金的方式赚出自己的生活费,减轻学费负担。

(2)善买保险,提高保障。这个家庭有项亟待解决的问题,就是没有任何保障,风险防范能力弱。因此,低收入家庭在理财时更需要考虑是否以购买保险来提高家庭风险防范能力,转移风险,从而达到摆脱困境的目的。

在金额上保险支出以不超过家庭总收入10%为宜。建议低收入家庭选择纯保障或偏保障型产品,以"健康医疗类"保险为主,意外险为辅。对于郑先生一家,比较理想的保险计划是购买重大疾病健康险、意外伤害医疗险和住院费用医疗险套餐。如果实在不打算花钱买保险,建议无论如何也要买份意外险,万一发生不幸,赔付也可以为家庭缓解一些困难。

(3)慎重投资,保本为主。低收入家庭可将剩余部分资金分成若干份,进行必要的投资理财。目前股票、期货市场的行情风险较大,工薪家庭的风险承受能力较弱。投资方面,考虑到郑先生目前的经济状况,应该选择风险小、收益稳定的理财产品,如银行存款、货币市场基金、国债都是很好的选择。对于其家庭1.2万元年净收入具体的配比关系,建议50%投资国债,40%投资货币市场基金,10%投资银行储蓄。这样既能享受相应的收益,又可滴水成河。

工薪家庭理财关键是长远投资

王女士夫妻俩年收入约8万元,比较稳定。虽然王女士投资过股票,但倒贴进去几万块。对于如何计划理财，王女士目前还是凭着感觉走。

在保险方面，王女士为儿子买了5份平安鸿利，为丈夫买了意外伤害保险(375元/年)和2000元/年的致富人生。此外，还买了6万元国债(3年期)，余有银行存款14万元。

夫妻双方都有医保、养老金和公积金。目前他们住在60平方米的房改房内，想改善居住环境；汽车准备以后买。王女士问，该如何支配收入来实现自己的梦想？

理财建议

（1）该客户现有的住房为房改房，应该坐落于市中心，虽然面积较小，但考虑到交通方便、生活便利、周围名牌学校较多等好处及目前的经济实力，可等几年后房价涨势趋缓、家庭也有一定经济基础后再购房（如租金收益率达5.5%以上可将旧房出租，租金用来抵减贷款，也可出售旧房）、购车。

（2）该客户双方都有医保、养老金和公积金，工作应该比较稳定，并且购买了较适当的保险品种。其先生的致富人生为万能寿险，加上意外伤害险，保额约为30万元，可基本满足需求；儿子的平安鸿利5 000元为储蓄分红型，3年一起返还，如果可能的话，建议转换为教育保险；考虑到太太也是家庭主要经济来源，建议购买保额30万元的意外险。

（3）保障完善的前提下，可考虑剩余资金的投资。该客户购买了6万元3年期的国债，可获得高于银行存款而稳定的收益，鉴于目前利率有上升趋势，国债到期后可选择短期银行人民币理财产品，减少因加息而导致的隐性利息损失。

客户还有14万元的银行存款，适当情况下可在银行理财经理的建议下购买信托产品10万元(两年期信托产品目前年收益率可达5.5%以上)；该客户在证券市场上还有一部分投资，可考虑将这部分股票逐步转为股票型开放式基金，享受专家理财的好处，并将剩余4万元逐步投资股票型开放式基金。

"月光"家庭的理财计划

现年25岁的陈颖精通外语，3年前大学毕业后曾在一些单位从事过翻译工作，目前在家自接一些翻译的业务，成为自由的SOHO一族。收入水平还算稳定，每个月在4 000~5 000元。先生是做销售工作的，每个月工资加上各种补贴有5 000元左右，不过因为来这个单位不久，每个季度1.5万元的奖金还未拿到过。

目前，他们是住在父母提供的老公房里，房产产权在父母手中，没有房屋款压力，每年只需要缴纳100元左右的物业管理费而已。每个月衣、食、行的费用基本在1 600元左右，水电煤、上网、自付电话费等在500元左右，日用品差不多要300元，也就是说基本生活开销大约2 400元。同时，先生特别喜欢拍照片，又经常得冲印出来，还喜欢DVD/VCD碟片等小东西，这些消耗品每个月要花上400元。两人都喜欢买书买报纸，《国家地理》《show》等精装杂志都是他们的常购对象，每个月要花400元在这些精神食粮上。另外，不论冬夏，他们都会每周一起出去游泳一两次，加上来回打的费用大概需要500元。陈颖偶尔会有些小毛病，每个月医疗费用大约要100元。还有就是平常给父母买些礼品，碰上朋友过生日买些礼物等，这类费用每月大概在300元左右。总计下来，他们每个月的生活开支超过了4 000元。

"月光族"薪水节流八大妙招：

1. 计划经济

对每月的薪水应该好好计划，哪些地方需要支出，哪些地方需要节省，每月做到把工资的三分之一或四分之一固定纳入个人储蓄计划，最好办理零存整取。储蓄额虽占工资的小部分，但从长远来算，1年下来就有不小的一笔资金。储蓄额不但可以用来添置一些大件物品如电脑等，也可作为个人"充电"学习及旅游等支出。另外每月可给自己做一份"个人财务明细表",对于大额支出,超支的部分看看是否合理,如不合理,在下月的支出中可作调整。

2. 尝试投资

在消费的同时,也要形成良好的投资意识,因为投资才是增值的最佳途径。不妨根据个人的特点和具体情况作出相应的投资计划,如股票、基金、收藏等。这样的资金"分流"可以帮助你克制大手大脚的消费习惯。当然要提醒的是,不妨在刚开始经验不足时进行小额投资,以降低投资风险。

3. 择友而交

你的交际圈在很大程度上影响着你的消费。多交些平时不乱花钱,有良好消费习惯的朋友,不要只交那些以胡乱消费为时尚,以追逐名牌为面子的朋友。不顾自己的实际消费能力而盲目攀比只会导致"财政赤字",应根据自己的收入和实际需要进行合理消费。

同朋友交往时,不要为面子在朋友中一味树立"大方"的形象,如在请客吃饭、娱乐活动中争着买单,这样往往会使自己陷入窘迫之中。最好的方式还是大家轮流坐庄,或者实行"AA"制。

4. 自我克制

年轻人大都喜欢逛街购物,往往一逛街便很难控制自己的消费欲望。因此在逛街前要先想好这次主要购买什么和大概的花费,现金不要多带,也不要随意用卡消费。做到心中有数,不要盲目购物,买些不实用或暂时用不上的东西,造成闲置。

5. 提高购物艺术

购物时,要学会讨价还价,货比三家,做到尽量以最低的价格买到所需物品。这并非"小气",而是一种成熟的消费经验。商家换季打折时是不错的购物良机,但要注意一点,应选购些大方、易搭配的服装,千万别造成虚置。

6. 少参与抽奖活动

有奖促销、彩票、抽奖等活动容易刺激人的侥幸心理，使人产生"赌博"心态，从而难以控制自己的花钱欲望。

7. 务实恋爱

在青春期中，恋爱是很大的一笔开支。处于热恋中的男女总想以鲜花、礼物或出入酒店、咖啡厅等场所来进一步稳固感情，尤其是男性，在女友面前特别在意"面子"，即使囊中羞涩也不惜"打肿脸充胖子"。但不要认为钱花得越多越能代表对恋人的感情，把恋情建立在金钱基础上，长远下去会令自己经济紧张，同时也会令对方无形中感到压力，影响对爱情的判断。倘若一旦分手，即便没产生经济方面的纠葛，也会使"投资"多的一方蒙受较大经济损失。送恋人的礼物不求名贵和华而不实，应考虑对方的喜好、需要与自己的经济能力。

8. 不贪玩乐

年轻的朋友大都爱玩，爱交际，适当的玩和交际是必要的，但一定要有度，工作之余不要在麻将桌上、电影院、歌舞厅里虚度时光。玩乐不但丧志，而且易耗金钱。应该培养和发掘自己多方面的特长、兴趣，努力创业，在消费的同时更多地积累赚钱的能力与资本。

"准丁克族"家庭的理财计划

张先生与张太太均为30岁，研究生学历，张先生从事建筑监理工作，张太太是高校教师，结婚两年尚未有子女。家庭资产分配如下：张先生与张太太存款各为6万元，名下股票各有6万元和2万元，合计资产20万元，无负债。张先生月收入4 500元左右，张太太月收入5 500元，目前无自有住房，月租金支出1 000元，另月生活支出约3 000元。夫妻双方月缴保费各500元，为20年期定期寿险，均为29岁时投保。单位均缴"三金"。夫妻俩人都善于投资自己，拥有多张证件。预期收入成长率可望比一般同年龄者高。预计平均成长率均有5%，而储蓄率可以维持在50%。

张先生家庭月均收入达1万元，年度赢余达6万元，储蓄率达到了50%，家庭无负债，财务状况还是不错的。但是资产的收益性不高，60%的资产都分布在低收益的存款上；同时，目前的资产配置过于单一，资产配置只有存款和股票，收益性资产都集中在股票上，风险过于集中。而且，虽然目前过的是潇洒的两人世界，但在未来的几年里家庭负担将会非常重，按照两年后生小孩、3年后购房的短期计划，在不久的将来面临着小孩的抚养费和教育金筹备及房贷的沉重负担，属于是无近忧但有远虑的小家庭，非常有必要早早做规划，以期达到所有家庭理财目标。

家庭理财规划

1. 建立家庭紧急预备金

紧急预备金的额度应考虑到失业或失业的可能性和找工作的时间，考虑到张先生夫妻双方工作相对稳定，以准备3个月的固定支出总额为标准。虽然家庭目前月支出5 000元，但不久的将来面临生育费用和月供房贷，建议另准备每月2 000元的超额支出，共同建立家庭紧急备用金：7 000×3=21 000（元）。

1万元存于银行活期存款保持其流动性，其余购买货币市场基金或流动性强的人民币理财产品，在保持流动性、安全性的前提下兼顾资产收益性。

2. 购房规划

张先生家庭计划3年后购房，市中心目前房价处于高位运行，据了解，所居住城市地铁的兴建已提上城市规划中，未来将带来交通的极大便利，建议购买城郊目前单价6 000元左右的房子。目前城郊房价是稳中有微升，以2%的房价成长率来看，3年后总房款为76.4万元左右。首付30%为23万元，余款53.4

万元做20年按揭，以5.51%的贷款利率来看，月供需3 676元。根据张先生家庭的财务状况来看，3年后年收入结余新增19.4万元，年收入达到了13.9万元/年。可将前3年的结余投资累计值加上已有生息资产20万元，作为首付款和装修费用。

3.子女养育和教育金规划

两年后小孩的生育费用建议从家庭紧急备用金中提取。据统计，当前中国家庭支出的一半是花在小孩的身上。因此，小孩的养育和教育费用不可忽视。随着高等教育自费化和初等教育民办化的趋势，这块费用将越来越水涨船高。假设学费成长率为3%，小孩上大学之前接受公立学校教育，且大学和研究生每年花费1万元的保守估计，一个孩子的教育费用现值至少需要11万元。以5%的预期投资报酬率来计算，年储蓄须达到7 886元（月储蓄681元）。教育费用是一个长期支出，尤其是高等教育费用比较高，不过考虑到其可以准备时间比较长，可以做一些期限相对较长的收益和相对较高的投资，提高资金回报率。

4.保险规划

可从遗嘱需要的角度来分析张先生家庭的保险需求。保险规划的基本目标是要保障收入来源者一方出现意外情况的话，家庭可以迅速恢复或维持原有的经济生活水准，家庭的现金流不至于中断，生活水准不出现很大的变化。对张先生夫妇合理的保险需求的测算结果显示，张先生应有的寿险保额为负数，张太太是13.5万元。而夫妇俩现有定期寿险各20万元。从数字上看张先生存在多投保的现象。考虑到其工作性质为建筑行业，建议投保意外险10万元，定期寿险10万元，根据身体状况可考虑再投保大病险和医疗补充保险。而张太太工作稳定，所在高校医疗保险等福利健全，考虑到两年后小孩出生生活费用将大大增加，现投保险种和保额可不做调整。

5.退休规划

张先生夫妇计划25年后退休，并且希望在退休后30年内保证每个月有现值4 000元的家庭支出，每年安排一次旅游计划，过上中等以上水平的晚年生活。假设通涨率为2%，退休后投资报酬率为4%，现值为4 000元的月支出相当于25年后的6 562元。预计退休后双方可领取养老金共4 000元左右，退休金缺口为2 592元。考虑到通货膨胀因素，退休后的实质投资报酬率仅为2%。因此，要保证30年的退休生活衣食小康，到退休时须准备70万的退休金。依照5.2%的预期投资报酬率、22年投资期来看，月投资须1 426元。考虑到退休规划的长期性，也具有较大的弹性，可做长期投资打算，投资风险和收益相对较高的产品。

6. 投资规划

前面通过分析张先生家庭财务状况时发现，现有家庭资产的配置过于集中单一，而且收益性不高。存款收益目前平均为2%左右，而股票投资收益近两年不断走低，长期低位运行，风险相当的大。为了达到以上家庭理财目标，有必要对投资组合进行一番调整。

根据对张先生夫妇俩人风险能力和风险态度的测评，张先生夫妇具有中等偏上的风险承受能力，对待风险的态度中等。因此，可对当前资产和未来的积蓄进行重新安排，以达到较高预期报酬。根据风险属性的测评结果和家庭理财目标的规划，建议可对资产进行以下比例的配置：活期存款5%，人民币理财产品或货币基金20%，债券20%，偏股型基金或股票55%。各投资收益率预计为货币0.58%，人民币理财产品或货币基金2.5%，债券4%，偏股票型基金或股票7%。该投资组合的报酬率为5.2%。特别要提到的是，根据张先生夫妇的风险属性的测评，高风险高收益的投资比例最高可到70%。但该资产组合中风险资产的配置目前仅占了55%左右，是因为考虑到当前股市长期低迷，而且当前市场上高回报的投资产品不多的现实情况，所以我们建议当前适当调低此类方向的投资比例。因此，该组合的预期投资报酬率是相对保守的。随着未来股市回暖和高收益投资理财产品的增多，可作出灵活调整，从而提高资产的投资回报。

20、30、40岁，单身一族理财各不同

11月11日，光棍节。单身贵族们在庆贺自由的精彩生活时，是否想过未来？单身在顺利时是潇洒，而落难时就可能面临无助。国外调查显示，通常已婚者的人均财富积累要高于单身者，健康的婚姻中往往存在"收支平衡机制"，促使夫妻双方安排合理的财务计划，并且常常检讨家庭收支状况——这也正是单身一族们必须正视的问题。本文的三个理财案例或许能给不同年龄的单身族们一些启发。

20岁

节流开源双管齐下

人物简介：小王，23岁，毕业1年，在国企从事财务工作。

财务状况：月平均收入3 000元，银行存款两万元，现在日常生活开销月均2 500元，每月节余500元。

理财思考：他想在30岁前按揭购买一套两居室的房子，应该如何投资理财才能实现自己的目标呢？

理财规划——节流：提高每月储蓄比例

从支出来看，小王属于较高消费群体，每月500元的储蓄积累，只占收入的六分之一。如果计划在5年后买房，他要在控制消费和投资理财上"双管齐下"。小王首先应转变理财观念，注重财富积累。建议他在不影响生活质量的前提下，提高月储蓄占月收入的比例，至少在50%左右较为合理，也就是每月积攒1 500元。

开源：股票基金用于买房首付

其次，可以投资基金，利用专家理财。较为适合小王的是股票型基金和货币市场基金。股票型基金可以分享经济长期增长的好处，适合中长期投

第一章 不同类型的家庭理财规划

资，提高家庭账户中钱生钱的能力。货币市场基金有着类似活期储蓄的安全性和便利性，随存随取，没有手续费，但收益可比活期储蓄高多了，目前在2.2%左右，而活期储蓄的税后利率只有0.57%。

在资产配置上，建议小王将现有的两万元存款投资在股票型基金上，每月的1 500元可以买入货币市场基金，然后定期按比例转换为股票型基金，采用复利滚动投资方式。通过这样循序渐进的积累和投资，以每年5%的收益率计算，小王在7年后大约能拥有近20万元的资产，这样一套小房型的首付款就有了。

30岁

投资胆魄再大一些

人物简介：周先生，31岁，一家IT企业的技术骨干。

财务状况：拥有11万元银行存款，股票两万元，月收入9 000元，现在每个月开支在5 000元左右。

理财思考：1年后参加在职硕士课程，预算两万元；两年后买一部价值10万元的车；3年后买一套房子；每年给父母赡养费5 000元；每年自助旅游一次，费用5 000元。

理财规划——1万元活期作应急

周先生喜好稳健投资，期望年均收益率在5%左右。建议他对现有资产进行如下安排：1万元活期存款，作为应急资金；两万元做1年期定期存款，满足1年后的在职教育深造需要。

余下的10万元作为车基金和房基金的初始储备，对该笔基金投资分配安排为：存款55%、债券10%、基金25%、股票10%。

两成积蓄博收益

根据周先生的理财目标和自身情况，建议他每月开销减到3 500元，加上每年5 000元孝敬父母、5 000元旅游支出、6 000元购买保险后，他10.8万元的年收入还剩余5万元。

这部分资金用于追加车基金和房基金，根据周先生的收入和职业前景，投资胆魄可再大一些。

建议将上述投资比例调整为：存款45%、债券10%、基金25%、股票20%，即储蓄2.25万元、债券5 000元、基金1.25万元、股票1万元。加重股票投资比例后，这笔可能实现较高收益的财富积累可在将来用于弥补车、房基金的不足，还可以满足以后结婚或其他新增理财目标的需要。

40岁

单亲家庭未雨绸缪

人物简介：张女士，40岁，某公司行政工作，月收入3 500元。去年离异，抚养上小学四年级的女儿。

财务状况：108平方米的住房，贷款还剩10万元、期限6年。前夫每月支付女儿700元抚养费。个人资产主要是4万元的银行定期存款和1万元的凭证式国债。

理财思考：每月日常开支2 000元左右，偿还住房贷款1 700元，这样一来压力太大，且女儿的教育开支也呈不断上升。她打算将现有的房子处理掉，临时租赁或换一套小点的房子。

理财规划——存款还贷压力大减

张女士的理财方式由于过于稳妥，以致出现了"负收益"。她一边支付住房贷款利息，一边将钱存在银行里享受2%左右的低利率，这一来每年的理财亏损有1 500元。

张女士现在还贷压力较大，可进行适当"减压"：将手中的5万元定期存款和国债办理提前支取，用于提前部分还贷。调整后，张女士的月还款额就会缩减一半，家庭压力会大大减轻。

教育储蓄利率占优

还贷的压力虽然减轻了，但生活、孩子教育等的压力依然很重，因此张女士有必要将后续收入进行科学打理，在追求相对稳妥的基础上，积极寻求家财的保值增值。目前，张女士缺乏对后续收入的远期规划。如果张女士不积极将各种收入转为高收益投资的话，按目前的收入水平、积蓄能力以及考虑通货膨胀率，到退休时恐怕只能靠喝粥度日了。

张女士不妨为女儿办理教育储蓄。教育储蓄具有利率优惠的优势，1年期、3年期教育储蓄按同档次整存整取定期存款利率计息，6年期按5年整存整取定期存款利率计息，可以说是零存整取的存法，却享受整存整取利率。同时，教育储蓄免征利息所得税，如果加上优惠利率的利差，其收益较其他同档次储种高25%以上。张女士可以为孩子开立一个6年期的教育储蓄账户，月存270元，到上大学时，这笔2万多元的本息可以派上大用场。

此外，张女士可适当购买定期定额型基金，每月投入固定金额，基金公司会运用基金净值高时买入较少份额、基金净值低时买入较多份额的"平均成本法"来分摊投资成本，使投资风险降低，收益更稳定。这部分资产可作为女儿的教育基金或自己的养老保障基金。

"421"家庭积极理财养老扶幼

独生子女政策动摇了大家庭养老的传统。目前这种现象在各大城市已经非常明显，夫妇俩都为独生子女，上有四个老人需要照顾，下面还有一个独生子女需要抚养，这个就是中国目前的"421"家庭。下面的案例就是这样一个家庭的缩影——"421"家庭更需要理财。

个案资料

赵先生和赵太太在两年前就步入红地毯了，过着甜蜜的两人世界生活，仿佛自己是世界上最幸福的人，整天无忧无虑。虽然有银行住房贷款50万元，但是对于这对新人来说，没有其他的大开支，支付房屋的月供不成问题。可是今年赵太太怀孕并生下了千金甜甜之后，孩子的开销比预想的要大，这对新人就开始发愁了。

另外一个让赵先生头疼的事是赵先生的父亲由于年老，身体不比当年，今年住院就花了近6万元，尽管有医疗保险可以负担一部分，但是自己还是得承担大部分费用。

原来，赵先生和赵太太均为独生子女，他们家属于典型的"421"家庭。赵先生今年28岁，在一家IT企业工作，税后月收入8 000元左右。赵太太今年25岁，为一家商业银行的职员，税后月收入6000元。

2004年7月，他们结婚时贷款在北京市内购买了一套当时价格为100万元的住宅。

为了尽量节省利息，双方父母都倾囊而出，首付用了50万元，其余50万元就只能通过银行贷款。赵先生和赵太太都有住房公积金，两人每月分别缴纳1 500元和1 200元，住房公积金账户上的余额分别为5.5万元和3万元。赵先生利用公积金申请贷款，10年等额本息还款，贷款利率是4.41%，每月还贷5 160元。

夫妻两人由于工作的时间不长，加上结婚、买房和新房装修的大额支出，家里的积蓄非常少，只有近5万元银行活期存款。另外赵先生见老同学炒股票都赚了不少钱，于是也在股票市场上投入了5万元，结果到现在还被"套着"。

赵先生和赵太太的公司都缴五险一金，但两人及父母子女均未投保任何商业保险。平时赵先生喜欢打网球，每个月与朋友往来约支出500元；赵太太每月美容健身费约500元；而全家三口的日常开支杂费也较大，平均每个月家庭杂费（含每月的电费、电话费、物业费、上网费等）1 000元，生活食品饮料杂费约1 000元，外出就餐费约1 000元，每年全家服装休闲等开支约5 000元。家庭交通费每年大约1万元。此外，由于夫妇俩的父母均不在北京，因此每年要给双方父母赡养费共1万元。小甜甜1年的开支大概在1万元左右。

家庭财务状况分析

"421"家庭更需要理财

赵先生家庭属于中等收入家庭,两人讲究生活质量,花消比较大,年节余率为11%,家庭积累财富的速度不快。投资与净资产的比率偏低,负债比率和流动性比率都还比较适当。但随着赵先生夫妇父母的年龄增加和女儿甜甜长大,家庭负担将会逐渐增加。而女儿甜甜刚出生不久,不管将来发生什么事情,赵先生和赵太太都希望甜甜能有足够的生活费和学习费。此外,赵先生还是个超级车迷,希望能够在近几年内购置一辆价格为15万元左右的小轿车。

对"421"年轻家庭来说,面临如此的财务压力,可不是一件好事。一向不太在乎平时花消的赵先生和赵太太必须现实起来,尽量在不降低生活品质的前提下节省开支。

现在赵先生和赵太太已经感觉到收入不够,但是面对日益激烈的竞争,在目前的职位上要想提高工资收入非常困难,在这种情况下,他们应该通过理财开辟其他渠道增加家庭的收入,并对现金等流动资产进行有效管理。

家庭理财方案

1. 现金规划

公积金账户余额还明年房贷。

赵先生和赵太太的收入都比较稳定,身边的现金留够1个月开支就行,另外留两个月的开支备用,可以以货币型基金的形式存在。

考虑到赵先生和赵太太一直都在交纳住房公积金,目前住房公积金账户余额为8.5万元,因此赵先生应将此款提取出来,其中6.192万元用于归还下年度的住房贷款,剩下部分用于投资。因为赵先生申请的是住房公积金贷款,其贷款利率相对较低,没有必要提前还贷,以后每年年底时赵先生和赵太太的住房公积金账户都有余额3.24万元,因此每年都可以节省还贷支出3.24万元。

2. 消费规划

买车计划建议推迟两年。

目前家庭每月的生活食品饮料杂费约1 000元，外出就餐费约1 000元，这两项开支完全可以压缩1 000元，这样每年可以节省1.2万元。

夫妇俩的买车计划，建议推迟两年执行，因为通过住房公积金归还贷款将使家庭的还贷支出减少14.98万元，节省的这笔钱经过两年的稳健投资，再加上目前的股票资产在两年后的终值，赵先生就可以轻松买上自己喜欢的车了。

3. 保险规划

家庭不同成员保障需求各异。

赵先生家庭的保障明显不足，这意味着家庭抗意外风险的能力很弱，一旦出现意外开支，将使整个家庭陷入财务危机，甚至危及孩子的成长经费。

因此有必要给夫妇俩及孩子补充购买一些商业保险，主要是寿险、重大疾病险和意外险。

特别是赵先生在IT领域从业，工作较忙容易造成身体透支，而他又是家庭的经济支柱，因此寿险和重疾险对赵先生来说显得尤其重要，建议购买保额10万元寿险和保额10万元的重疾险。

甜甜年龄还小，暂时还没必要投保意外险，主要购买健康险。而赵先生的父母身体不是很好，单位退休福利也不是很好，可以给其父母购买一些医疗保险，赵太太的父母福利较好，应重点考虑意外险和重疾险。

建议赵先生家庭保费每年支出约为1.7万元左右，今年的保费由现有的活期存款支付。

4. 子女教育规划

每月定投500元成长型基金。

建议每月定投500元于一只成长型基金上，为甜甜以后的学费作积累。假设成长型基金在未来15年内的平均收益为8%，积少成多，这笔资金在甜甜读大学的时候就可以达到17.3019万元，足够甜甜4年的大学费用。

5. 投资规划

每年结余投资混合型基金。

赵先生家庭目前的投资与净资产比率偏低，通过前面的规划，家庭增加了保障，可以有更多资金进行投资。而且赵先生和赵太太都属于风险喜好型的投资者，可以考虑选择风险大、收益较高的投资品种。

由于投资股票风险大，需要时间和精力，不适合工作忙碌且无投资经验的赵先生夫妇，建议将其置换成偏股型基金。

此外，赵先生家每年的结余可以投资于混合型基金，因为这笔钱的主要目的是为家庭意外的医疗费用支出或其他的大型支出备用，同时也可以获取较高的投资收益。以后买车时如果这笔资金没有动用，也可部分用做购车款。

"她时代"理财攻略

在21世纪的今天，女性们忙着工作、忙着赚钱，没有大把时间可以照顾家庭。但是，无论世道如何变化，自身压力有多大，女性朋友都要学会打点自己，打理家庭财务。

都说女性善持家，可是，到了21世纪的今天，又有多少女人能真正持家有道？女性理财时，要想成为人人羡慕的"巧女子"，要学会利用自己的长处，千万莫成"抠门女"和"月光女"。成就"巧女子"有如下窍门。

"抠门女"先要打开心结

节俭是一种美德，但节省过了头，就变成了抠门。在现实生活中，有很多女性朋友会一不小心变成"抠门女"。每个月领了工资就存银行，平时省吃俭用，看到贵的不敢买，看到自己喜欢的东西也不舍得花钱，对待家人的态度更是能省则省，基本无什么浪漫、惊喜可言。对于积攒的工资也是以活期、定期为主，有时候也会选购部分国债。年复一年，钱积得多也罢、少也罢，在他人眼中始终是一个普普通通的妇人。

理财专家建议：如今，这样省钱过日子的"抠门女"越来越少，而追求快乐人生的女性朋友比例逐步提升。对于"抠门女"来说，首先要解开心结。据相关分析，过分抠门的女性朋友通常比较悲观，对将来没有信心。实际上，"抠门女"完全可以通过适当的投资理财来减轻对未来"钱"途的忧虑。学会合理消费，在储蓄的同时也进行一定的消费，购买一些质优价高的东西，既是对自身的一种投资，也是理财的一个重要环节。无论是一件经典的衣服，还是一款精美的首饰，都会流行多年。而对于年轻的"抠门女"，更重要的是，要学会利用更多的投资品种。

"月光女"要学会储蓄

"她经济"时代，女性拥有了更多的收入和更多的机会，越来越多的女性朋友崇尚"工作是为了更好地享受生活"。手持数张信用卡，喜欢疯狂抢购商品，等到发工资后，再开始以信用卡还贷，赚多少，花多少，常常是月月光。1年下来，除了家里积累的各类商品越来越多，而储蓄存款却接近零。

理财专家建议：在现实生活中，很多年轻的白领都曾经或正在扮演"月光女"的角色，可以月入斗金，也可以月出斗金，崇尚提前消费的生活方式，根本不顾及今后的人生需求。实际上，投资理财应该是贯穿一生的长期规划，年轻的时候，拥有健康的身体和充沛的精力，可以尝试各种各样的生活方式。随着年龄的增长，有没有一份固定且可观的积蓄，大大决定着下半生的生活是否幸福。对于"月光女"来说，应学会把钱花在刀刃上，强迫自己储蓄，银行的零存整取储蓄存款功能、定额定期开放式基金，以及每天计息的货币市场基金，都可以实现"月光女"储蓄的愿望。

"糊涂女"可以使用电子银行

女性相比男性而言,通常比较细心。然而,在现实生活中,也有很多粗枝大叶的"糊涂女",对自己银行卡账户余额永远不清楚。每月收入支出消费情况也糊里糊涂,家里各种账单、密码等琐事更是记不住。通常这类女性做事风风火火,不拘小节,在理财方面也是保持随便的态度。她们手中有一定的积蓄,但没想过如何让这些积蓄钱生钱。

理财专家建议:对于"糊涂女",电子银行可以帮大忙。以在线银行为例,"糊涂女"只要成为在线银行的注册客户,一个电话或一次上网,就可以实现账户实时查询、账户明细查询。面对麻烦的公用事业费,也不用再担心错过网点缴付时间,在家利用在线银行就可以简单操作。对于投资理财,有了电子银行的帮忙,"糊涂女"也可以变成"精明女",无论是买卖基金、还是投资股票,都可以在线操作。同时,在线银行的历史明细查询,可以帮助"糊涂女"了解历史记录。

"超钱女"还有潜力可挖

擅长投资理财的女性也比比皆是,对于每月的收入能合理支配使用,经历2—3年的初期资金积累,开始投资各类理财产品,不在乎赚钱多少。关键是这些"超钱女"都早早地具备了投资理财的意识,一旦外部条件成熟,她们就可以发挥自己特长。

"超钱女"在资金积累的初期,一般会选择将储蓄及合理消费作为投资理财目标。资金积累达到其心理目标后,"超钱女"的理财目标则是五花八门的投资品种,她们会购买基金、也会购买国债,胆大的还会投资股票,甚至炒房。在经历每次成功或失败的投资后,"超钱女"会不断调整自己投资策略,找到最适合自己的理财组合方案。

当"超钱女"步入中年后,此类女性的投资理财更趋成熟,自身的职业生涯规划、孩子教育规划及退休后的财务规划等都列入投资理财规划中。

理财专家建议:对于投资有道、理财有方的"超钱女"来说,有正确的投资理财意识很可取，然而，选择几款合适的理财工具也很关键。开通一张实用的信用卡，满足提前消费；开通一张理财卡，实现所有理财功能的汇总，例如，农行的金穗借记卡，除了常规投资理财品种外，还具有异地汇款、投资彩票、慈善募捐等功能；常打理财热线，想要了解各家银行的理财信息，只要记住服务热线，经常拨打咨询即可。同时，除了自己规划投资理财外，可以适时选择银行的VIP贵宾服务，尤其对于中年女性，可以通过银行专业人士的指导，来满足家庭复杂投资理财的需求。

"离异单身族"理财守则

（1）离婚时在财产分割等事项上要保持头脑清醒；

（2）让个人资产保值增值，但要选择低风险的产品，为养老做准备；

（3）为自己做好充分的保险保障，如有余力可为孩子买一定的保险。

单身人群中，还有一类非常特殊的人群，就是离婚或丧偶后将子女留在自己身边照顾的单亲妈妈。有了孩子，当然和一般的单身贵族很不同，一切的考虑，都会以孩子为基本出发点。但这种朴素的想法未必正确。

对于一个单亲家庭，单亲妈妈是这个小家庭最主要的经济来源，未成年子女的一切物质基础主要靠身旁的父母给予。因此，保住自己，才是对孩子的最大关爱和保障。

单亲父母除了和普通单亲贵族一样，保守投资，同时为自己投保医疗险、重大疾病险以及养老险之外，务必要替为成年子女考虑，投保一份以子女为受益人的足额寿险，预算不足的选择定期寿险，预算充足的也可以选择终身寿险，以防自己一旦发生不幸事故，孩子还能顺利成长。

在为自己做好充分保障之余，若有余力可以为孩子的教育费用投保少儿险，务必记得在保单中增加"保费豁免"功能，以免自己丧失劳动能力后，无力缴纳孩子保单的保费，影响保单效力。

此外，专家总是告诉我们"理财最重要的就是按部就班，理财要守纪律"。有了孩子的单亲族群，更要坚守这个原则，否则孩子就可能因父母不当的财务规划而受苦。而且，单亲父母应该努力培养孩子养成良好的理财观念和理财习惯，学会体贴父母的辛劳。

男人女人谁更适合投资理财

男人更适合理财的九大理由

（1）男人比女人做事果敢，家里的大事往往是男人拍板。涉及买房、买车、子女教育、养老等理财大事，自然是男人更合适作出决断。

（2）男人往往是家庭的支柱，最重要的收入来源，更懂得如何去挣钱。所以，男人比女人更有理财的感觉。

（3）男人通常职位比女人高，在单位经营管理的人、财、物更多，能担负更多的责任，在投资方面更有经验。所以，男人更适合理财。

（4）男人的心理承受能力往往比女人高，更能承担风险，更容易做到处事不乱，荣辱不惊，所以更适合去理财。

（5）男人比女人更有成功的欲望，投资的动力更强，也更要面子，怕失败了被人瞧不起，所以理财成功的概率更高。

（6）男人比女人更自信，所以做事情更主动，宁愿亲自操盘，而不是把命运寄托在别人的身上。所以，他们更能抓住投资机会，并且学习能力更强。

（7）男人比女人意志力更坚定，不容易受外界的干扰和影响，能够坚持自己的投资理念。这样，投资行为就更理性。

（8）男人比女人更粗犷、更大度，能够抓大放小，不在小事上过多纠缠和斤斤计较，更能悟透投资理财的真谛。

（9）男人比女人更花心，更希望求新求变，适应市场风云的变幻，不墨守成规，懂得"马无夜草不肥"的道理，所以在投资过程中更能出奇制胜。

女人更适合理财的九大理由

（1）女人对数字和钱财天生就比男人更敏感，她们更注重细节，所以更适合理财。

（2）俗话说，"男主外，女主内。"这种传统意义上的性别分工，决定了女性更应当担负起家庭理财的重任。

（3）不论感情因素，还是东方的传统，对大多数家庭来说，女人担任"财政部长"的角色已是不争的事实。既然女人管钱，理财自然也应是分内之事。

（4）女人比男人更善于倾听，更能虚心接受理财专家的意见，而不会一意孤行。有专业人士的帮助，女人更适合理财。

（5）女人比男人做事更谨慎，更稳健。我们知道，理财与投资最大的区别在于，前者跟不同人生阶段的财务目标相联系，实现流动性、安全性、高收益等方面的平衡，而后者更重视收益率目标。如此说来，女人更适合理财。

（6）女人比男人更会精打细算，喜欢货比三家，讨价还价，懂得"集腋成裘"的道理，自然更适合理财。

（7）女人重家庭，男人重事业。所以，女人在家庭理财方面的实践经验往往多于男人，而有些男人在失去家庭财务主导权后，对理财是心有余而力不足。毫无疑问，女人更适合理财。

（8）女人跟子女的关系更亲近，为了孩子的健康成长，她们应该比男人更有动力去理财。

（9）作为财务管家，女人要考虑到方方面面的支出和需求，因此，她们看得更远，为了日后的财务目标，压缩并调整当下的家庭预算。女人比男人更能认识到控制眼前消费开支的重要性，而这也是很多家庭理财计划得以实施的有力保证。所以，女人比男人更适合理财。

女性理财存在的五大误区

有统计表明,家庭理财的主角68%是女性。但其中70%的女性是家庭存折、信用卡、票据的"保管员",这样的"特殊身份"决定了女性必须具有一定的"财商",才能把家庭资产打理得井井有条。然而在现实中,一般女性上班时是个称职的职业妇女,下班后是个全能的太太、妈妈和管家,这些事做完已经有些体力透支,自然无暇研究需要聚精会神做功课的投资大计。容易在投资理财方面走入一些误区。

误区之一:能挣钱不如嫁个好老公

许多女性往往把自己的未来寄托于找个有钱老公,平时把精力都用在了穿衣打扮和美容上,却忽视了个人创造、积累财富能力的提高。俗话说,伸手要钱,矮人三分。许多女性凡事都依赖老公,对自己没有信心。多数女性对数字、繁杂的基本分析、宏观经济分析没有兴趣,而且不认为自己有能力可以做好,总认为投资理财是一件很难很难的事,非自己能力所及。认为养家糊口是男人天经地义的事情,但长此以往,必然会受制于人,女性在家里的"半边天"地位也就会发生动摇。所以,作为现代女性,应当自尊自强,依靠为自己"充电"、掌握理财和生存技能等方式,在立业持家上展现新时代的女性风采。

误区之二:理财求稳不看收益

受传统观念的影响,大多数女性不喜欢冒险,她们的理财渠道多以银行储蓄为主。这种理财方式虽然相对稳妥,但是现在物价上涨的压力较大,存在银行里的钱弄不好就会贬值。所以在新形势下,女性们应更新观念,转变只求稳定不看收益的传统理财观念,积极寻求既相对稳妥、收益又高的多样化投资渠道,比如开放式基金、炒汇、各种债券、集合理财等,以最大限度地增加家庭的理财收益。

误区之三：随大流避免受损失

投资理财要看统计数字、总体及个体经济分析，甚至政治等因素对理财投资都会产生影响，然后做综合的研判。这些对很少接触这类知识的女性来说，确实是大限制。许多女性在理财和消费上喜欢随大流，常常跟随亲朋好友进行相似的投资理财活动。比如，听别人说参加某某集资收益高，便不顾自己家庭的风险抵御能力而盲目参加，结果造成了家庭资产流失，影响了生活质量和夫妻感情；有的女性见别人都给孩子买钢琴或让孩子参加某某高价培训，于是不看孩子是否具备潜质和是否爱好，便盲目效仿，结果最终收效甚微，花了冤枉钱。

误区之四：会员卡消费节省开支

女性们对各种会员卡、打折卡可谓情有独钟，几乎每人的包里都能掏出一大把各种各样的卡。许多情况下用卡消费确实会省钱，但有些时候用卡不但不能省钱，还会适得其反。有的商家规定必须消费达到一定金额后才能取得会员资格，如果单单是为了办卡而突击消费的话，就不一定省钱了；有时商家推出一些所谓的"回报会员"优惠活动，实际上也并不一定比其他商家省钱；还有一些美容、减肥的会员卡，以超低价吸引你缴足年费，可事后要么服务打了折扣，要么干脆人去楼空，让你的会员卡变成废纸一张。

误区之五：女性适合"当家做主"

中国人的传统是"男主外，女主内"，也就是说女人应当掌握家庭的财务大权。不过，从科学理财的角度来说，夫妻双方由于理财观念和掌握的理财知识不同，两人的理财水平肯定会有所差异。所以，不论男女，不论工资收入高低，谁擅长理财，谁就应成为家庭的"内当家"。

如果两人互不服气，不妨来一个"擂台赛"，将现金类资产一分为二，夫妻分别理财，1年之后谁的理财收益高，谁就可以理直气壮地"当家做主"。

女性理财从投资自己做起

目前,女性在家庭理财中所扮演的角色越来越重要,因此,现代女性对于投资理财也应该有独立的方式与见解。

女性如何投资理财呢?首先,应了解自己的投资属性是什么?希望达到什么样的目标?可承担的风险有多少?待这些问题有答案后,再根据自己的需求去寻找适合的理财工具。

举例来说,如果是刚踏上社会的上班族,可以先规划每个月可存下的金额,利用银行零存整取的方式累积财富。再利用这笔资金根据自己的属性进行投资。如能承担高风险的,可研究挑选绩优股进而操作买卖。如果操作得当,财富的累积便更为迅速。当然,如果希望稳健的投资,基金是个不错的选择。总而言之,别让自己的钱躺在家里丧失投资的良机。

随着金融业日渐开放,金融产品层出不穷。女性要跨出投资理财的第一步,一定要多收集各方面的理财信息。要多看、多问、多比较,了解产品的风险及其变现性,以应不时之需。再根据各人所能承担的风险程度,配合各人或家庭对中长期的资金需求,作出妥善的投资计划。

女性朋友可以依各人的经济状况与年龄,考虑不同的投资组合。例如,可将约30%的资金,仍保留在变现最快的定期存款、货币市场基金等随时可以动用的工具上;30%的资金投资于基金,可通过专业人士进行理财;而其他的资金则可考虑直接投资于证券市场,长期持有那些有发展潜力、企业管理优良、分红稳健的证券,以期随着经济的发展,获得较高的收益。

当然,在越来越多的女性开始领悟到理财的重要性后,她们希望能提升自身的素养,更好地参与这场智慧与财富的较量。

投资自己:投资自己的关键是量身定制。根据自身不同的生存背景进行全面分析，弄明白自己缺什么，然后去补什么。在明确了目标后，根据自己承担风险的能力制定理财计划，这样才能有的放矢，得偿所愿。

在为自己投资的众多项目中，最重要的是学习投资知识。投资股票、基金，还是投资住房、商铺；购买理财产品，还是做外汇宝；投资邮币卡票，还是古玩字画，都要求有相当的专业知识，否则，就不是赚钱而是玩钱了。

货比三家做组合：理财是理性投资而不是暴富的途径。货比三家是女性投资理财的基本功。理财是分散风险、实现目标收益率的一种手段，是对财富的长远规划。建议女性在进行理财全盘考虑的时候，尽量分散投资于相关性不大的产品中。比如，黄金与美元往往呈反向变动，同时持有这两种产品，就能对冲美元贬值的风险。

随着更多理财产品的面世，女性投资者可选择不同风险档次、不同回报方式进行投资。要设计好自己的投资组合，最好不要集中投资高收益或低收益产品，而应该两者兼顾，以求最大限度地分散风险。

女性理财是新时尚，现在的投入与积累经验都将伴随女性的一生。理财能帮助建立稳健的财务，累积财富。现代女性要加入积极汲取理财知识的行列，让自己的一生都"花样年华"，千万不要轻易让财富与你擦身而过。

不同年龄女性理财方案

当今时代，对于处在不同年龄层次以及不同人生发展阶段的女性，如何与时俱进，重现自己"首席财务官"的风采呢？

25岁以下——理才重于理财，投资自身回报最高

经常听到有很多年轻的女孩振振有词地说，钱是赚出来的，不是省出来的。这话固然有理,然而要能赚到更多的钱,首先需要有赚钱的本领。这是一个理才重于理财的时期,这个阶段投资自己比自己投资更重要。

单身女性——储备结婚基金,准备终身大事一般来说,结婚基金属于短期需求,因此,定期存款、现金的比例必须在五成以上,以保持资金的稳定度。另外,低于五成的资金,也应该把目标锁定在稳健型的投资工具上。例如,每年分红稳定的股票型或稳健型的基金产品。

26~45岁——储备子女生育基金,转型家庭理财

这是一个理财最为复杂的时期,个人理财逐渐转变为家庭理财。一来,工作上可能会有升迁或变动,使自己能有更好、更稳定的收入来源;二来,面临结婚生子,子女抚养和教育费用逐渐增加;三来,父母年事渐高,赡养老人的义务也逐渐提上日程。

初期时,为了把家庭变成真正的避风港,需要进行家庭风险管理,建立家庭风险管理基金,并开始选择保险等未来保障型产品。还可以适当考虑一些收益较高的投资理财工具。一般来说,家庭的风险管理还是应该以保险和银行定期存款为主要投资目标。因此,应该先罩上一层"安全网",再来进行其他的投资目标规划。

从国外的情况看,一个人适当的保险金额,应该至少是每月总收入的72倍,也就是所谓"72原则"——保险提供的保障应该至少足够在没有工作的情况下支撑6年。

在后期时,需要逐步降低风险,增加流动性,因为随着结婚与子女的出生和成长,教育基金的需求量也会同步增长。因此,在孩子年龄还小的时候,考虑到教育基金的重要性,家庭的现金支出压力会增加,加上买房的压力,抗风险能力会降低。所以,这一时期不宜投资高风险的投资品,主要兼顾流动性与保障性。

46~55岁——维持生活水准,做好退休保障

这一阶段主要是为自己退休后的生活进行准备的阶段。可以根据家庭成员的状况分别安排资金，由于资金刚性支出压力较小，可以相对灵活地进行安排。比如，给自己或家庭成员再购买保险，资金充裕的话可以考虑再购买一套房等。但仍不宜进行炒股等高风险的投资，宜改投国债或者货币市场基金这类低风险的产品。

总的来说，不同的人、不同的家庭在制定自身理财方案时可能会有较大的不同。但最为核心的是，自己一定要有综合理财的概念，对于自己的未来要有全盘考虑，这样才能做出最适合于自己的理财方案。

额外收入该如何打理

有了大笔额外收入，若暂时没有明确如何花，最好及时专项存入银行，根据家庭消费计划择期储蓄。例如，想买东西，可暂时存个定活两期。因为手中有大笔的钱，平时花起来就随便，没有节制就有可能将大钱变小钱。

用这笔钱办点事，购买一些必需用品，钱多可以买大件，钱少也可以买点小物品，选择既实用、又有纪念意义的小物品，让小钱花得有价值。

对于额外收入花起来也要心疼，要将其列入家庭消费计划之中，视为家庭机动收入，支出也要归于家庭特殊支出之类。

保证"专款"专用。节约与浪费的区别有时并不很明显。"专款"专用是克服额外收入消费盲目无计划的一个好办法。例如，稿费可以用来买些书，订些报刊等，进行"智力投资"，也可用于亲朋馈赠，归还"人情债"，等等。

大笔额外收入也可用来做些家庭小投资，以钱生钱。例如，购买国债、有价证券，适时也可炒股等，根据个人爱好和资金多少择"优"投资。

居住于广州市海珠区的邓先生是一名教师，基本工资约3 500元/月；妻子是海珠区某医院的医生，基本月薪约3 000元。去年刚结婚，计划两年后再生育。目前邓先生的父母与他们同住,均为某国营工厂退休职工,两人退休金合计约3 000元/月。两老人身体状况尚可,单位有医疗社保,但没有购买商业保险。邓先生夫妇于去年购买了某小区价值40万元的住房,首期10万元,余款30万元采取按揭供楼,30年月供1 600元。家里现有定期存款5万元,活期2万元,国债2万元。由于夫妇俩工作较忙,没有进行其他方面的投资,希望进一步提高生活质量但总是觉得无从下手。

分析

1. 财务状况分析

现有家庭财产包括流动资金9万元和在按揭的商品房价值40万元(实际已拥有价值约12万元)、旧房折价;其中,流动资金分布为银行存款80%,国债20%。家庭成员月收入总额为9 500元/月,四口之家日常生活消费额假定为年平均4 000元/月,住房按揭供款额1 600元/月,其收支比例接近60%,每年可积累资金为6万元。其家庭收入属于中等水平,稳定性相对较高,但家庭固定资产相对薄弱,经济基础一般,目前属于保守型投资结构。

2. 家庭理财建议

(1)逐渐拓宽投资途径。目前投资结构单一、保守,但基于家庭成员的结构和工作性质也不宜过于激进,可调整为稳健型投资结构,主要通过充实较低风险度的投资途径来实现增加收益的目标。根据其投资偏好,建议保持现有银行存款和国债投资,将日后的资金积累用于购买银行理财产品、收益性较好的投资基金以及投资连结保险等品种。其家庭成员对购买更多保险的实际需求并不明显,若有兴趣可考虑为年轻夫妇适当购买分红型保障保险,在取得人身意外保障的同时增加投资收益;同时可在小孩出生之后为其购买成长投资型保险产品;按照家庭收支水平及其实际需要,保险支出可控制在6 000~9 000元/年。

(2)缩短按揭贷款期限。根据家庭成员的结构,今后一段时期的生活费用仍将逐步上升;以当前的经济基础、收入水平、资金积累能力,将住房按揭贷款提前还清并不能减少经济负担，而保持现在每月并不太高的供款额度更有利于减轻支付压力。因此，建议将贷款期限缩短到20年，因为按揭20年与30年的月供款额差异不大（20年的月供款额约1900元），家庭收支比例为63%，在现有收入水平可承受范围之内，但可以大大减少长期贷款的利息支付。

（3）稳步提高生活质量。由于其经济基础较为薄弱，还需要依靠长期积累和投资收益；且家庭成员老少皆有，因此建议保持相对恬淡的心态，不宜横向攀比和过于浮躁，在稳定现有水平的情况下逐步提高生活质量，如购买家庭轿车、增加旅游及娱乐消费、进一步改善居住环境等。

收入中等但相对稳定，单位取消分房政策之后必须依靠自己供楼，还需要照顾父母、养育小孩，这是城市里很典型的一个普通白领家庭状况。此类家庭的风险承受能力较弱，在投资理财方面应注重稳健为主，但也要防止过于消极保守，适当拓宽投资渠道、培养投资理财能力，才能逐步提高生活质量。另外，采取按揭贷款买楼应进行必要的成本核算，比如贷款期限的选择标准不仅要考虑还款压力，还要考虑利息支出情况，达到两者之间比较合理的平衡。

第二章 先积累,再消费

"新贫族"的理财攻略

他们经常没钱,经常借钱,挣得不少,花得更多。他们有钱时什么都敢玩,什么都敢买,没钱时便一贫如洗,艰难度日,拿着丰厚的薪水,却打着贫穷的旗号。他们的口号是"心无杂念享受现在",超前消费是他们执着追求的生活理念。这就是曾经一度流行于都市里的白领"新贫族"。

理财专家支招

(1)对个人的财产状况要有清醒的认识,控制债务理性做"富翁"。一个家庭还款的月供最好不要超过家庭月收入的30%~40%。在这个范围内,家庭财务还比较安全。

(2)优化组合负债。在负债的情况下要有统筹的考虑,为减少利息支出,可以尽可能地利用利率最低的品种。胡先生家庭贷款占收入的比重比较高,尤其是在近3年内。所以,可及时调整贷款期限和贷款种类,如与银行协商,把贷款期限延长,减轻压力,再将节余储蓄,先还清装修和购车贷款,节省利息。

如果你是"中毒"已深的"新贫族",一般的省钱秘诀已经救不了你了,一定要试试以下急救方法。

1. 拟定生活目标

根据人生规划的进程，了解自己的生活需求，拟订短、中、长期的财务目标，再根据此制定理财计划。当然，首先要了解自己的开销，建立收支记录，并编列必要预算，拟定合适的财务目标，提高理财运用能力。

制定理财计划时，必须要考虑实际的财务能力，并定期检讨、弹性调整，让理财计划不致成为生活负担。

2. 从记账开始，找出财务漏洞

因为只有这样你才能从习惯存钱到有钱投资，进而不断累积资产。当然，光攒钱是不够的，你还得学会记账。

3. 完全致富公式：先积累再消费

许多年轻朋友都认为只要每个月的收入减支出之后仍有结余，那就是有储蓄、有财可理了。这种错误的观念一定要彻底扭转，别因为克制不了消费欲望，或对支出数字"麻木"，到了收入用罄、信用卡刷爆了，再懊悔不已。养成固定储蓄的习惯是累积财富的基本原则。

4. 强迫储蓄

如果没有储蓄的习惯，就只能靠强迫储蓄。"新贫族"最好选择每月往一个专设的户头里存钱，如通过银行零存整取、整存整取或者定期定额购买基金来强迫储蓄。

5. "需要"与"想要"分开

容易冲动消费的"新贫族"在掏钱前，一定要先想想所要买的东西是"需要"还是"想要"，然后尽量压缩"想要"的支出，只买"需要"的东西。

除了以"想要"和"需要"区别记账，最好还要完整地记1年的账。因为1年是最完整的周期，未来就可依过去1年的账目控制预算，花费较多和较少的月份还可以相互补调。

6. 避免群体消费

群体消费跟个人消费是绝对不一样的。"新贫族"们应该尽量避免跟朋友一起逛街。如果一个人要买一件白衬衫，回来可能只是一件白衬衫，而跟朋友出去，可能又多买一条裤子，还可能去吃饭、喝咖啡、唱KTV、看电影。所以要shopping，自己去就好。

7. 少用信用卡

如果经常为冲动性购买所苦，那么"新贫族"应该少用信用卡，而只带预算内的现金出门，再怎么冲动，也较难超出预算。

8. 找到发泄的替代品

工作压力一大，就喜欢逛街，花钱买轻松的感觉，也是"新贫族""失血"过多的主因。很多上班族某个工作结束时，一定要发泄一下，但应该尝试找出花费不多的替代品。例如，犒赏自己一部好电影，或者买一本好书，都能达到消费行为的发泄效果，只是，慢慢改变自己的习惯需要时间和决心。

9. 投资型的享受

同样是花钱，与其花在消耗型的享受不如花在投资型的享受。像汽车和家电都是短期的享受，对长远的生活没有太大的帮助，价值也会随着时间折损。

上英文课就属于投资型的享受，价值不但不会折损，还能帮助自己找到更好的工作，提高收入。所以在设定消费目标的时候，就要检视是否有投资的必要。

10. 开源节流

开源节流的意义不外乎就是增加收入来源、减少支出项目。而年轻朋友在理财之初，首要的财务目标应是储蓄3—6个月的生活必需准备金，因为刚开始就业的前几年，年轻朋友可能不见得能很顺利地找到适合自己长远发展的工作，有转换工作的可能性，为使转换工作过程中生活不至遭遇大冲击，或是应付意外的支出，生活准备金是相当重要的。

坚定意志力达到储蓄目标

如果有心长期存款，就要选择路远又不方便领钱的银行为佳。

有家银行从事一项问卷调查，调查顾客是以何种方式及标准选择银行。结果有70%左右的人回答："选择近又方便的银行。"这其中有件令人感兴趣的事：所谓"近又方便"是指领钱方便，而非存钱方便。如果有心存款，而选定定期存款方式者，则一定选利率较高且较远的银行，如不方便领钱，就可以降低领钱的冲动，而达到存钱的目的。

所谓聚沙成塔，实在值得铭记在心。

报纸上曾经报道一位拥有1 000万元的富翁，职务却只是大厦管理员。我们心中难免怀疑：薪资不高的管理员，为何却拥有如此巨额的存款？

事实上，这些存款当然并非凭空得来，而是由一笔笔小额存款累聚而成。1万元、10万元、100万元……就这么积聚而成。若想很快存满1000万元，那是非常不可能的。

就心理学来说，为了要达成主目标常会设定次目标，这样会比较易于完成主目标。许多人会因目标过于远大或理想太过崇高而予以放弃，这是很可惜的。若设定次目标便可较快获得令人满意的结果，能逐步完成次目标，心理上的压力也会随之减退，主目标总有一天也能完成。

小陈两年前大学毕业后来到上海工作，是个典型的"新上海人"。由于工作勤奋，目前在某IT公司任项目经理的他每月税后收入约为8 000元，属于中等偏上。可是由于小陈在上海没有住房，目前暂时靠租房解决居住问题，每月仅房租的支出就在1 200元左右。加上日常开销和每个月给父母的补贴，每月基本没有节余，属于无奈的"月光一族"。想到今后还要买房结婚，小陈就有点迷茫了，自己是不是需要理一理财呢？

理财分析

其实,像小陈这样的"新上海人",事业处于上升期,不出意外的话,收入会稳步上升。而这个阶段更是人生积累财富的第一个关键阶段,这个"底子"打得好不好,直接影响着他今后的生活。如何有效利用稳定的收入来积累财富是其当务之急需要解决的问题。

理财建议

首先,开源节流。目前小陈的收入主要用于房租、日常和朋友们的聚会吃饭,基本占了工资的七八成,剩下的钱除了孝敬父母外,储蓄率基本为零。所以,在有限的收入来源的前提下,如何做到"节流"十分关键。类似于小陈这样的年轻人很多,小陈完全可以通过与同事或朋友合租的方式来减少一半的房租支出。一般的饭局,能推则推。其实自己动手做饭,卫生又实惠,何乐而不为呢?

其次,强制储蓄。如果做到了第一步,每个月就能省下两三千元左右,建议小陈不妨到银行签署3年的基金定投协议。银行连续3年每个月从工资卡中扣除2 000元购买基金,这样一来不但使平时莫名其妙花掉的钱省了下来,更可以在3年后为小陈的婚姻大事提供一笔不小的现金流。至于剩下的钱,可以作为紧急预备金。

最后,建议小陈办理可以透支又有免息期的贷记卡作为自己的资金周转工具。在平时的消费中,享受贷记卡消费便捷的同时,充分利用免息期,达到资金的最大利用率。为了避免忘记还款的尴尬,可以到发卡行办理自动还款业务,每个月的还款日前自动从工资卡中扣除透支金额。

像小陈这样年轻的"新上海人",如果能够严格执行既定的理财计划,再养成平时记账的好习惯,那么"第一桶金"绝对不是什么难事了!

每个月省下100元就能成为百万富翁

每个月给你100元，能用来做什么？下一次馆子？买一双皮鞋？100元就花得差不多了吧。你有没有想过，每月省下这100元，你也有可能成为百万富翁呢？

如果每个月定期将100元固定地投资于某个基金（即定期定额计划），那么，在基金年平均收益率达到15%的情况下，坚持35年后，你所对应获得的投资收益绝对额就将达到147万元。

过去，银行的零存整取曾经是普通百姓最青睐的一种储蓄工具。每个月定期去银行把自己工资的一部分存起来，过上几年会发现自己还是小有积蓄。

如今，零存整取收益率太低，渐渐失去了吸引力，但是，如果我们把每个月去储蓄一笔钱的习惯换作投资一笔钱呢？结果会发生惊人的改变！这是什么缘故？

由于资金的时间价值以及复利的作用，投资金额的累计效应非常明显。每月的一笔小额投资，积少成多，小钱也能变大钱。很少有人能够意识到，习惯的影响力竟如此之大，一个好的习惯，可能带给你意想不到的惊喜，甚至会改变你的一生。

更何况，定期投资回避了入场时点的选择，对于大多数无法精确掌握进场时点的投资者而言，是一项既简单而又有效的中长期投资方法。

简朴的生活

简朴的生活,并不是消极、懒惰,也不是修道式的苦行僧生活,而是为了活得似一个人,活得轻松畅快、自由自主,活出亲情、有人情味,活出人伦之爱、更健康、更有意义的生活,使我们更能悟出"彼此相爱"的道来。

简朴生活,从心开始——从淡化你的欲望开始,从价值观改变开始。

(1)降低你的生活需求。如果你的欲望合理,你的生活就合理;我们有许多的欲望,其实只带来我们很大、很多、很无谓的生活压力;检查一下你的欲望,有哪些是不合理的、不健康的。

(2)减少没有实际意义的交际,为的是减少"人情债"——免得浪费时间和金钱。许多虚伪的应酬,实际是谋杀生命的;摆脱应酬,而把时间用在实实在在有需要帮助的人身上。

(3)尽可能远离电视机。它是一个偷窃光阴、蚕食生命的无形杀手。许多人不知不觉浪费了许多宝贵时光在这魔匣面前,如果我们临终有机会反省一下,就知道,人生中有太多时间是浪费在肥皂剧上了。

(4)不是必需品,尽可能不买。现在更新换代太快了,许多使用的东西,几乎不费什么就得到了,还有不少是别人送的。

(5)舍弃你的嗜好,因为它很容易捆绑和缠累你。如,洁癖、逛街、茶瘾、烟瘾、酒瘾以及许许多多发烧友的嗜好;特别是,有一些很费周章护理的宠物。

(6)放弃愚蠢的消费。人有着上千成百样愚蠢的消费,譬如吸烟:人们用8.76万元(以每日一包烟8元,吸了30年计算)去使自己的身体基因病变,然后又用10多万元去治疗,然后咳嗽着痛苦地死去。人们往往在消费时,并不知道自己有多么的愚蠢荒唐;一面耗费自己的钱财,一面加速缩短自己的寿命，再没有比吸烟更加愚蠢的消费了。你要反省一下，你还有什么消费是蒙受欺骗的？

（7）不要试图了解潮流时兴什么，按你正确的价值观去生活。不要让他人的观点，改变你自己正确的看法。不要让虚张声势的潮流使你感觉心虚，你要冷眼看世界，让世界"惊愕"地看你。

（8）把健身融于体力劳动、助人之中。浪费那么多力气在健身器械上，不如为有需要帮助的邻舍抬抬煤气罐、跑跑腿吧；现代人自私的其中一个体现就是，宁愿把剩余的体力耗费在毫无意义的机械运动中，也不愿意搀扶一下残疾人；寓运动于办事效率之中——跑步上下楼、上下班（至少可以跑到车站），在购物中散步等。这样有益于身体，又节省了时间。

（9）不要借债，不要超前消费，按你现有水平的一半标准去生活。

（10）戒掉你夸张的阔气。没有谁因为你的阔气而尊敬你，只不过是你自己以为罢了。只有你慷慨助人时，才会有人真正尊敬你。

（11）简化你的衣、食、住、行。例如，简化你的化妆品、简化你身上的饰物；检查一下你的衣橱，看看是不是拥有多过于你的需要？检讨一下你的饮食有没有浪费、有没有造成营养过剩、消化不良、要减肥？手机热过去了，现在轮到小汽车了，那种为满足虚荣感而换个手机的愚蠢欲念又会转移到车子上的，拥有一辆车所需的费用你算清楚了没有？如果不划算还去买，欲念使你变得愚蠢也不知了；你所住的房子，真的需要这样大、这样豪华？已经大大超出了"住"的功能了吧？看看这一切，符不符合俭朴原则？

（12）把房间里没有使用的物品清理出去。堆积过多的废品会让我们的大脑变得缓慢。

（13）每周至少一天完全休息。这是一个规律，但贪婪使我们破坏这个有益灵、魂、体的规律。放假，作为灵、魂、体回归安静是必不可少的，但贪婪却使人心灵忙乱、精神疲乏、身体困倦。

（14）不要攀比，你永远无法追上时尚的步伐，就按你认为好的价值观去生活得了。别人爱怎样生活,由他去罢。否则,你既知道正确的价值观,但又不得不追赶世人的时尚,你就会很矛盾、内疚、自责,这样生活是痛苦的。

(15)勇敢地向你所不喜欢的生活说:不!活得简单才有味道。西方在经历了物质主义生活的惨痛过后,兴起了一种叫新俭朴运动,这是西方反思的产物。原来真理就是这么真切的,但人只有在现实面前碰得"头破血流",才愿意返朴归真的。尝过了物质主义生活的他们都不愿意过这种生活了,难道你还想"头破血流"吗?

理财当家不光只是节省

我和太太结婚10年。记得婚后不久,没等我俩商量谁来当家时,太太就主动地"缴械"。当时我和太太的工资不高,太太每月给我800元就算了事。我大包大揽,负责太太的吃喝拉撒所有的一切开支。说得不好听,太太每个月买卫生巾的费用都包括在这800元里。

不到1年,我就"撂勺"了。原因自然是嫌工资太少,这个穷家不好当。我对太太说,你来当家吧。于是太太接过我撂下的"勺"——我每月交2 000元,太太就任我家的第二任"财政部长"。每个月只有2 800元的开支费用,如何把这笔小钱用活用好,太太动了不少脑筋。首先太太提出当家理财的新论,她说:共产主义的分配原则是按需分配,我们家的消费原则是按需花钱。以前我当家,经常是看到合意的便宜货,不分好赖一律买回家。比如,有一次我先后买了5件15元一件的T恤,因为T恤的款式和颜色都淘汰了,穿过一次后,我就没有心思再穿了。太太认为这不仅是浪费,而且占了家里衣柜的空间。太太认为应按需花费,如果确实需要购买T恤时,就应该买,那怕买贵点,款式新一点,买回家经常穿当然比压箱底要好。

其次太太认为要省钱的话，全家人尽量少在外面吃饭。比如，在饭店里吃一碟拌黄瓜，就要12元；在家里自己做拌黄瓜两元就能解决，而且份量比饭店多，一前一后相差十几倍。太太好像是天生的"厨娘"，烧的一手好菜。我不是故意捧自己的太太，总觉得太太的烹饪手艺比许多饭店里烧出来的菜好吃。太太经常说：烧菜烧得好也能增值省钱，如果花二三十块钱买只鸭子回来，不会把鸭子烧咸了，或者烧糊了，那等于白忙；如果烧成一顿美味佳肴，一家老小吃得津津乐道，那么这只鸭子最起码增值1倍。因此，我家在吃的开支方面，经过太太的精心调理，真可谓：花钱不多，吃得快活。

尽管太太聪明加辛苦，但每个月不到3 000元的费用，再盘花样，也不会盘出飞机大炮出来。于是太太在不影响日常工作的前提下，业余时间想方法开源挣钱。太太是学会计的，她双休日找了两个私营公司代账，一个星期半天，两个公司每月各给太太500元的报酬。在太太以身作则的影响下，我明白了：要想过上美好生活，就要不断地添砖加瓦。这两年我学会了炒股，第一年套牢，第二年我开始挣小钱了。每次我跟朋友们说：我在炒股。朋友们惊讶地问我：股市那么熊，你凭什么赚到钱。我说很简单，我只挑选几种优质低价股票炒，其他股票一律不碰。这几个股票我跟了好几年了，比如：民生银行1年来一波行情，有规律，很稳，我每年赚一次。于是我对手中的股票了如指掌，对它的行情和价位倒背如流，不像许多人炒股，一炒就选十几只，代码有时都记不住，跳来跳去，后来耐不住性子，失去了赚钱的机会，连一趟"飞机"都没有坐上。这两年我炒股，很少失手，只是赚多赚少的问题。俗语说得好：稳健就是暴利。我对这句话有着深刻体会。

太太每月家庭生活开支都有明细账，每月小总结，年底大总结，并且在年底计划明年的开支，预计来年的收入。我想，一个家庭收入运作，其实和一个单位运作是一样的，只不过一个盘子小，一个盘子大。由于我们会算钱，会省钱，更会挣钱，我们的生活1年一个台阶。由于我们手上有钱，5年前我们就超前买下一套三室两厅的新房子，一次性付清房款，只找母亲借了10万元。我们要是现在买房子，那要多掏70万元。这一反一复，理论上我们等于赚了70万元。

太太当家最重要的是：她改变了我的生活观念。会理财、会当家不光只是"节省"两字，更需要对生活的感悟和智慧。

很多人因为赚钱容易，花钱随性而变得大手大脚。

如何才能做到"涓滴不漏"呢？从细处入手，在平常的生活开支中严谨理财。谨记以下理财原则，会对你的日常理财裨益不小。

记"流水账"

平时居家过日子，进进出出的开支非常零星。一日三餐、交通、娱乐，看上去似乎很固定，但是一些不经意间的额外支出，到月底时常常让你吓一跳，大大超出预算，还弄不清钱都花到哪里去了。

记"流水账"是帮助你控制家庭财务的一个好办法，看似原始，实则有效。从现在开始，准备一本账本，切实记下每日经常性和偶然性的每一笔开支。这样养成每日记"流水账"的习惯后，不仅可以使你对口袋里钱的去向一目了然，而且可以渐渐悟到一些心得，摸清哪些花费是必要的，哪些意外开支是可以避免的，哪笔开支是可继续评估其必要性的。

对于工薪阶层来说，冲动性消费是理财的大敌。

例如，看到打折就兴奋不已，在商场里泡上半天，拎出一大包便宜的商品。看似得了便宜，实际上买了很多并不需要或者暂时不需要的东西，纯属额外开支。一般来说，记"流水账"是对付"看不见"的零星支出最好的办法，也是有效抑制冲动性消费的良方。没有谁的记忆力能够像账一样清晰，也极少有人毫无购买欲。

做计划

就像任何事情一样，事先准备好计划是使事情有条不紊顺利进行的前提。

看看这些没有计划的理财行为吧，你就知道为什么需求未增却总是超支的原因了：买东西到急需的当口才匆匆忙忙地去买；来不及仔细选择、比价；当季的衣服一上柜就迫不及待地掏腰包；买到的永远都是高价；买东西零零散散地就近购买；费时费力且常花冤枉钱！

计划应该包括选择购物的时机和地点。

配合时间性或者季节性买东西，往往能省下不少开销。其实我们都知道，当季的蔬菜水果便宜，换季的衣服有折扣。但在购买时需要注意一些细节，比如，买换季的衣服时要注意品质以及要挑选非流行性的款式，这样在来年穿上时不至过时。

选择地点同样有讲究

大型综合类超市购物方便，且价格也较便宜，但琳琅满目的陈列容易让人的购买欲一发不可收拾，结果在结账时超出当初预算。只有在购买消耗量大的生活必需品或者与朋友邻居合买分摊时才最适宜去这种超市。还有一种针对某类商品的超市，如家用电器、通讯产品等，多以连锁方式经营，其品质与服务不输一般专门店，价格又较低，也吸引不少消费者。此外，另有一种购物途径是一般人较不熟悉的，那就是与厂商直接接触。但由于厂商与经销商之间的契约，不是各类商品都可"超级购买"，不过金额较大的商品都可循此途径试之。先在店面看好型号、询价，再通过报纸的工商服务栏或家里的电话簿查询厂商服务电话。在实际操作中，这种"超级购买"常常靠厂商员工当媒介，以通常有五折以上的员工价优惠购买，即使让中间人小赚一成也仍然划算！

集体购买

团结力量大，运用集体购买的方式可以获得较大的折扣。这在购买价值较大的商品，如房子时，尤其有用。在买房时不妨集合几位想买房的亲友，集体与开发商谈判，常常可以获得额外的折扣。

侃价有备而来

善于理财的人"有所花，有所不花"。价格高的东西并不意味着品质也高。消费价格在市场上并无定数,消费者要靠实力和货比三家才能买到品质好价格又合理的东西。要做到侃价有成果,你需要多吸收商品流通信息,培养识货的能力。平时多阅读报纸、杂志的商品报道,但要注意其广告性质,分析报道的可信度。最有直接效果的信息,应是一些分析报道,对品质价格等方面只做分析评估但不做结论。这种客观报道偶见报端,极有参考价值。

学会理财 = 方能省钱

定时存款

当你每月领到工资后要做的第一件事,就是根据这个月的开支作一个大概的估计;然后将本月该开支的数目从工资中扣出,剩下的部分按时存入银行,并养成习惯。

买新不如租赁

现在是买方市场,市场商品丰富多彩,除去必要的生活用品如家具、冰箱、微波炉等,有些物品可以采用租赁方法,既方便又省钱。例如,孩子用的童车、专用床、高档玩具、钢琴、电子游戏机等都可花小钱租赁,因这些物品有的属于阶段性用品,有的属于价钱较贵的商品,租赁就显得合算多了。又例如,家用电脑、婚纱、装修用电动工具也可采用租赁的方法,一来电子产品升级换代快,二来有些高档用品只是一次性使用,买下来闲置大于使用,资金就显得浪费。

掌握小型维修技术要养成一个勤动脑、勤动手的良好习惯,对家用电器和机械物品的原理及维修知识,要争取多懂一些,同时,再配备一套简易的维修工具,如扳手、钳子、螺丝刀、斧子、锯子、刨子、钉子等。这样,在我们的日常生活中,电器机械、装饰品、木器等发生一些小故障和小毛病,就可以自己动手修理。这样不仅能节省开支,还能丰富自己的业余生活,增长各方面的知识。

买车不如"打的"。拥有一辆自己的汽车是许多人的梦想，但从经济角度衡量，未必合算。买辆桑塔纳约需10万元左右。买车后，有许多费用，加在一起总计每年支出1万元左右。难怪有人会说"买得起用不起"。再说，车买来并不是每天都能派上用场，闲置不用同样要费用，如今，出租车越来越多，"打的"十分方便，有事出门"打的"，花钱也不多，方便省力，比买车实惠多了。

要为明天的风险投保。在这个机遇多、风险更多的社会里，计划赶不上变化的事时有发生，"今朝有酒今朝醉"是家庭理财的大忌。从长远角度考虑，每个家庭都应在"和平稳定期"，用一定的支出设置未来的保障，人们常说一个只会挣钱的人，并不是最聪明的人；而一个善于理财和懂得分散风险的人，才是一个聪明的人，保险无疑能化解未来不确定性的风险，所以家庭理财时，不应忽视这个工具。

物尽其用。要树立勤俭节约、艰苦朴素的优良传统。从小处着手，养成优化利用各种物品的习惯，切实做到不浪费。节俭的习惯只要坚持下去就能积少成多，从众人最易忽视的"针头线脑"中，得到一笔可观的积蓄。

记好家庭收支账，在家庭收入和支出上，细心的家庭可建一本收支流水账详细记载收支情况，做到收入支出心中有数，这既能增加夫妻双方在经济上的透明度，也利于家庭理财。家庭消费伸缩性很大，家庭收支账记好了，有利于精打细算，计算着花钱。省钱是工薪家庭最有效的聚财途径，省来的钱就是挣来的钱，记好家庭收支账，量入为出，计划消费，是居家过日子的好方法。

"限制零花、紧缩银根"。在现代家庭中，独生子女的零花钱是一笔不小的花费。许多年轻的父母，都把唯一的小宝宝视为"小皇帝"，尤其在孩子要钱时，总是尽量满足，今日给两元，明日给5元，天长日久，每月孩子花掉的零用钱不是个小数目。由此可见，工薪家庭一定要在"小皇帝"的零花钱上动点脑筋,对孩子的零用钱"紧缩银根",给予限制。这样做既节省了家庭开支,同时也有利于培养小孩子节俭的习惯。

顺购不如逆购

购物可打时间差,是省钱的一大诀窍。买菜可避开早市高峰,每天中午或傍晚是买菜的"最佳时刻",如此"逆购法"可省下30%～50%左右的开支,等于每月赚了百来元。利用季节差价可省下的钱更多,冬季购夏装,夏季购冬装,早就成了部分市民的消费之道。抓住地区价差可买便宜货,想要杭州的茶叶、新疆的葡萄干、云南的火腿就可托人到产地直接购买,一些小零小散的日常用品可利用批零售来减少支出,亲戚朋友、邻居同事合伙到批发市场购买,大家都可省下一笔钱。

如何不花冤枉钱

挣钱不容易,花钱如流水,这都没有什么,最让人堵心的是花冤枉钱。如果是要理财攒钱渴望哪天成为一个大富豪,不花冤枉钱也是因素之一。少花冤枉钱、不花冤枉钱也是节流的途径之一。

冤枉钱有显性的,也有隐性的。比如,你在中国买一辆奔驰E-320,前前后后花了百十来万人民币,和买其他车的价格相比,虽然是贵,但性价比还可以。但是,如果在美国买一辆同样的奔驰,只花不到一半的钱,这就是隐性的冤枉钱。显性的冤枉钱是你买了奔驰E-320花了百十来万人民币之后,销售商又让你花两万元去买一个全球定位系统的防盗装置,这就是显性的冤枉钱了。

因为这个系统完全没有必要,第一,目前的大奔小偷偷不了,不论你有没有这个系统;第二是如果丢了大奔,有保险公司承保,你会分文不少的找回来,所以,那两万块钱的全球定位系统的防盗装置就是一个冤枉钱。

外面的世界很精彩，外面的世界也很无奈。我们挣钱不容易，花钱要仔细，但是，要有头脑，有智慧，有分析能力，争取不要花冤枉钱。冤枉钱也是钱呀！

如果你的主要收入来源是固定的工资和奖金。你就需要明白，适合你的理财一定是从节流开始。

控制支出可以看成一个无风险的投资，也是我们获得积蓄的必要条件，更是我们实现人生目标的一个起点。学会节流，有利于培养你的长期理财观念，让你的目光看得更远，让你的目标更具有现实意义，让你将来的生活规划更具操作性。

与节流紧密相关的另一个面是节余。节余按照期限划分，一般有月节余和年节余。工薪阶层要对月节余给于足够的重视，如果你的资产积累是有限的，你更要好好利用月节余，月节余好比一个"加速器"，让你更快速的实现自己的目标。

目前，基金定期定额是实现月节余加速的最佳理财工具。你可以根据你的目标和达到这一目标的预计期限，在市场上选择一种适合你的定期定额基金品种。例如，你刚刚入职不久，目前月固定收入为3 000元，节流后的固定支出1 000元，你的目标是期望在5年内积累15万元用于购车，那么你应该如何选择自己的基金呢？首先，你的月节余已经确定为最多2 000元，然后你可以把5年内要实现15万元的目标转化成一个投资收益率。通过简单的计算，这一年化收益率是8.78%。换句话说，如果要确保你的目标能实现，你应该选择一个能够在5年内至少实现平均年收益8.78%的基金品种。另外一点，一旦你确定了自己的目标是8.78%，你就不要轻易去选择大于10%的投资了。因为一方面，你要懂得取舍最优和最好，8.78%不一定是最好的回报，但对你而言却是最优的；另一方面，你要知道超越了8.78%，就意味着你需要为此承担更大的风险。

重视节流，善用节余，理财就是这么简单！

1. 收付要记日记账

家庭收付款项要记日记账。分日记账和总清账两册。每天把款项记入日记账，每周再从日记账分类登入总清账。每月结算一次，年终总结一次。

总清账的分类如下：

收入方面：

（1）薪水或佣金。

（2）不动产利益。

（3）企业利益。

（4）特种收益。

支付方面：

（1）饮食项：如柴、米、油、盐、菜蔬等。

（2）衣服项：如衣料、缝工等。

（3）教育项：如学费、书本、文具等。

（4）弘法项：如购送佛书和捐助佛教团体经费，社会各种公益义捐等。

（5）应酬项：如庆祝宴会等。

（6）特用项：如婚丧以及屋宇修理，器具购置等。

（7）杂用项：凡以上六项没纳入的，归入本项。

（8）储蓄项：如投资借贷和存入银行商号等。

2. 消费要合理

家庭消费要做到合理，就应该在购置用品方面加以注意；因为浪费柴米是显而易见的，而购买用品想不浪费却大有研究的价值。同是购买一件物品，在甲手里是合理的消费，在乙手里也许会是不合理的。所以在没有购买之前，应该考虑到是不是真实需要，家里的旧货是不是可以改造替用，是不是经济实力所许可。当购买的时候，应当品评货物的优劣，估计货价的贵贱，时节的关系。货物的优劣，和货价的贵贱，有连带的关系。若是真正好的货物，能够经久使用的，就是价值贵一些，和假的或劣质的，不能经久使用的，廉价货物比较起来，前者更符合经济的原则。因为廉价买进的物品，在当时看来固然便宜，可是一旦不合用，或不多时就损坏，而不得不抛弃或修补改造时，便由节俭变为浪费了。

3. 要从事储蓄

我们要记住人生也有不幸的时候，如丈夫失业闲居，妻子疾病缠身。倘若向他人借贷，在"世态炎凉，人情冷暖"的社会中，你的希望是常常不容易达到实现的。所以收益有余款时，就应该从事储蓄，以防备意外的支出。储蓄不妨从小数积起，但储蓄要选择稳妥的银行或商号，既可生息，又无危险。如果贪一时的重利，借给不可靠的人，或是效法"守财奴"，把钱收藏在家里，都是不妥的。在平静的时候，储蓄是非常需要的，不过倘若生逢乱世，物价时时飞涨，固定的利息收入，赶不上物价的上涨，弄得所存贬值，那时又另当别论。在这种特殊情形之下，就应该善于运用储蓄的款项了。

第三章　花钱是一门平衡的艺术

挣钱是技术，花钱是艺术

谁都清楚，挣钱是因为要花钱，但对待同样的钱，人生境界不同的人会有迥然不同的做法。钱不同的花法体现着不同的人生认识，有的人醉生梦死，有的人得过且过，有的人在不断创造，有的人在体会人生。所以说："挣钱是技术，花钱是艺术。"

挣钱决定着你的物资生活，花钱则反映着你的精神生活。

也许没有人会想到，从花钱的过程中可以看出一个人的判断能力、公关能力和应变能力，这是在职场上不可或缺的基本素质。

对于会花钱的人来说，工作是一件主动、积极的事情，而不再是被动、消极、无奈、漫长甚至是痛苦的过程。他们在享受工作的乐趣而不会感到工作是一种折磨。

这种感觉有点像逛街一样：你可以面无表情地走马观花，不断地抱怨着，无奈地辛苦着；也可以充满好奇和美感地浏览、鉴赏和选购，你不仅能够从中了解时代的进步与变化、市场的需求，欣赏他人的智慧和创造力，通过侃价还能锻炼谈判以及交涉的能力……同样一件花钱的事情，有意者和无意者因心态的不同，往往就有着迥然不同的结果。

赚钱是本领，花钱是艺术，能挣会花的人才最值得称道，然而要做到这一点还真不容易。中国人的传统消费习惯是量入为出，演变到后来就成了能省则省，一些合理的消费也被省略掉了。而在西方消费观念不断侵袭的背景下，一批年轻人又走上了另一个极端，过度消费，当上了"月光族"。实际上，过度节省和过度消费都不是健康的消费行为，都会对家庭生活带来不利的影响。

症状之一：花钱无计划 = 成为"月光族"

张丽今年26岁，单身，是一家外企的行政人员，月收入3 000元。在花消上，张丽算不上大手大脚：为了减轻房租压力，她和同事合租了一套房子；晚饭一般都是自备优惠券吃洋快餐；衣物极少买名牌，基本上都是常换常新的"大路货"……虽然如此"节俭"，但到了每个月月底，张丽的工资依然全部花完，毫无结余。她总是抱怨："我的钱都上哪儿去了？"

陈晓则不同。他是一家公司的市场策划人员，平均月收入5 000元。可是这个大男孩虽然挣钱不少，花钱更多。什么都敢玩，什么都敢买，偶尔还会向"哥们"借债度日，几乎每个月都是月初是"富翁"，月末是"负翁"，工作3年了，还一点积蓄也没有。

拿着丰厚的薪水，却打着贫穷的旗号，每月工资花光——张丽和陈晓就都属于时下非常"时髦"的"月光族"。需要我们分析的是，这两人收入高低不同，花钱习惯不同，为何都陷入了"月光族"的泥沼中了呢？

陈晓的"月光"自然是源自"什么都敢玩，什么都敢买"，花钱过于大手大脚、毫无节制。那么张丽呢？原来，张丽花钱虽然不"大手大脚"，却非常缺乏条理性和计划性。比如，她名为"合租"，却租的是一套房子，并不见得会比单租一间房子便宜；她吃的是打折的洋快餐，但会比自己在家做饭便宜么？她买衣服不追求名牌，却追求常换常新，每个月买的"大路货"到底有多少件？是否频率过高，是否买来后利用率很低。类似她这样的花钱误区，还可以找出很多很多。

所以，无论是陈晓，还是张丽，都应该好好反思一下自己的生活习惯，

第三章 花钱是一门平衡的艺术

尤其是消费习惯,若不想成为浩浩荡荡的"月光族"一员,不妨从以下几个方面加以改进。

处方

量入为出,有计划地花钱。

俗话说"钱是人的胆",没有钱或挣钱少,各种消费的欲望自然就小,手里有了钱,消费欲立马就会膨胀,所以,月光族要控制消费欲望,最好能对每月收入和支出情况进行记录和"监控",防止不必要的消费。

也可以采用非常实用的"信封"花钱法,就是把各项必需的开支事先作出预算,如买衣服时只能动用"服装"信封里的钱,外出就餐时只能使用"外食"信封里的钱,专款专用,保证不超过预算,就不会月光。也可以在心理上设道防线,要求自己只能动用每个信封中的80%~90%的专用款,到月底有了节余,会很有成就感。

还有就是抵制各种优惠促销的诱惑。买100送50,五折优惠,积分贵宾卡等越来越煽情的诱惑使不少年轻人患上了"狂买症"。对于"月光族"而言,这种看似优惠的消费一定要克制,告诉自己"想要"和"需要"不是一回事。

强制储蓄,逐渐积累

每月发了工资,先拿出5%~20%存入银行,包括储蓄或投资基金等都可以。另外,现在许多银行开办了灵活的储蓄业务,比如可以授权给银行,只要工资存折的金额达到约定的数额,银行便可自动将超额部分转为定期存款,这种强制储蓄的办法,可以使你改掉乱花钱的习惯,从而不断积累个人资产。

自己动手,丰衣足食

正如张丽这样,吃快餐、下馆子是一些单身族的通病,其开支有时占到月收入的三分之一还多。建议单身族学习烹饪常识,下班时可以顺便买点自己喜欢的青菜或半成品食物进行加工,既达到省钱的目的,又练了手艺,享受了"自己动手,丰衣足食"的人生乐趣。

慎用信用卡,避免多开支

"轻轻一刷卡,人生更潇洒"的表象往往掩盖了过度消费的事实,特别是对花钱无度的"月光族"来说,信用卡更需慎用。

症状之二:过度节省=影响生活质量

与年轻的"月光族"们不同,魏平夫妇是典型的"勤俭持家"。32岁的魏平和妻子都是普通的工薪族,月收入分别为3 500元和3 000元。两人有一个刚满周岁的孩子。在妻子的精心操持之下,一家三口每个月的生活总开销基本维持在2 500元左右。月结余4 000元左右,结余比例高达60%以上,全部存入银行。

"我们上有六旬老母,下有周岁幼子,工资收入又不高,所以很多时候不敢花钱。"作为"夹心族",魏平夫妇考虑到孩子未来漫长岁月里所需要的养育和教育费用,老母亲所需的养老和医疗费用,自己夫妻俩人所需的养老保障,所以现在是"勒紧裤腰带过日子",能省则省。孩子出生1年来,除了给宝宝添置衣物、玩具等,妻子自己就买过两次新衣服,魏平则更是多年没逛过街了。

处方

对于很多普通工薪阶层的家庭而言,魏平家也是颇具代表性的。他们收入不高,各种未来有形或无形的生活压力,迫使他们遵循"以节俭为第一要义"的生活消费原则。

虽然他们的担心不无道理。但从理财的角度讲,过于节俭、储蓄率过高并不见得是好事。因为生活既要有长远的眼光,又要"活在当下"。在为未来做好充分的财务准备时,也要照顾到当前的生活质量。"月光族"过分看重"及时行乐",魏平他们则是太过担忧未来的负担。只有在当下和未来的生活安排之间寻求到一个平衡点,才是理财的大境界。

为此,我们建议魏平等储蓄率过高、当前生活开支比例过低的个人和家庭，不妨适当增加当前的消费，有效地提高目前的生活质量，提升全家人目前的生活幸福感。

此外，这些储蓄率过高的家庭，往往还不太懂得如何在储蓄的基础上，更加有效地赚钱。也就是说，他们目前仅学会"节流"，还不懂得"开源"。一方面，可以将过多的储蓄转换为其他的各类投资工具，如基金、国债等，增加自己财富的积累速度，也可以适当缓解当前的"节流"压力，把部分原本打算存留的资金释放出来用作当前消费。另一方面，可以拿出部分储蓄用于自身的技能培训，多给自己"充电"，增加自己将来在职场的竞争力，提高自己未来的收入能力。

将你的开销分类并且跟踪有问题的部分

我那时11岁，刚从爸爸那里拿到一件礼物。它是别人给我的所有礼物中最好的——1美元。

我以前从没拥有过1美元，至少不是一次拿到的。在当时，对一个11岁的孩子来说，1美元是很大一笔钱，我和我8岁大的老朋友兼兄弟兼同伴提姆花了一整天的时间来计划如何花这笔钱。计划的过程和买东西的过程一样令人激动；现在我还能够感觉到当时的那种快乐。35年之后，我还记得我用那1美元买的一些东西。五个红色的胡桃夹子，一个钢制的小火箭，可以把一颗玩具枪子弹放在里面，扔到天空中，当它落到人行道上时，会发出砰的一声！然后你可以放两颗子弹，再放三颗，一直放下去，直到再也放不下；篮球卡、阿奇漫画书、一本超人漫画书、一些塑料吸管，里面有那种粉状的甜食。整个花钱的过程持续了两天。这个时刻是何等美妙！

我现在已经46岁了，开始对那个生日进行思考。我打开了电脑，看看在过去的几天中我花了多少钱。1 543.05美元。你知道我把这些钱花在什么上了吗?不知道,你当然不会知道。令人难过的是,我自己也不知道。我能回忆起36年前我花掉的1美元,却一点都想不起上个星期我是如何花掉1543.05美元的。对46岁的人来说,花钱只是一系列琐碎的事务之一。

这真的很危险,不是吗?如果我们认为需要这件东西,我们就买下它;如果我们想要一件东西,我们就买下它。账单到期了,我们付钱,但是这完全是自动的,乏味的。有时我们甚至同意接受自动账单支付服务。钱从我们的账户里划出去,完全自动地消失了。所以,如果我们对所花的钱毫不留意,就没有什么钱可以存下来,这又有什么可以惊讶的呢?

如果你真的想要改变你的生活,想在经济上变得更为独立,你开始留意,你可以通过记录每一笔开销来做到这一点。如何做?

首先,坐下来,拿一支笔和一张纸,列出开销清单,列出花费的分类。为了帮助你理解,下面我们进行分类:

汽车(购买与维修)

汽车保险　　汽车牌照

家庭开支

家居装饰　　牙医　　水电费　　电话

食品　　暖气　　互联网　　有线电视　　房屋维修

杂项

眼镜　　衣物　　生日礼物　　慈善行为　　节日礼物

税费

房屋保险　　度假　　人寿保险　　财产税

学校午餐　　医药费　　会费

接下来,打印出你的分类清单,把它贴在你的账单登记簿上。每次你买了东西,都要在账单登记簿的分类清单上注明。

在月末,将账单登记簿上的所有信息转移到你最喜欢的个人财务电脑程序中。每个月将详细的分类报告打印出来,仔细地进行检查,向自己提出些

问题,例如:

我们的钱去哪里了?

我们是否真的需要在这方面花这么多的钱?

噢,不,今年12月份我们比去年12月多花了两倍的暖气费。

我们是否需要修理那扇窗?

我们花在食品上的钱增加了50%。为什么?

仔细地进行计划,像一个11岁的孩子一样花钱。买那些你在36年里都会记得的东西。

看购物宝典理智购物

带上计算器逛市场,让屏幕上飞涨的数字来作抵挡诱惑的"武器"。顾客在一般商店里购买商品,买一件就要支付现金,看着钱出去难免心疼。超市自选再统一结账,往手推车里放东西"豪拿"中购物欲望便会大涨。带个计算器逛超市,买一个东西就用计算器加一下,这样就会知道自己不断的支出总数了,超出预算就罢手。而且这样可以自我核算,避免结账时出现多付。另外认定目标,到熟悉的超市购物,可以很快找到想买的东西,减少受"诱惑"的机会,也是一种省时省钱的方法。

端正购物观念

1. 服装鞋帽

衣服要少而精,多穿几次价值就出来了,而且衣服贵了撞衫的可能性也小。跟风买了一堆廉价而时尚的东西,经不起岁月的考验,估计穿不了几次就束之高阁了。衣服的价值不在价格的高低,在于价格与穿用次数的比值。

刘女士于2001年1月购进羊绒大衣一件,原价1 980元,还价到1 280元成交。到现在也不过时。有一次，一位老大爷问刘女士："你这件大衣4 000多元吧，我女儿刚买的，和你的一样。"她听了心里就别提多美了！

鞋子可以多买几双，好搭配衣服，依旧是名牌。有句俗语讲得好："一双鞋，穷半截。"还是挺有道理的。品牌设计时充分考虑人的生理曲线，抬升人的品味又对健康有好处。

2. 手机、数码产品

不盲目追求高端、新潮。数码产品更新换代快，价格跳水也太厉害，越放越贬值，够用永远是不二的法门。高端产品利润空间大，跳水空间也大。平时不开张，开张吃1年。我们邻居是一个电脑品牌的总代理，说卖一件高端产品利润几千快，卖低端累死你也达不到。

新产品价格有很大的跳水空间，而且会出现什么问题也不清楚的情况。数码产品更新换代快，价格跳水也太厉害，花大价钱买一堆华而不实的功能备用，坐看价格跳水表演的做法，值得推敲。

（1）选择数码产品四原则。

第一，还是名牌。第二，随大流。销量长期排名靠前，性价比较高的产品。第三，将要下线的明星产品。第四，上市不超过1年半的产品。最好1年左右。经过1年的市场考验，价格已经大幅下调到合理的范围，优缺点一目了然。上市时间太长买到积压的问题产品或翻新产品的可能性大大增加。

（2）操作步骤。

购买之前一定要做足功课，上网查找挑选自己心仪的产品。然后去商场看实物，试真机。劝大家一定要看实物，照片与实物的区别还是很大的。看完之后先不要着急出手，价格肯定往下走，买得越晚越便宜。有一次一个导购说快买吧，要不过了十一价格该上调了。尽管数码产品因为供求关系价格会有微调，但是总体趋势肯定是下降的。

看完回家做卡片，记录产品型号，优缺点和价格，一定注意区分是水货还是行货的价格。以后随时将价格变动记录下来，观察半年后，对该产品的价格走势也了解得差不多了。当商场报价和网上报价相同或者略低时,就可以考虑出手了。

在这里需要注意的是,网上报价往往不准,水货和行货的价格也有区别。我个人喜欢买行货,放心。水货没问题则可,一出现问题,虽然也承诺1年质保,但往往是返厂保修。

还有一点,购入的最佳时机,不是五一、十一、元旦、春节前,这时候正是热销的时候,涌动的人潮会刺激人的购买欲望,往往事后后悔。这时候可以看一下主推的特价机型的价格。而春节后和6月底、7月初是最佳买入时机。这时候是销售淡季,好讲价。而且因为事先准备工作做得充分,对价格已经了如指掌,很容易判断价格是否合适。虽然没有节日的礼品,但是羊毛出在羊身上,这时候的折扣可是实实在在的便宜。

购物要有计划性

在购物前对于要买什么就要做到心中有数,一定是需要的东西,避免冲动购物。提前计划好后,不要急于出手,多转、多留意商场的打折信息,同时关注一下日常物品的价格,合适时拿下。

买雀巢咖啡,原价35.8元,现价31.9元,拿下。最便宜的一次是商场搞店庆,28.9元还赠玻璃黄油碗一个,质量超好,毫不犹豫买两盒,这东西一时半会儿又坏不了,存着也没事。

一般节假日、店庆、开业、重新装修、转让清仓时会打折。店庆、开业比节假日打折力度要大,平时一些从不打折的商品或多或少有些折扣或赠品,此时购入早已看中的东西,价格一定会让你满意!多留意此类信息,一般网上都有。重新装修、转让清仓一般打折力度比店庆大,尤其是转让清仓更大,往往能淘到超值的东西,前提是要有足够的时间。我曾经淘到过质量超好的裤子,原价199元,50元买下。还有一次我买了一件风衣和一件天鹅绒小衫,一共280元买下。后来去商场看,光风衣就478元,小衫280元,赚了!

有机会一定要办会员卡,除了享受折扣,有什么打折活动都会有短信提醒，比如百丽，非常方便。别急用了才买，肯定买高价。没有会员卡怎么办，可以向其他人借用。

讲价的学问

买家电、数码产品尽量货比三家，找出报价最低的一家，以这个底价换家商场再讲价，不行就找部门经理。为了拉住这个客户，商家一般会作出让步，即使价格不降也会多给些赠品。

此外，讲价不要太离谱，毕竟商人也要赚钱的，要学会换位思考。如果商家给出一个低得不可思议的价格，那你一定要小心了！这是常识，买菜报价低分量可能会少，数码产品过于便宜配件可能会有问题。如果报价特别低你要裸机试试？给你才怪呢！

如果不懂就在商场买，多花点钱买个心安。如果价格没商量了，就尽量多要赠品。大家尽量多凑几个人团购，也可以拿到比较优惠的价格。可以找熟人、朋友，也可以网上拼。北京兴起了所谓"拼族"，拼车、拼饭、拼购，提高的是生活质量，省的是自己的钱。这是大家互惠互利的事。但是，一定要注意安全。

日常生活中的理财经

1. 打的也有技巧

（1）如需要赶时间而且又是在上下班的时间里，就挑一些小公司牌照的出租车乘坐，目的是利用这些司机对本市道路熟悉的优势，让小路变通途。而一些大出租车公司的司机，来自郊区的居多，不太习惯上海的羊肠小道，有的甚至需要你领路。

（2）外出办事在可报销车费的情况下，选择来回走不很熟悉且希望熟悉的路，为以后外出办事作铺垫。

第三章 花钱是一门平衡的艺术

（3）遇到过江过桥，在高峰时段堵车尤为厉害。这时可以在过江前提前下车，换乘公交车过江，可以省去一个起步费。因为根据经验，过南浦大桥正好一个起步价。

（4）适时换乘。当打的路程超过10公里时，每公里单价会涨为3元，如你的目的地路程预计在14～20公里之间，不妨在行驶到10公里时，换乘另一辆出租车，重新开始计费。

值得友情提醒的是：当你所坐的出租车方向与目的地不一致，即需要绕道或者调头时，你应当马上提醒司机：等车绕道或调完头后再按计价机；尽量用现金结算，特别是遇到司机绕了远路，或车程特别长时，可以给自己一个"杀价"的机会。

2. 如何节电

如今，我们家庭的电费支出，是过去的100倍左右，表明社会的进步和人们思想的解放。要把这么高的电费降下来，不能仅仅依靠"大灯换小灯"这样的原始方法。合理利用时间差，申请安装分时电表，不失为一个好的办法。晚上10时后用电是白天电费的一半真是划算。但是，一些家庭安装了分时电表，电费反而增加了，这是什么原因？

据说，分时电表的计算技术与我们传统意义上的电表不同，它较为准确地把握住了我们家庭的全部耗电总量。换句话说，只要接入电源，家里的电脑、彩电、音响、饮水机、充电器、脱排机、空调等，不管亮的是红灯还是黄灯，甚至不亮灯，通过敏感的分时电表性都能反映出，这时你家的电表就会转动，计费也在所难免了。

家电待机时的耗电量，洗衣机一个月大概0.2度电，其余家电的待机耗电量，一般是其工作时的15%～20%。如果不把它当一回事，那么长此以往，就产生了每月约20%及以上的电费支出。

因此要节电就必须做到几点：一是经常使用的家电，可以进行"待机"处理，并选择带有开关的外接接线板，以便在离开时关闭。二是不经常使用的家电,坚决即时拔掉电源,一来避免无谓的耗电,二来在雷雨季节不至于遭到电击而损坏家电。

3. 学会做差价文章

时下,鳞次栉比的超市和超市的让利、打折,着实让人看不懂。但是,不论是让利还是打折,都有一定的规律。其规律是此起彼伏,真所谓"你方唱罢我上场",看似乱哄哄、眼花缭乱,其实是商家的"约定"。

丁小姐喜欢逛超市,易初莲花、联华、华联、家乐福、好德、可的、乐购等,只要是超市,总要进去逛一逛。久而久之,规律找到了:让利、打折的背后,有着极大的理财空间。

利用超市让利、打折的差价,1个月可以省下多少钱?丁小姐一家三口人,她自信能省800元。这是一笔不小的数字。

4. 送上门来的财路

小王是小县城的工薪族,过去理财的最佳选择即每年购买国债。那年,他发现当地工商银行首次开办了小额贷款业务,个人可贷存款的80%,并且1年期贷款利息比3年期国债利息还要低。这不是一条送上门来的财路吗?于是,国债刚上市发行,他立即去工商银行贷款几千元,加上全家1年的积蓄,选择到建设银行买了两万元5年期的国库券。这一贷一买,不仅使他抓住了机遇多买了几千元国库券;而且,由于两下的利息差,无形中等于增加了几百元的获利。

后来由于国债改变发行方式,小县城的银行再也买不到国库券了,而恰好他们单位集资建房工程动工,要一次性付清建房款,他除原来已交的6 500元外,尚需交清1.35万元。但他不是按常规把准备好欲买国库券的1.15万元拿来交房建款,不够的再借贷点,而是来了个"负债更是一身轻",采取了一贷一存的方式处理:因为他早获知建行房建贷款比其他银行一般贷款利息低,所以他就以在它这里买下的两万元国库券作抵押,在建行申请到优惠的建房贷款1.35万元,交清了所差之数,1年期贷款月息才10.2厘。同时他早从报纸上了解到：估计下半年银行存款利率将会下调，于是他把欲购买国债的那1.15万元，选择到开设有奖储蓄的邮电储蓄所存了5年的定期储蓄，当场获80元奖励金，存款月息是11.55厘，比贷款月息高出1.32个百分点，他从4月1日贷款到11月月底还清贷款，共支付贷款利息645元，而4～11月份他的存款利息加上80元储蓄奖励金，共是1 005.75元，等于净赚了335元多，而当年5月初、8月下旬，银行存款利率两次下调，5年期定期存款的月息已降低到7.5厘；后来几年，又连续多次降息，5年期定期的月息降低到了1.875厘，而他的存款5年内均享受月息11.5厘的高利息，只须粗略计算一下，综合利用平时积累的信息所作出的这一存一贷之举，毫不费力地就给他增加了几千元财富。

所以说信息就是财富。

5. "傍身宝"贷记卡

贷记卡的好处，在于可以免息透支。以中国银行的长城人民币贷记卡为例，可以先透支再还款，最长可以享受56天的免息期。而且，贷记卡还可以同时实现取现透支和消费透支。

根据自己"私房钱"的额度，去办一张贷记卡，对上海男人来说是最贴切的"傍身宝"。自己父母兄弟姐妹需要你意思意思的时候，当你的同事因为红白喜事人来客往需要应酬的时候，抑或为同桌的她、朦胧的爱情以及莫名其妙的意外消费而囊中羞涩的时候，贷记卡功不可没。贷记卡的开户，不必像信用卡那样需要一定的担保，也无须像借记卡那样需要存上一笔钱。贷记卡可让你用足政策。

如果全年透支额度平均在1万～2万元的话，那就等于你赚得的利息为300元以上。不过，你必须时时关心自己的免息期，以防不测。

"新抠门男女"的幸福生活

"新抠门男女"绝不是没有消费能力,而是不愿追随失去理性的消费浪潮;"新抠门男女"也绝不是不舍得花钱,而是比从前更明白该怎样把钱用在该用的地方。他们带来了新的花钱观念,新的省钱绝招,新的"抠门"理由……

"抠门"有门道,"抠门"夫妻的节俭生活

林和妻子的收入只能算中等偏下,他们在同一家企业工作,扣除个人所得税、公积金、各种保险,两人的总收入只有5 000多元(不包括住房公积金)。夫妻俩最大的心愿就是能够拥有一个自己的小窝,于是在花钱时计算的单位不是元,而是多少平米的房子。例如,一顿饭花了七八十块钱,妻子就会说:"咱们家的房子又被我们吃了将近0.01平米。"

林和妻子的生活支出清单

每个月存入2 500元用于买房,雷打不动。再加上俩人的住房公积金,大约3年后便能存够买房的首付。而剩下的2 500元便作为生活费,清单如下:

房租800元;伙食费1 000元(中午到单位附近的大学食堂蹭饭,每人每餐不超过5元,晚饭回家自己弄,不超过20元,周末偶尔在外面加餐);交通费200元;手机费150元(小灵通也当固定电话用,只买加送短信息和接听免费的电话卡);其他费用剩下350元,买衣服只买过季打折货,妻子一般只买必需的护肤品,多用吃剩的水果美容,尽量避免外出应酬的大额开销。

单身汉的"抠门"生活

Martin是一个高级物业的经理级人物,住着公司给的酒店式公寓,以商务车代步,领着10万元的薪水袋……上述迹象表明,Martin是个不折不扣的"黄金单身汉"。上班时间应酬客户时的Martin西装笔挺出手阔绰,用他的话

来说是在用公司的钱给公司挣面子；而平时生活中的他则是粗茶淡饭加普通品牌的T恤牛仔，偶尔给女朋友买化妆品，还难免肉痛得紧，说是自己的钱还是悠着点好。

Martin的支出清单

房租无（公司配房）；交通费无（公司配车）；手机费无（公司报销）；伙食费1 500元以下（平时通常有应酬，周末假日正好清清肠胃）；置装费1 000元（平时可以不讲究穿着，但还是为正式场合准备了几套名牌衣服）；机动款1 000元（用于应付亲朋好友及交女朋友的开销），其余薪水全部存入银行。几年下来，Martin的银行存款早已突破百万，他也越发心满意足。

我们为何要"抠门"

房价飞速上涨，物价也紧随其后，工资的涨幅却小之又小，不"抠"心里不安。

银行虽然最近刚升了息，但距我们所期望的幅度还是远远不够，只有多存点钱进去才拿得到期望的利息。

LV、PRADA再漂亮，摄像头百万像素再先进，提高的只是面子又不是生活质量，把钱花在那上面才叫傻瓜。

"新贫"早已经过时，"饮食男女"也不再吃香，到了该成家立业、赡养父母、养育下一代的年纪，再大手大脚那叫不负责任；从"一人吃饱全家不饿"，到考虑一个家庭的现在和将来；从只知道吃喝玩乐，到要买房，要结婚，要投资，要充电，要留学……成熟的标志是从"只会花钱"到"学会怎么样更好地花钱"——因此，我们必须学会"抠门"。

（1）银行的升息幅度再小，也要坚持存款，不断从薪水中拨出部分款项，5%、10%都可，反正一定要存；另外，如有投资股票外汇等行为，请量力而行。

（2）学会理财，即使你的专业是考古或者是小提琴。如果实在不行，就考虑从网上下载功能齐全的理财软件，它会帮助你了解你的钱每天、每周、每月流向哪里,并列出详细的预算与支出。

(3)房价再贵,前景再不明朗,若连续6个月每月置衫费超过自己薪水的一半,还没有自己的房产的你也要考虑买房,否则你的房子会被衣服、鞋子一平米一平米地吞掉。

(4)信用卡只保留一张,欠账每月绝对还清。

(5)养成去超市大宗购物前研究每月超市特价表的好习惯,如果正符合你的需要,那么上面的特价品往往是最值得购买的。

(6)多读些有关家居维修知识、投资理财这样的"实用手册",当然最好从图书馆借阅,或从网上下载。

(7)凡消费皆要养成索要、保留发票的习惯,并检查、核对所有收据,看看商家有没有多收费,就餐和在超市大批量购物时尤其要注意。

(8)寻找坐"顺风车"或载"顺风人"上下班的机会,节省停车费、汽油费、保险费及找停车位的时间。

商业银行"大收费时代"如何才能省钱

如今,商业银行已全面进入了"收费时代"。那么对普通百姓来说,是否有什么"省钱术"可以帮助自己少花"冤枉钱"?"收费时代"想要省钱,不妨参考以下三条办法:

用好免费卡,仔细阅读银行"收费细则",可以发现有一些免费卡可加以利用,如代发社保类账户、工资卡、代扣代缴账户、投资账户等。银行人士建议,一般市民有这些免费卡就够用了,足以应付日常收支和刷卡消费,用不着再增加要交年费的银行卡。

刷卡积分免年费时下,越来越多银行实行刷卡积分制,客户用卡刷到一定金额或次数,就可免除年费。因此,日常消费可尽量多用银行卡,争

第三章 花钱是一门平衡的艺术

取加入"免费族"。

此外,要避开一些小数目的银行收费项目,如绝大部分银行都对跨行取款与查询进行收费,客户平时宜留心避免跨行操作,尽量在自己开户行的ATM机上进行取款或查询为宜。

减少"睡眠账户",不少客户都有多个弃用的存折或银行卡,这就是俗称的"睡眠账户"。这些账户和存折日均存款余额低于银行"门槛"的,要被收取"小额账户"管理费;银行卡则要被收年费。客户应尽量减少"睡眠账户",具体可通过网上银行销户。例如,工商银行在网上银行开通了"电子销户",客户可进入"小额账户销户"业务平台,将自己的小额资金集中到工行的一个账户上,并将原小额账户注销,从而避免被多方面收费。

你放假,让钱帮你工作

国庆大假快要到了!在你的假日计划里,是不是所有的项目都跟花钱有关呢?如果你在花钱之前心里有谱,按照《理财周刊》的提示来做,其实完全可以做到你放假,让钱来为你工作。

第一招:通知存款

通知存款具有"存期灵活、存取方便的特点",是短期理财的理想选择。按种类分,其分为"1天通知存款"和"7天通知存款"两种,利率分别为1.08%和1.62%(还要扣20%的利息税),分别需要在支取日前1天和7天通知银行。通知存款门槛较高,一般要求5万元起存,并要以1 000元为单位递增。

以20万元资金为例,7天通知存款目前利率为1.62%,10天下来,收益可达到72元;而活期存款相应条件下却只有32元的收益。

第二招：货币市场基金

货币市场基金投资主要通过银行系统进行交易，不需支付手续费，起点很低，一般1 000元即可入市；收益每日结转，对投资者来说计算方便，收益明了。目前，市场上货币市场基金经折算后的年收益率在2%（没有税）左右。

以20万元资金为例，投资 货币市场基金，按照目前其20%的利率计算，10天期就可收益111.11元，比存活期多收入79.11元。

第三招：国债回购

国债回购是沪、深证券交易所推出的业务，是一种以交易所挂牌交易的国债作抵押的短期融资行为。

从收益看，较往年相比，目前国债回购的收益已有所走低，但仍较活期存款合算。需要提醒的是，国债回购的手续费因国债期限、融资期限及交易所的不同而不同，但手续费比较低，因此哪怕扣除手续费，投资者仍旧有钱赚。

第四招："7天理财"收益高

据介绍，针对一些对资金灵活性以及收益性要求兼顾的投资者，目前国内各银行开办的7天理财产品是一个不错的选择。只要客户银行账户内资金达到协议约定金额，则系统将自动将该部分资金转入以7天为周期的理财账户，每7天还本付息一次，自动循环理财。如客户消费或取现时资金不足，则系统会自动把资金从理财账户中转出，用于满足支付需求。

据了解，此类7天通知存款理财产品，起点金额为5万元，收益为1.62%，是活期存款的2.25倍。该产品适合有一定资金规模、资金使用频繁或不确定资金存期的客户，如股票投资者、私营业主、个体经营者和持币观望的购房者等。

第五招：刷卡有意外收获

以前，很多人出游前都习惯在钱包里揣上厚厚一摞钱，总感觉付款时方便。可也正因为这一点，小偷们便趁着大假期间频繁出手，遭受经济损失的大有人在。如今，各家银行都推出了自己的信用卡。为了鼓励大家消费，它们还纷纷与商场、酒店、旅游景点等联手，刷卡交易就有机会获得额外大礼包。不仅安全有保障，而且还可能有意外收获。包括建行、交行、中信等也在"十一"黄金周与商家联合"促销"，刷卡交易后不仅有礼品拿，还能累积积分。